Georg Link

Beschreibung der Benedictinerabtei Neustadt am Main Festgabe

zur feierlichen Einweihung der ehemaligen Abteikirche daselbst

Georg Link

Beschreibung der Benedictinerabtei Neustadt am Main Festgabe
zur feierlichen Einweihung der ehemaligen Abteikirche daselbst

ISBN/EAN: 9783743436121

Hergestellt in Europa, USA, Kanada, Australien, Japan

Cover: Foto ©ninafisch / pixelio.de

Manufactured and distributed by brebook publishing software (www.brebook.com)

Georg Link

Beschreibung der Benedictinerabtei Neustadt am Main Festgabe

Beschreibung

der

Benediktinerabtei

Neustadt am Main.

Festgabe

zur

feierlichen Einweihung der ehemaligen Abteikirche daselbst.

Separatabbruck aus dem Klosterbuche der Diözese Würzburg

von

Georg Link,

Pfarrer in Neustadt am Main.

Würzburg 1872.

Commissionsverlag der J. Staudinger'schen Buchhandlung.

Den Heiligen

Burkard, Megingaud und Karl

in tiefster Ehrfurcht und Dankbarkeit gewidmet

vom Verfasser.

Jn der Mitte zwischen den beiden Städten Würz-burg und Aschaffenburg stand am rechten Ufer des Mainstromes hart vor dem Eingang in das östlich steil sich abdachende Spessartgebirg ein geistliches Wachthaus, dessen eilfhundertjährige Geschichte in verschiedener Hinsicht uns viel Inter-essantes darbietet. Zehn Abschnitte sollen das Merkwürdigste hievon uns vorlegen und zwar, wie dieser geistliche Posten an der Grenze des fürstbischöflich Würzburgischen Gebietes vor dem kurfürstlich Mainzischen aufgestellt worden ist, welche besondere Begebenheiten während einer langen Reihe von Jahrhunderten in und an ihm sich zugetragen, mit welchen Mitteln diese geistlichen Grenzjäger in Friedens- und Kriegs-zeiten das Reich Gottes beschützt, besonders aber darüber, was diese Ordensmilizen für Gott und seine Welt geleistet haben.

I.

Gründung.

Ohne treue Mitarbeiter hätte der hl. Bonifazius der gefeierte Wohlthäter Deutschlands nicht werden können. Es bleibt ebenso sehr sein Verdienst, daß er Andere mit seinem guten Geiste erfüllt und für die hl. Sache Gottes sowie des deutschen Vaterlandes geeinigt hat; und es ist auch wieder ein grosses Verdienst für diese seine treuen Mitarbeiter, die Bonifaziusschüler, daß sie ganz auf die Gesinnung ihres Meisters eingingen. Sie wurden hiedurch für einzelne Ländergebiete, was der Heilige für das Ganze.

Einer der vorzüglichsten Bonifaziusschüler ist unser hl. Burkard. Bezüglich der Zeit, in der er an der geistigen Wiedergeburt der Teutschen mit dem Heiligen zu arbeiten begann, steht Keiner über ihm, da er unter den Erstgerufenen an der Spitze stand. Bezüglich seiner Wirksamkeit steht er über den meisten Bonifaziusschülern, weil er zuerst als Bischof in Mitteldeutschland eingesetzt wurde, auf den Kirchenversammlungen zuerst nach Bonifazius die Beschlüsse unterzeichnete, und die wichtigsten Angelegenheiten der deutschen Kirche bei dem hl. Stuhle zu Rom besorgte.

Im Jahre des Herrn 725 kam Burkard aus England mit einigen Gefährten. Er war bereits Priester und stand im ersten Mannesalter von wahrscheinlich 30 Jahren. Einige halten ihn für einen Anverwandten des hl. Bonifazius. In den Benedictinerschulen seines Vaterlandes hatte er seine Bildung, von dem regen religiösen Geiste, der damals auf dieser Insel der Heiligen blühte, die erste Anregung, von dem Benedictinerorden seine feste Lebensstellung, von dem Apostel der Teutschen aber den Ruf erhalten, die christliche Kultur in dem südlichen Theile des damaligen Thüringens bei unsern größtentheils heidnischen Voreltern zu verbreiten. Er nahm seinen Wohnsitz in dem einsamen Reisenthal des Spessart an dem Flüsschen Lohr; jetzt führt dieser Ort den Namen „Einsiedel".

Ein eigener Brauch verewigte das Andenken an diesen ersten Aufenthaltsort des Heiligen und seine Wirksamkeit daselbst. So oft nämlich ein Fremder in Begleitung der Neustadter Mönche nach Einsiedel zum erstenmal kam, wurde derselbe mit dem Wasser, woraus der Heilige früher das Taufsakrament gespendet, zur Erinnerung an die Wohlthat der früheren Burkardus-Taufe besprengt; jetzt noch wird dieser Brauch von den Priestern der Neustadter Kirche beobachtet.

Nach einiger Zeit wurde dem Missionär und seinen Genossen das zwei Stunden über den Spessartbergen entfernte königliche Jagdschloß Norlach übergeben.

Warum aber wählte sich der hl. Burkard nicht den so günstig gelegenen Herzogssitz Virteburg, Würzburg zu seinem Aufenthalts- orte? Würzburg war noch befleckt mit dem Blute der ersten Glau- bensboten, des Missionärbischofs Kilian und seiner Gefährten, die am 8. Juli 688 daselbst ermordet worden waren. Der Herzog Gozbert hatte zwar die schwere Schuld seines Hauses durch grosse Liebe für Ausbreitung der christlichen Bildung gut zu machen versucht. Er war aber bei Ausführung seiner Maßregeln sehr unglücklich. Seine eigenen Diener ermordeten ihn; seinen Sohn Heban, der uns um das Jahr 716 und 704 begegnet, verjagten die Franken aus ihrem Lande und entzogen sich der Regierung eines einzigen Oberhauptes. So groß war die Erbitterung gegen die herzogliche Familie, daß ein grosser Theil der fränkischen Grafen und des Volkes sogar Schutz bei den Sachsen suchte. Begierig ergriffen diese die Gelegenheit, um ihre Herrschaft geltend zu machen und das wenige ihnen so verhasste Christenthum zu vertilgen. Sie waren ja die geschwornen Feinde der christlichen Religion. In diese politischen Wirren wollte und durfte die kluge Hand des Glaubensboten Burkard nicht eingreifen. Er ver- mied darum, Virteburg zu seinem Aufenthaltsorte zu wählen und wirkte desto ungestörter und von den Zeitverhältnissen unabhängiger in dem Dickicht des Spessartwaldes und dem abgelegenen Jagd- schlosse am Main.

Auch die religiösen damaligen Zustände bestimmten den Heiligen hiezu. Das Heidenthum bereitete ihm hundertfältige Schwierigkeiten; mit Armuth und Noth mußte er ringen, oft nur von mühsamer Händearbeit lebend; ein gefährlicher Feind trat ihm hemmend in der Irrlehre entgegen. Die wenigen christlichen Lehrer und Priester unseres Landes verhielten sich gleichgültig für die hl. Sache Gottes. Selbst ohne lebendigen Glaubenseifer waren sie ohne Einfluß auf das Volk geblieben; dagegen hatten sie dem Aberglauben und Unglauben einen solchen Einfluß auf die christliche Lehre und Zucht gestattet, daß das Christenthum unter ihren Händen zu einem wunderlichen Ge- mische von heidnisch-christlichen Gebräuchen geworden war. Wie ihre Lehre so war auch ihr Wandel fehlerhaft. Als Bonifazius mit seinen Genossen in ihrem Lande mit dem zweischneidigen Schwerte auftrat, und weder ihre Lehre noch ihr Leben billigen konnte, da waren auf

einmal die, die bisher so gar Nichts für Entfaltung der christlichen
Cultur hatten thun können und mögen, zum Kampfe gegen die Frem=
den gerüstet. Die Geschichte bezeugt, daß sie sogar am königlichen
Hofe Partei gegen sie zu erwecken und lange Zeit zu erhalten ver=
standen.

Diesen politischen und religiösen Zuständen damaliger Zeit verdankt
das Benedictinerkloster Norlach seinen Ursprung. Es war für einst=
weilen das Centrum der apostolischen Missionsthätigkeit
des hl. Burkard. Sehr zu Statten mag ihm die Nähe des einige
Jahre zuvor gegründeten und von seinen glaubenseifrigen Landsleuten
bewohnten Klosters Amorbach gewesen sein, da von Norlach aus
namentlich mit Benützung der Mainstrasse nur eine starke Tagreise
dahin war. Auch ohne die Bemerkung des Chronisten Gropp dürfen
wir annehmen, daß der dortige thatenreiche Abt Amor und der
Einsiedler Burkard die vertrautesten Freunde gegen einander
waren und vereint mit einander wirkten, jener als das Licht des
Odenwaldes, dieser als das Licht des Spessarts.

Der am 15. Oktober 741 erfolgte Tod des Reichsverwesers Karl
Martell änderte jedoch diese Zustände. Schon vor 17 Jahren hatte
der hl. Stuhl dem Apostel der Deutschen die Errichtung von bischöf=
lichen Wohnungen und Kirchen aufgetragen. Nachdem durch das Ab=
leben des Herrschers die bisherigen Hindernisse verdrängt oder wenig=
stens gemildert waren, schritt der hl. Bonifazius zur Errichtung der
drei Bisthümer in Mitteldeutschland, nämlich Würzburg, Eichstädt
und Büraburg. Noch im Sterbmonate des Herrschers weihte er den
Burkard und darnach Willibald auf der fränkischen Salzburg zu Ober=
hirten. Das wichtige Bisthum Würzburg, im Herzen Deutschlands
gelegen, übergab er dem bisherigen Klostervorstande Burkard. Weil
die Nonne von Heidenheim in ihrer Lebensbeschreibung des hl. Willi=
bald erzählt, daß derselbe in der Herbstzeit und zwar gegen drei
Wochen vor dem Festtage des hl. Martinus zum Bischofe geweiht
worden wäre, so war die Weihe unseres Bischofs Burkard zwischen
dem 15. und 20. Oktober.

In der von einem Unbekannten verfertigten uralten Lebens=
beschreibung des hl. Burkard wird berichtet, daß der hl. Bonifazius
den neugeweihten Oberhirten Burkard in die Stadt Würzburg ein=

geführt habe; beide seien mit grosser Freude von den Einwohnern
aufgenommen worden; darauf wäre das Paar der heiligen Männer
an einen Ort des Gebetes gegangen; nach Verrichtung des Gebetes
und Anordnung alles dessen, was der Apostel der Deutschen für die
neue Stiftung nothwendig erachtet habe, sei derselbe wieder zu Fuß
in seine Diöcese zurückgekehrt. Aus dem Stiftungsbriefe des Neustadter Klosters wird es klar, was man unter diesem Ort des Gebetes zu verstehen hat. Es ist damit wohl das Jagdschloß Norlach gemeint, welches schon unter den Vorfahren Karls des Grossen
in einen „Ort des Gebetes" verwandelt worden war. Darnach wäre
der Apostel der Deutschen am Schlusse des Monats Oktober 741 da
verweilt und hätte hier die nothwendigen Anordnungen über die Einrichtung des neuen Bisthums mit seinem geliebten Schüler und nun
Mitbischof Burkard besprochen. Auch in der ersten Zeit darnach
konnte Burkard noch nicht seinen bleibenden Wohnsitz in Würzburg
nehmen. Anfangs war er Willens, auf dem Schlosse Marienberg
seine bischöfliche Kirche und Wohnung einzurichten. Er tauschte
deßhalb die Karlenburg bei Karlstadt gegen den Marienberg, welchen
die hl. Irmina, eine Enkelin des Herzogs Gozbert, als Eigenthum
bisher besessen hatte. Er ließ daher auch die hl. Leiber von Kilian
und seinen Genossen erheben und auf den Marienberg bringen. Bald
aber gieng er von diesem Plane ab und ließ die hl. Leiber wieder an
ihren vorigen Ort zurücktragen. Erst im Jahre 748 gewann er einen
festen Wohnsitz zu Würzburg und zwar in dem am Fuße des Marien-
berges von ihm errichteten Andreaskloster. Wir müssen somit annehmen, daß der hl. Burkard auch als Bischof noch zu Norlach gewohnt
hat; nach Fries sollen es drei Jahre gewesen sein.

Wir können uns einen kleinen Begriff von der grossen Wirksamkeit unseres Frankenapostels machen, wenn wir erwägen, daß durch
ihn und die Seinigen bald 24 Kirchen[1]) auf dem heidnischen Boden
erbaut und folgende Klöster eingerichtet wurden: Hammelburg, Amorbach, Norlach, Kiliauskloster zu Würzburg, Andreaskloster dortselbst,
Liebfrauenkloster auf dem dortigen Marienberge, Homburg am Main,

---

[1]) Reinerding, Leben des hl. Bonifazius, nimmt S. 171 ganz unrichtiger Weise
300 Kirchen an statt 30 oder 24.

Schlüchtern bei Fulb, Murhard am Kocher im Würtembergischen,
Gumbertuskloster zu Onolbsbach d. i. Ansbach bei Nürnberg; sowie
die Frauenklöster: Kitzingen, Ochsenfurt, Karleburg und Bischofsheim
an der Tauber, woselbst die berühmte hl. Lioba Abtissin war.

Bei diesem schöpferischen Wirken für Einpflanzung des christlichen
Lebens kam dem Oberhirten die wahrhaft religiöse Gesinnung des
Reichsverwesers Karlmann sehr zu Statten. Derselbe erklärte auf
unserem ersten deutschen National-Concilium auf der Salzburg feierlich
am 21. April 742, daß die Großen des Reiches bisher die Ausbreitung der katholischen Religion widerrechtlich unterdrückt hätten. Diesen
Schaden suchte er durch Freigebigkeit gegen die junge Bisthumsstiftung
und ungeheuchelte Liebe zur hl. Religion wieder gut zu machen. Nach
sechs Jahren weihte er sich dem Ordensleben, indem er zu Monte
Cassino in Italien in den Orden des hl. Benedict eintrat, wo er 755
im Rufe ausgezeichneter Frömmigkeit starb. Auch dessen Bruder
Pipin, welchem nun die Alleinherrschaft zufiel, war mit guter Gesinnung den Interessen der Religion und seiner Völker ergeben.
Burkard hatte das Glück, auch von diesem Herrscher sechs Jahre lang
begünstigt zu werden.

Dreimal reiste Burkard nach Rom; zuerst i. J. 731 und wieder
748; jedesmal im Auftrage des hl. Apostels der Deutschen wegen
wichtiger religiöser Angelegenheiten. J. J. 750 entsandten ihn die
Fürsten des damaligen großen Frankenreiches, welches bekanntlich
auch das jetzige Frankreich in sich schloß, sowie den Abt Fulrad von
Paris an den Papst Zacharias, damit derselbe als oberster Schiedsrichter entscheide, ob der unthätige bisherige Namenkönig Childerich
oder der Reichsverweser Pipin König sein sollte. Bekanntlich hat sich
der Stellvertreter Christi als Schiedsrichter für Pipin entschieden.
Alsbald nach seiner feierlichen i. J. 752 durch den hl. Bonifazius zu
Soissons geschehenen Krönung zum König der Franken übertrug derselbe die weltliche Verwaltung des Herzogthums Franken an unsern
Oberhirten Burkard. Es ist somit unser Heiliger der allererste
Mann in der ganzen neutestamentlichen Kirche, welcher nach Art
der Patriarchen oder des Moses die beiden höchsten Gewalten
nämlich die geistliche und die weltliche in seiner Person vereinigte.
Vielleicht war gerade die ruhmwürdige und für die Unterthanen nütz-

liche Verwaltung dieser beiden Gewalten in unserm Frankenlande der
Beweggrund, aus welchem nach einigen Jahren der König Pipin in
Italien einen ähnlichen Zustand bildete, indem er i. J. 754 und den
folgenden Jahren dem Papste auch die weltliche Oberherr-
lichkeit über die Stadt Rom und das angrenzende Ländergebiet
übergab und die Fundamente unseres „Kirchenstaates" legte.

Auf Maria Lichtmeß am 2. Februar 754 nahm ihn der Herr.
Bei Erschöpfung seiner körperlichen Kräfte legte er im Herbste zuvor
freiwillig sein Amt nieder und war Willens, mit sechs seiner Brüder
zu Michelstadt im Odenwalde ganz in der Nähe seines Klosters Amorbach seine Tage in Ruhe Gott zu weihen. Er fuhr mit denselben zu
Schiff mainabwärts, hielt sich einige Tage in seinem geliebten Norlach
auf und begab sich dann in das benachbarte Kloster Homburg. Hier
überfiel ihn eine tödtliche Krankheit, welche nach kurzer Zeit seinem
thätigen Leben ein Ende setzte. Noch zeigt man uns in der Tropf-
steinhöhle neben seinem Bildnisse einen Stein, worauf der Heilige
das Leben schloß.

Bischof Megingaub ließ dessen theure körperliche Ueberreste nach
Würzburg geleiten; unter dem Wehklagen des dankbaren Volkes wur-
den sie in der dortigen Gruft des Salvatordomes neben Sankt Kilian
beigesetzt. Der Herr verherrlichte seinen treuen Diener durch viele
Wunder; Papst Benedikt VII. setzte ihn im J. 983 nach sorgfältiger
Prüfung seiner Wunder, seiner Lehre und seines Lebens in das Ver-
zeichniß der Heiligen. Bischof Hugo, der 985—990 Fürstbischof von
Würzburg war, bereitete diesen ehrwürdigen Ueberresten in dem
Andreaskloster eine würdige Ruhestätte. Die Uebertragung geschah
unter den größten Feierlichkeiten und zwar am 12. Oktober. Die
eigentliche jährliche Festesfeier wurde auf den 14. Oktober festgesetzt.
Früher mußten die Geistlichen mit ihren Gemeinden auf diesen Festtag
nach Würzburg wallen. Noch unter Julius bestand ein halber Festtag.
Dieß Kloster wechselte von nun an seinen Namen in den von Burkar-
duskloster. Hier ruhte in gebührender Verehrung der Leib des Heiligen fast sieben Jahrhunderte.

Im Schwedenkrieg flüchteten jedoch die Stiftsgeistlichen dieses
Heiligthum mit noch andern Kirchenschätzen auf das Schloß Marienberg; bei dessen Einnahme fiel den Schweden Alles in die Hände.

Die Kostbarkeiten nahmen sie; die Reliquien zerstreuten sie. In dem großen von der Decke des Domchores herabhängenden Cruzifixe sind noch ächte Reliquien des Heiligen aufbewahrt.

Ihm sind folgende Kirchen oder Altäre in benselben geweiht und meistentheils mit bessen Statuen geziert: die Burkardus- und Hoßkirche zu Würzburg, die Kirche von Einsiedel, Erlenbach bei Marktheidenfeld, Höttingen, Hombnrg, Königsberg bei Haßfurt, Marienbrunn bei Neustadt am Main, Mellrichstadt, Puselsheim, Steinfeld, Stettbach, Trappstadt und Triefenstein, sowie in den badischen Orten Gericht-stetten, Jaxberg, Messelhausen, Oberwittstadt und Oberailsfeld in der Diözese Bamberg. Eine eigene Art seiner Verehrung bestand in früherer Zeit. „Die Franken haben den Brauch, sagt Gropp, daß die Familien-väter am Burkardustage an ihre Leute im Haus eine Art Kuchen vertheilen. Wer an diesem Tage dem Andern begegnet, wünscht ihm Glück zum Burkardnskuchen. In meinem Vaterorte (Kissingen) pflegen bie Doten ihren Kindern, bie noch nicht erwachsen sind, bergleichen Burkarduskuchen an diesem Tage zu schicken." Dieser Brauch ist jeboch vielfach gegenwärtig abgekommen; dagegen wird der Heilige in der vor einigen Jahren errichteten Sankt Burkardusbruderschaft im Neu-münster, zu Neustadt und zu Homburg verehrt. An letztem Orte ist an seinem Festtage, wozu auch die Gemeinde Trennfeld über den Main herüberwallt, feierlicher Gottesdienst. Auch besitzt diese Kirche eine Partikel des Heiligen. An jedem Quartalfreitage wird in seiner Gruft das hl. Versöhnungsopfer dargebracht; von zugereisten Priestern an jedem Tage, den sie erwählen. In der jüngsten Zeit erhielt die Kirche zu Neustadt eine Partikel ihres hl. Gründers.

Fürstbischof Christoph Franz von Hutten ehrte unsern Heiligen baburch, daß er bessen kolossale Statue aus weißem Sandstein auf ber Brücke zu Würzburg aufstellen ließ. Die Epistelseite des Hoch-altars in ber Hoßkirche enthält das Bild des Heiligen auf weißgrauem fränkischen Marmor, ruhend auf einem schwarzen marmorenen Postamente.

Der altdeutsche Name „Burghard" bedeutet soviel als Stärke. Möchte das von dem Starken errichtete Religionsgebäude in unserer Diözese auch jetzt noch eine lebendige Stärke barstellen vom Funda-ment bis zum obersten Giebel, im Ganzen wie in jedem einzelnen Theile!

Möchte der Name unseres starken Religionsapostels stets in
Ehren bleiben!

Mit Wehmuth müssen wir jedoch wahrnehmen, daß unsere im
Glauben von uns getrennten Brüder diese schuldige Ehre dem Heiligen
nicht bloß entziehen, sondern ihn mit großer Verachtung behandeln.
Wundern können wir uns darüber nicht, denn sie gehen auch mit dem
hl. Bonifazius nicht mit Anstand um. Die protestantischen Geschichtschreiber Centuriatoren und die Leute ihres Gelichters behaupten gegen
unsern verdienstvollen hl. Bonifazius: er habe dem Antichrist gedient;
von den gerühmten Tugenden der Keuschheit, Demuth, Mäßigkeit und
Freigebigkeit bliebe keine einzige an ihm übrig, wenn man ihm die
Larve der Heuchelei abziehe und den Baum nach den Früchten beur-
theile; er nenne sich in Wahrheit den schlechtesten aller Abgeordneten
und sei dies auch wirklich.

Da der Jünger nicht mehr ist als der Meister, so dürfen wir
uns nach solcher Mißhandlung unseres ehrwürdigsten deutschen Apostels
auf eine gute Portion Schläge gegen seinen Schüler Burkard gefaßt
machen. Doch die fleissigen Centuriatoren übertreffen unsere Erwar-
tung oder Befürchtung. Fast sträubt sich die Feder gegen die Auf-
zeichnung der Schmach und Ehrabschneidung, die dem Heiligen und
seinem Werke angethan wird. In dem Klosterbuch sind diese Ver-
unglimpfungen widerlegt.

Als kleiner Ersatz gegen diese unserm hochverdienten Heiligen
zugefügte Ehrabschneidung möchten diese gegenwärtigen Zeilen gelten!

Ehrfurcht und Dankbarkeit verpflichten mich ohnedies, die wenn
gleich noch so mangelhafte Beschreibung unseres Klosterbaumes denjenigen Männern zu widmen, die den ersten Kern des steinalten, weit-
ästigen und fruchtbaren Baumes mit vereinter Hand gottvertrauend
in unsere fränkische Erbscholle gelegt und mit aufopfernder treuer Liebe
diese erste Zellenpflanze gepflegt haben. Möchte die nichtgestorbene
sondern jetzt verklärte Klosterliebe dieser drei Heiligen, nämlich des
Burkard, Megingaud und Karl d. Gr. auch unser gegenwär-
tiges und künftiges Klosterleben in ihren mächtigen Schutz nehmen!

Nach Berufung des hl. Burkard auf den bischöflichen Stuhl
wurde sein Nachfolger zu Norlach Memgoz, Megengoz, Megingaud,
Maingut. Er stammte gleichfalls aus England.

Mit ähnlichem Eifer und Erfolge wie sein Vorgänger Burkard verwaltete Megingaud ganze 32 Jahre lang das bischöfliche Amt. Die bereits vorher sehr ausgedehnte Würzburger Diözese erstreckte sich im Westen bis an den Rhein, im Osten über die Länder der Slaven und Wenden sowie der bekehrten und noch zu bekehrenden Sachsen; sie gewann einen neuen Zuwachs, indem derselben, jedoch nur für einstweilen, der nördliche weite Bezirk Paderborn mit Umgehung näher gelegener Diözesen zugetheilt wurde. Wie auch dort noch die Verehrung gegen unseren Heiligen lebt, haben wir jüngst bei der Generalversammlung zu Würzburg i. J. 1864 gehört:

„Ich muß schließen; erlauben Sie mir nur noch ein Wort. Ich bin Geistlicher der Diözese Paderborn und als solcher konnte ich in diesen Tagen nicht hier weilen, ohne daran erinnert zu werden, welche Missionsdienste Würzburg meiner Heimath gethan. Als Karl d: Gr. unsere Vorfahren bezwungen, sie zum Christenthum bekehrt und die Bisthumsbezirke ausgetheilt hatte, da übergab er Paderborn dem heiligen Megingaud, Bischof von Würzburg, und der heilige Mann übernahm die Fürsorge für die entfernte Diözese; aus dem Kilianskloster kamen die Missionäre, die meinen Vorfahren das Evangelium geprebigt.... Von hier aus kam die Wissenschaft des Heils und der Glanz des Christenthums in unsere Gegend. Wir haben das nicht vergessen, meine Herren, vielleicht haben Sie es schon vergessen; nun Wohlthaten, die man gespendet, zu vergessen ist edel, aber Wohlthaten, die man empfangen hat, zu vergessen, wäre im höchsten Grade unedel ...".

Gleich dem Bonifazius und Burkard legte auch dieser Oberhirte und Fürst bei körperlicher Schwäche im Anfang des Oktober 785 sein Amt nieder.

Er begab sich wieder nach Norlach zurück, woselbst er schon vorsorglich das Jahr zuvor eine neue Kirche hatte erbauen lassen. Am Sonntag den 22. August 784 hatte er dieselbe in Gegenwart des Königs Karl und der Bischöfe Willibald von Eichstädt und Lullus von Mainz feierlich eingeweiht.

Ein eigenes Unglück sollte der Kirche zu Norlach nach dem Rathschlusse der göttlichen Vorsehung wie so oft im Leben ein besonderes

Glück bringen. „Es blieben, berichtet uns Egilward, bei dem Kilians-kloster zu Würzburg mehr als 50 Brüder; der nachfolgende Bischof Bernwelf fügte ihnen alsbald nach Uebernahme seines Amtes ver-schiedene Unbilden zu und zwang sie, zu ihrem Meister Megingaub hinabzuschiffen".

In dieser Verlegenheit wandte sich der besorgte alte Vater Megingaub an der Herrscher Karl. Der hl. Gumbert, in den alten Urkunden Bischof oder auch Chorbischof genannt und von neueren Forschern als ein Bruder unseres Megingaub erklärt, reiste wie es scheint, nach wenigen Monaten persönlich nach Aachen und bewirkte, daß der Herrscher ihm die Vollmacht ertheilte, zu Ansbach im jetzigen Mittelfranken eine klösterliche Colonie zu gründen. Hiemit wurde in dortiger Gegend von Rorlach aus der Grundstein zu jenem berühmten culturbringenden St. Gumbertskloster zu „Onolsbach" gelegt.

Obgleich auf diese Weise eine ansehnliche Anzahl der Vertrie-benen untergebracht oder vielmehr zu standesmäßigem Berufe ausge-sendet worden war, so war doch der vielgeprüfte Oberhirte noch zu weiterer Fürsorge für die Seinen oder für zweckmäßige Cultur unseres Landes bei seinem hohen Alter verpflichtet. Wahrscheinlich hat der genannte hl. Gumbert persönlich bei dem Könige Karl diese seine Herzensangelegenheit ins Reine gebracht. Wir treffen nämlich alsbald eine von der höchsten Autorität ausgestellte Klosterstiftung, welche der hiesigen Mönchsniederlassung für alle Zeit festen Bestand sichern und namentlich ein ähnliches Schicksal, wie es eben die Mönche zu Würz-burg erlitten, abhalten sollte. Die lateinische Urkunde lautet auf Deutsch also:

„Im Namen des Herrn, des allmächtigen Gottes, des Vaters, des Sohnes und hl. Geistes.

Karl

von Gottes Gnaden, König der Franken. Alles, was wir zum Vor-theile von Kirchen oder für die Ruhe der Diener Gottes gestiftet haben, das frommt uns wohl mit Gottes Hülfe zur ewigen Seligkeit. Wir wollen deßhalb allen unsern Getreuen, sowohl den gegenwärtigen als den zukünftigen kund thun, was für einen Ursprung das Kloster Rorlach oder Neustadt gehabt hat.

Wir haben dasselbe im Spessartwalde gegründet am Mainflusse. Daselbst hatten wir uns vor Zeiten zur Erheiterung des Lebens und zum Jagdvergnügen ein eigenes Haus zum Aufenthalte errichtet; es soll sich nun daselbst ein der Gottesverehrung würdiges Bethaus erheben. Wir versammelten daselbst eine Menge jener Diener Gottes, welche der Bischof Burkard aus England mitgebracht hatte, und Andre in der Umgegend. Sie lebten aus Liebe zu Christus verborgen in Einöden und Waldhöhlen; jetzt sollen sie in Unserm besagten Absteigquartiere als Einsiedler recht gerühlich leben und ganz ungehindert für die Wohlfahrt des ganzen Reiches und Unser eigenes Heil zu Gott beten. Auf Bitten Unserer liebsten Mutter Bertraba haben Wir denselben den Megingaud als Abt vorgesetzt. Wir verleihen den Mönchen die volle Freiheit und Willkür kraft Unserer königlichen Gewalt, nach dessen Tode und so oft es nöthig sein wird, einen anderen Abt unter sich zu erwählen.

Auch haben Wir aus Unserem Schreine Reliquien der heiligen ewigen Jungfrau Maria, des hl. Bischofs und Bekenners Martin und sonstiger vieler Heiligen an den erwähnten Ort gebracht und die Kirche daselbst zur Ehre unseres Erlösers und seiner hl. Mutter Maria durch den Erzbischof Lullus und Bischof Willibald in Unserer Gegenwart am 22. August einweihen lassen.

Zur Dotation dieser Kirche haben Wir nach Unserer königlichen Gewalt bewilligt, daß sie ewig und ohne Widerspruch denjenigen Gutsantheil im Spessartwald besitzen soll, welcher von folgenden Grenzen eingeschlossen ist; nämlich vom Mainstrom an über den Lachberg an den Erphenbrunnen, durch das Erphenbuch gegen das Tannenbeet, von da hinab in das Wigolssthal; über den Lohrbach hinauf an den langen Rain, über den Staussling zu dem Platze der Turn heißt; von da das Schonolssthal herab in die Wachenbach und dieser entlang bis zum Einfluß der Steinbach; von da über den Trautberg auf die Höhe von Altfeld in den Königlurbach, und nach dessen Laufe hinab in den Mainstrom. Es sollen dazu gehören alle darin liegenden oder noch anzulegenden Weiler mit allen Nutzungen und Zubehörungen sowohl in Gründen als Gebäuden, Höfen, Wiesen, Weiden, Wäldern, Wassern und Bächen, auf Bergen und Hügeln, Gebautem und Ungebautem, Beweglichem und Unbeweglichem, Gängen und Wegen mit allen Herrlichkeiten, wie sie nur immer heißen und genannt werden können und in dem Gute selbst hergebracht sind oder noch aufkommen werden.

Auch den Ort, Hoenburg genannt, mit allen Einkünften des Bischof Burkard, der nach dem Urtheilsspruche der Gerichtsschöffen durch das Erbrecht Uns gehört, alles Dieses haben Wir zur Dotirung der erwähnten Kirche Newenstatt vollständig übergeben. Wir verordnen, daß davon niemals etwas rechtlicher Weise vom Fiskus gefordert werde; es soll vielmehr Alles zur Ernährung der Armen und zum Unterhalte der Mönche, die daselbst Gott dienen, für ewige Zeiten wachsen und zunehmen.

Wir geben in gegenwärtiger Urkunde den besonderen Befehl, der für ewige Zeiten gelten soll, daß allstets dieser von uns geliebte Ort unter Unserm Mundiburt oder Unserer Schutzherrlichkeit zur Aufrechthaltung der nothwendigen Ruhe stehen soll. Wir verfügen auch, daß der Bischof, zu dessen Sprengel das Kloster gehört, unter keinem Vorwande dasselbe überfallen oder die Mönche beunruhigen darf. Von den Gegenständen des Klosters soll in Unserm ganzen Reiche kein Zoll erhoben werden. Kein öffentlicher Richter soll Gerichts halber, noch sonst irgend eine Person ohne Erlaubniß und Willen des Abtes ein Geschäft oder irgend eine Gewalt ausüben in Sachen des mehrgedachten Klosters, die es schon gegenwärtig in einigen Gauen und Bezirken wirklich hat oder später durch Kauf oder Schenkung der Gläubigen erwerben kann.

Wir untersagen ferner allen Menschen durch diesen Unsern Freiheitsbrief, die Freigebornen oder Leibeignen, welche in den Besitzungen des Klosters wohnen, auf ungerechte Weise zu beschweren oder gegen den Willen des Abtes die Besitzungen des Klosters selbst zu betreten; sei es, um allda Rechtshändel zu schlichten oder sich ansässig zu machen oder Frohnden und Abgaben zu fordern oder irgend eine Gewalt auszuüben.

Was Wir zu Unserer dereinstigen Vergeltung oder zur Aufrechthaltung des fränkischen Reichs mit Gottes Hülfe dieser Kirche zur Ehre Gottes und seiner Mutter verliehen haben, das soll von allen Unseren treuen Nachfolgern und Erben in allen Punkten unverbrüchlich gehalten und gehandhabt werden.

Damit dieſe kraft Unſeres Amtes geſchehene Schenkung um ſo feſter gehalten und für künftige Zeiten deſto beſſer reſpectirt und wahrhafter beglaubigt werde, haben Wir dieſe Urkunde mit Unſerer eigenen Hand unten bekräftigt und durch Beibrückung unſeres Siegels beglaubigen laſſen.

Handzeichen des glorwürdigſten Königs und Herrn Karl . . . Gegeben im Monat Mai nach der Menſchwerdung Chriſti i. J. 786, im 18. Regierungsjahre des Königs Karl im Frankenreiche und 12. in Italien. Glücklich geſchehen im königlichen Palaſte zu Aachen".

Im Reichsarchiv zu München ſind jetzt noch folgende Originaldiplome auſſer andern Urkunden aufbewahrt:

1. Kaiſerdiplom von Otto III. vom 12. Dez. 993 mit großem Wachsſiegel, abgedruckt in den Mon. Boicis Bd. 28 S. 256.

2. Kaiſerdiplom von demſelben gegeben am 13. April 999 zu Rom mit Bleiſiegel. M. B. Bd. 29 S. 275. Es werden darin ver= ſchiedene in der früheren Zeit widerechtlich dem Bisthum Würzburg entzogene Abteien wieder hergeſtellt, nämlich Niuwenſtadt, Schwarzach, Amerbach, Murhard und Sluothern. Dieſe Wiederherſtellung wurde, wie ſchon in dem erſten Diplome bemerkt iſt, aus der eigenen Liebe des Herrſchers zu Gott vollzogen und auf die Bitte ſeiner lieben Großmutter der Kaiſerin Adelheid, ſowie ſeiner theuern Schweſter der Kloſterfrau Sophie und des berühmten Erzbiſchofs und kaiſerlichen Reichskanzlers Willigis von Mainz, die einen ganz gerechten Grund hiezu hätten.

3. Kaiſerdiplom von Heinrich II. gegeben i. J. 1003 am 9. Febr. zu Köln auf Bitten der vielgeliebten Gemahlin Cunigunde. M. B. B. 28 S. 308. Bleiſiegel.

4. Kaiſerdiplom von Conrad II. gegeben am 20. Mai 1025 zu Tribur. M. B. Bd. 29, a. S. 16. Zerbrochenes Wachsſiegel.

In der Regel beziehen ſich dieſe Urkunden auf die ſchon von den Vorgängern namentlich aber von Pipin und Karl erlaſſenen Frei= heitsbriefe.

5. Ueber den bemerkten Stiftungsbrief liegt eine beglaubigte Abſchrift vor vom J. 1362.

Der dieſen Urkunden ſowie ſonſtigen in der Ordinariatsrepoſitur zu Würzburg anhängende Conventsſiegel iſt in der Regel im Mittel=

alter rund und führt die Inschrift „Sigillum Mariae in Nuwenstat".
Es stehen darauf Bischof Martin mit Stab und Karl mit Krone und
Scepter; zwischen beiden sitzt die Mutter Gottes mit dem Jesuskinde.
In einem Siegel v. J. 1336 steht über dem Bilde von Karl noch die
Inschrift S. K. (heiliger Karl) und über der Mutter Gottes S. Mar.
(heilige Maria). Nur die hl. Madonna mit dem Jesuskinde ist von
einem Heiligenschein umgeben.

Der Siegel des Abtes ist in der Regel oval. Das Bild des
Abtes hält in der Linken den Bischofsstab, in der Rechten ein Buch,
sitzend auf einem Stuhle, aus welchem an dem Ende der Armstützen
Thierköpfe hervorsehen. In dem Siegel des Würzburger Capitels
steht der hl. Kilian, der den Stab in der Rechten und das Buch in
der Linken hält.

Diesen wichtigen Stiftungsbrief, das Neustadter Kleinod, bestä-
tigten folgende deutsche Könige und Kaiser, worüber die Urkunden
noch großentheils vorhanden sind: Ludwig der Fromme, Otto III.,
Heinrich II., Conrad II., Philipp von Schwaben, Karl IV. und V.,
sowie die Fürstbischöfe Berthold i. J. 1279, Andreas i. J. 1311,
Conrad i. J. 1537.

Dieser dem Kloster in späteren Jahrhunderten durch den Fürstbischof Friedrich abgenommene Stiftungsbrief wurde in beglaubigter
Abschrift nach fürstbischöflichem Auftrage durch den Abt Michael von
St. Stephan am 27. April 1571 dem Neustadter Kloster unter dem
Bemerken zugestellt, daß der Originalbrief in dem bischöflichen
Archive verbleiben müsse. Derselbe wird hiebei also beschrieben. Es
sei ein uralter kaiserlicher Pergamentbrief, der außer einem
ungefährlichen Falsbruche unversehrt, sonst wohl leslich, unargwöhnisch,
mit Kaiser Karl I. gewöhnlichem Handzeichen und anderer Unterschrift
unterschrieben und woran ein kaiserlicher Siegel aus gelbem Wachs
durchgeheftet sei.

Die Abschrift dieser Urkunde ist um so unverdächtiger, weil damals
das Neustadter Kloster in einem wichtigen Rechtsstreite, den wir noch
später werden kennen lernen, begriffen war. Es ist ein Zeugniß
vom Gegner.

Das Original verblieb von da an in Würzburg, und wird wahrscheinlich von den Schweden später mit nach Stockholm genommen

worden sein. Nicht alle Hoffnung auf dessen Wiedererlangung ist verloren. Es wäre ein Fest für Franken und jedenfalls für die dankbaren
Kinder der karolinischen Stiftung, wenn diese ehrwürdige Urkunde
wieder gewonnen werden könnte [1]). Es sind die nothwendigen Schritte
hiezu geschehen.

Und doch ist die Aechtheit dieses wichtigen Documentes sehr bezweifelt und hartnäckig angegriffen worden [2]).

Die neuesten Geschichtsforscher bezeichnen dieselbe geradezu als
eine verfälschte [3]).

Ein Geschichtsforscher [4]) von großem, wohlverdientem Ansehen
erkennt zunächst „grobe diplomatische Verstöße“ und zwar aus dem
Grunde, weil darin Personen als lebend angeführt werden, welche
schon vor einigen Jahrzehnten mit Tod abgegangen sind, nämlich
Bischof Burkard, Bonifazius und Papst Zacharias. Allein es wird
in unserm Diplome durchaus nicht behauptet, daß dieselben wirklich
noch am Leben waren, als die Urkunde ausgestellt wurde. „Einen
rohen Anachronismus“, welcher vorgeworfen wird, wegen Zusammenstellung Karls des Großen mit den drei genannten geistlichen Fürsten,

---

[1]) In dem königl. Archive zu Würzburg ist die beglaubigte Abschrift davon aufbewahrt und zwar in dem Documentenbande Gottfriediana S. 132, welcher die
Archiv-Nr. 214 trägt. Die Copia hat die Nr. 213. Böhmer hat in seiner Sammlung
der karolinischen Regesten unsern Neustadter Stiftungsbrief aufgeführt S. 15. Auch
die um d. J. 1350 gefertigte Beschreibung der damaligen Diöcese Würzburg und deren
Klöster hat Karl den Großen als Stifter notirt. Der historische Verein zu Würzburg
besitzt ein Pergament-Manuskript v. J. 1537, worin diese Urkunde sowie eine Bestät-
tigungsurkunde Otto's v. J. 1000 steht.

[2]) Zuerst wurde unsere Urkunde im Druck veröffentlicht von Leudfeld und Mabillon.
Dagegen trat auf der sonst um unsere fränkische Geschichte so verdiente Gelehrte Edkart,
welcher in seinem I. Bande Fr. Geschichte S. 705—709 alle möglichen Einwendungen
dagegen erhob, im II. Bande Seite 133 jedoch dieselben wieder ziemlich selbst zurück-
nahm und nur geltend machte, daß dieß und andere Neustadter Diplome mit späteren
Zusätzen verdorben seien. Gropp und namentlich Ußermann traten wieder für die
Aechtheit auf. Nur ändert der letztere die Jahrzahl 794 in 786; die Monumenta
Boica nehmen gleichfalls diese letzte Jahrzahl 786 und für eine andere Urkunde statt
823 das Jahr 817.

[3]) Sickel, die Urkunden der Karolinger, Wien 1866, S. 424.

[4]) Rettberg, Kirchengeschichte für Teutschland 1818 II. Bd. S. 333.

welcher vorgeblich jede weitere Prüfung überflüssig machen soll, können wir gleichfalls nicht entdecken. Allerdings hat Karl selbst mit diesen Kirchenfürsten gleichzeitig nicht regiert, wohl aber dessen Vater Pipin und zwar vielleicht schon in seinen letzten Lebensjahren unter einiger Theilnahme dieses seines Erbnachfolgers. Ohnedies ist es ja gebräuchlich, daß Herrscher, namentlich Söhne von andern Herrschern gleicher Familie und Gesinnungsart durch den Ausdruck „Wir" schon bezeichnen, daß sie für einander eintreten.

Es wird noch geltend gemacht, „der erzählende Ton fällt auf, womit Karl hier berichten soll". Die brennenden Umstände verlangten aber diese eingehende Darlegung, weßhalb der Kirche zu Neustadt so große Freiheit und ein sicheres Besitzthum verliehen werden mußte.

Wenn endlich daraus die Unächtheit bewiesen werden soll, daß Megingoz nicht einmal den Bischofstitel erhalte, so werden wieder die damaligen harten Verhältnisse verkannt. Es war dieser hochverdiente Mann allerdings bei Ausfertigung dieser Urkunde gleichsam ein Nichts, oder wie wir sagen können, ein recht geschlagener Mann, weder mehr ein Bischof noch ein Fürst; der Herrscher Bernwelf konnte ihm wie seinen theueren Mitbrüdern den Laufpaß visiren, vielleicht ihn wieder in seine Heimath England zurückweisen. Gerade wenn in der Urkunde Megingaud als wirklicher Bischof bezeichnet wäre, so wäre das ein Verstoß.

Die hiesige Abtei hat am Schlusse des vorigen Jahrhunderts dem Rechtsgelehrten Professor Klüber alle Urkunden und sonstigen Behelfe übergeben, um durch diesen Fachmann bei Gelegenheit ihres noch näher darzulegenden Streites gegen das Hochstift Würzburg wegen Waldbesitz ein gediegenes und zuverlässiges Urtheil über die Aechtheit dieses wichtigen Diploms zu erhalten. Derselbe erzählt weitläufig, wie er Alles sorgfältig erwogen und dafür auch von unserem letzten Abte eine recht hübsche Belohnung in Geld erhalten habe. Vor einigen Jahrzehnten hat er sein abgegebenes Urtheil im Druck veröffentlicht[1]).

Dem großen Gewichte, daß alsbald nach unserer mehrbesprochenen Gründungsurkunde andere kaiserliche Diplome dieselbe bekräftigen und

---

[1]) Klüber, Abhandlungen für Geschichtskunde... Bd. II. S. 310—399.

beglaubigte Abschriften von ihr vorhanden sind, wird die Einwendung gegenüber gestellt, daß dann doch das eigentliche Original nicht mehr da sei, und deßhalb immer eine Fälschung der Urkunde möglich wäre. Wirklich wurde die Abtei, so behauptet wenigstens der Verfasser, durch diese Bedenken zum Zweifel gebracht und suchte deßhalb baldmöglich mit dem Hochstifte sich zu vergleichen. Allein wir haben ja gesehen, daß ein vollständiges Surrogat für das vermißte Original durch das Zeugniß des Abtes von St. Stephan v. J. 1571 gegeben war. Es scheint, daß dieses Zeugniß der ringenden Abtei unbekannt war, oder daß der Gelehrte auf dasselbe gar keine Rücksicht nahm.

Jedoch auch angenommen, daß diese Urkunde selbst wirklich nicht als ächt erwiesen werden könnte, so sind doch die Thatsachen, die darin bezeugt werden, schon an und für sich ganz glaubwürdig.

Unrichtig ist demnach die in dem Leitfaden zur bayerischen Geschichte von P. Mittermüller, wornach an unseren Gymnasien der Geschichtsunterricht vorgetragen wird oder wurde, aufgestellte Behauptung, Metten sei das einzige Kloster in Bayern, welches unmittelbar dem großen Kaiser Karl Dasein und Ausstattung verdanke. In der Geschichte dieses ehrwürdigen, in neuester Zeit berühmt gewordenen alten Benedictinerstiftes Metten ist nur der Wahrscheinlichkeitsbeweis geliefert, daß Karl d. Gr. demselben wirklich den ersten Anfang gegeben haben möge. Die Geschichte von Neustadt giebt jedoch sowohl aus Urkunden als aus Thatsachen den unwidersprechlichen Beweis, daß die eigentliche Gründung von diesem Herrscher herrührt.

Die Tochter Karls hat dankbar jederzeit das Andenken ihres Vaters bewahrt. Am 28. Januar jeden Jahres, an welchem i. J. 814 der ruhmreiche Herrscher und Schöpfer fast einer neuen Welt als Zweiundsiebziger vom Schauplatze dieses Lebens zu Aachen abgetreten, wurde von jeher ein solennes Fest im Neustadter Kloster gefeiert. Bei der Aufhebung blieben die meisten Conventualen absichtlich noch mehrere Tage im Kloster beisammen, um das Nationalfest ihres Wohlthäters zu feiern. Gewiß hat die geistliche Genossenschaft an diesem für die damalige Zeit letzten Karlsfeste mit gehobener Stimmung vor dem Evangelium jenen von der Aachener Kirche heraufgenommenen Lobgesang dem Allerhöchsten vorgetragen; noch jetzt wird jeder Leser in seinem Herzen die Schlußworte desselben nachklingen lassen:

„O siegreicher König der Welt,
Jetzt Jesu Christi Mitregent,
Sei für uns Fürbitter,
Heiliger Vater Karl".

In den letzten Jahrhunderten führten häufig einzelne Mitglieder auch seinen Namen, um sein Andenken wach zu erhalten und zugleich sich und Andere zur treuen Nachfolge anzueifern. Ebenso finden wir auch häufig den Namen Burkard beigelegt, während uns jedoch nie der Name Megingaud begegnet.

Das Stift bewahrte von ihm Sporen, nach der Sage von Silber, die wir in einem Inventar v. J. 1562 in der Sacristei sorgfältig aufbewahrt finden; „zwei stegreiff, so Kaiser Caroli magni gewesen sindt". Im Schwedenkrieg sind sie abhanden gekommen.

Offenbar wurde aber der freigebige Gründer am meisten geehrt durch das kirchliche, treu unter den mißlichsten Umständen fortgesetzte Wirken des Klosters, wovon sich jeder Leser überzeugen mag.

Nach segensreicher väterlicher Fürsorge nahm der Herr den verdienten Megingaud am 26. Oktober oder September 794. Seine Leiche wurde nach Würzburg geleitet und ist neben dem Grabe seines Vorgängers in der Kiliansgruft in dem jetzt noch daselbst auf der südlichen Seite stehenden großen Steinsarge aufbewahrt. Genießt der ehrwürdige Diener Gottes auch zur Zeit noch keine öffentliche Heiligenverehrung in unserer Diöcese, so haben ihn doch unstreitig die älteren Urkunden den Titel „ehrwürdig" oder auch „heilig" beigelegt. Ein Neuerer nennt ihn ohne Weiteres einen Heiligen[1]).

----

[1]) Damberger, synchronistische Geschichte der Kirche und der Welt im Mittelalter II. Bd. S. 550. Das Landcapitel Rothenfels hat bei der Conferenz 1861 an die Kirchenbehörde den Antrag gestellt, es möchte dieser Megingaud sowie verschiedene andere in unsrer Diöcese von den Gläubigen verehrte Personen dem Proprium Hy. einverleibt werden; es sind darauf die nothwendigen oberhirtlichen Schritte beim hl. Stuhle geschehen. Nach Fries wurde dieser hl. Mann von den Alten in großen Ehren gehalten. An der Wand bei seiner Grabstätte stand die Inschrift .... vir sanctus .... „ein heiliger Mann". Auch Holzwarth hat in seinem kleinen Kalender von den Heiligen der deutschen Nation den heiligen Bischof Megingaud eingesetzt, jedoch irrthümlich auf den 19. Februar statt 26. September. Der Fortsetzer des Geschichtschreibers Baronius läßt den Megingaud zu Neustadt im glänzenden Rufe der Heiligkeit sterben.

Zu diesen genannten drei heiligen Gründern des hiesigen Klosters, nämlich Burkard, Megingaud und Karl wird auch noch die hl. Getraud gerechnet. Die Nachrichten über dieselbe sind verschieden. Die Neustadter Benedictiner und nach ihnen Gropp halten sie für die leibliche Schwester Karl's. Nach der Sage des Volkes lebte sie als Abtissin in dem benachbarten Frauenkloster Karleburg, von welchem aus sie oftmals nach Kloster Neustadt pilgerte. Auf dem Heimwege wurde ihre Magd vom heftigsten Durste überfallen. Gertraud kniete auf den Boden und bat den Herrn um Hülfe. Alsbald entsprang demselben eine labende Quelle, jetzt noch Gertraubenbrunnen genannt, zwischen Waldzell und Neustadt. Kranke lassen sich jetzt noch von diesem Wasser kommen. Man zeigte noch vor einigen Jahren vor Cultivirung des Waldes den Weg, auf welchem die Matrone von Karleburg nach Neustadt gewandelt, sowie am Main jetzt noch die Stelle, an welcher sie übergefahren; in dem benachbarten Rodenbach den mit einem Kreuzstocke gezeichneten Platz vor der Kirche, an welchem sie geruht habe. Sie brachte der Stiftung ihres Bruders verschiedene Tafelgüter zu, namentlich in Zell und Steinfeld. Nach Andern wird sie für eine Tochter des Bruders von Karl, welcher Karlmann hieß, gehalten; nach Andern für eine sonstige Anverwandte oder fränkische Matrone.

An welchem Platze stand wohl das mehrgenannte Jagdhaus Rorlach? Wahrscheinlich auf dem nächst Neustadt südlich gelegenen Hügel, der jetzt den Namen Michelsberg führt. Die Zeit, in welcher dieses Rorlach seinen Namen in den von Neustadt vertauschte, war wohl die, als Kaiser Karl persönlich an der hiesigen Kircheneinweihung Theil nahm, oder als er wenige Zeit darauf durch förmliche Klosterstiftung die alten Verhältnisse in ganz neue umschuf. Uebrigens finden wir den Namen Kloster Rorlach noch in einer Urkunde des Kaisers Otto III. vom Jahre 993, ja sogar noch in der erwähnten mittelalterlichen Beschreibung der Diöcese Würzburg v. J. 1350, worin ausdrücklich das hiesige Benedictinerkloster genannt wird „Kloster Rorlach oder Neustadt", zum Beweise, daß dieses Jagdhaus, womit gewiß ein königlicher Maierhof verbunden war, nicht unbedeutende Verhältnisse hatte.

Blicken wir auf diesen vom Kleinsten begonnenen Ursprung zurück, so müssen wir sagen:

Ein Bächlein war's und wurde ein Strom,
Ein Körnlein war's und wurde eine Eiche,
Eine Zelle war's und wurde ein Dom.
Zwei Kerzen brannten bei Burkard's Leiche,
Die leuchten und wärmen so wunderbar
Millionen Herzen schon tausend Jahr.

Möchten diese zwei Kerzen, nämlich thätige Gottes= und Nächsten=
liebe, noch viele Jahrhunderte recht vielen Gläubigen, namentlich der
Gegend von Neustadt fortleuchten!

Schöner noch glänzen für Neustadt die zwei Lichter heiliger Liebe
an St. Megingauds Grab oder vielmehr an seinem ganzen Leben.
Ein guter Theil davon gehörte seinem lieben Neustadt an und zwar
in drei verschiedenen Lebensperioden. Zuerst nach St. Burkards Be=
rufung zum bischöflichen Amte, also während zwölf Jahren von
741—753. Ungewiß bleibt jedoch nach den bisherigen Urkunden, ob
nicht Burkard in den ersten Jahren seiner bischöflichen Amtsführung
noch die Oberleitung über Rorlach geführt hat; bezeugt ist aber, daß
Megingaud vor seiner Berufung zum Hirtenamte Klostervorstand von
Rorlach war. Wahrscheinlich behielt er auch als Bischof die Führung
der Rorlacher Missionsanstalt, also während der folgenden zweiund=
dreißig Jahre von 753—785, da wir während dieser Zeit keinen
eigenen Abt zu Rorlach verzeichnet finden. Die letzten neun Lebens=
jahre weihte der in die Einsamkeit Zurückgezogene wieder dem hiesigen
Orte. Das Licht seiner Gottes= und Nächstenliebe leuchtete also hier
ein halbes Jahrhundert lang. War er nach den damals streng ein=
gehaltenen kirchlichen Gesetzen, als ihn Bonifazius zum Bischof weihte,
nicht älter als bloß fünfunddreißig Jahre, so brachte er seine Tage
mindestens auf das hohe Alter von 76 Lebensjahren.

Die Inschrift auf seinem Steinsarge, wahrscheinlich nach dem
Charakter der Schriftzüge erst im 12. Jahrhundert daraufgesetzt, lautet
auf Deutsch:

Dies Grab deckt des rühmlichen Hirten verweslichen Körper;
Erde nach Erde nur greift; Geist will hinauf zu dem Geist.
Megingaud theilts nämliche Loos als zweiter Vorstand;
Fromm in dem Herrn einst, eifrig im heiligen Dienst,

Den Bonifazius selbst zur ehrenden Feste gerufen,
    Wie auch den Bischoffstab seiner Rechten vertraut.
In dem Getümmel der Welt klang rein des Predigers Wort; jetzt
    Reichet den Lorbeer der Herr dem, der im Tode gesiegt [1]).

Der in verschiedener Abwechslung geschriebene Name Maingut
ober Megingaub u. dgl. wird kaum gebildet sein aus dem Flußnamen
Main und andeuten sollen, daß es an dem Mainstrome gut war;
es möchte vielmehr dieser Name aus den Worten „Mein Gott" zu-
sammengesetzt sein. Der Abt Eberhard von Ebrach hatte i. J. 1215
gleichfalls diesen Namen Meingotus, weil er die Worte „Mein Gott"
häufig im Munde führte. Die Magdeburger verkleinern ihn durch den
Namen Megingolus, Meingaubele.

Bei dem i. J. 1711 erfolgten Umbaue der Neumünsterer Kirche
fand sich an einem finsteren Orte verborgen das Grabmal unseres
Heiligen. Bei Eröffnung desselben lag die Asche des verwesten Körpers
darin und ein Stück des Bischoffstabes von Hollunder, der in der
Mitte einen Ring von Erz hatte. Dabei war noch ein kleines ge-
bogenes Horn. Bekanntlich hat sich die Demuth des hl. Burkard nur
eines Hollunders als bischöflichen Stabes bedient; das Nämliche dürfen
wir von seinem Nachfolger annehmen. Weil das markige, sehr weiche
Hollerholz sich nicht krumm biegen läßt, der Bischoffstab jedoch zur
Vorstellung der Milde nicht in einer Spitze auslaufen darf, so wurde
ein krummes Horn dem Ende angesetzt, das noch vorhanden war.

Von dem großen Lichtglanze, welchen Karl d. Gr. in seinem
weiten Reiche verbreitet hat, gehören einige Strahlen gleichfalls der

---

[1]) Die lateinische Inschrift heißt:

Praesulis hic tigitur famosi cespite corpus,
    Terram terra tenet, spiritus astra petit.
Magingodus in hac antistes sorte secundus
    Exstitit, atque pio promtus in officio.
. . . . quondam Bonifacius arcis honorem
    Perduxit, sacro constituitque gradu.
Vixit in hoc mundo castus sine crimine vates,
    Mortuus in Christo praemia carpit ovans.

mehrbesprochenen Culturstätte. Führen auch noch 62 Orte in Teutschland den Namen „Neustadt", so kann doch kein einziger derselben
seinen Ursprung von dem großen Kaiser ableiten. (24 dieser „Neustadt"
haben Poststationen; Neustadt am Main seit 1872.)

Es soll hier ein Irrthum bezüglich unseres verehrten Gründers
berichtet werden. Der verdienstvolle Kirchengeschichtschreiber Alzog
bemerkt über ihn, es sei ihm zwar der Beiname des Großen
nie versagt, aber eine eigene Heiligenverehrung nie förmlich erwiesen worden. Paschalis, der Gegenpapst Alexanders III., habe
ihn nach dem Verlangen Unzähliger zwar unter die Heiligen versetzt,
die folgenden Päpste hätten es bloß geduldet; auch die von ihm so
sehr begünstigten Benedictiner hätten ihn in ihr Brevier nicht als
Heiligen aufgenommen. Es ist aber erwiesene Thatsache, daß in
unserem Franken Karl b. Gr. im Mittelalter als Heiliger verehrt
wurde. Als nämlich i. J. 1351 durch den Weihbischof Walter von
Würzburg in der Neumünsterer Kirche ein Altar eingeweiht wurde,
so finden wir außer den Namen vieler anderer Heiligen auch den des
hl. Karl des großen Königs, sowie des hl. deutschen Apostels
Bonifazius, des Kilian, Burghard u. s. w.

Als der Abt Conrad Lieb am 26. August 1534 die durch die
Bauern entheiligte Klosterkirche zu Neustadt durch den Würzburger
Weihbischof consecriren ließ, wurde der Hochaltar eingeweiht zu Ehren
der heiligsten Dreieinigkeit, der unbefleckten Gottes-Mutter Maria, des
hl. Bischofs Martin, Abtes Benedict, Kaisers Karl b. Gr., der
hl. Scholastika und Jungfrau Gertraud. Am folgenden Freitag den
28. j. Mts. wurde das Kapitelhaus oder die an dem Münster stehende
Muttergotteskapelle mit einem neugeweihten Altar versehen, welcher
zu Ehren verschiedener Heiligen und des hl. Kaisers Karl b. Gr.
consecrirt wurde.

In dem Proprium der fränkischen Benedictiner ist auf den
28. Januar der Cultus des hl. Karl eingetragen. In der Diözese
Fuld bringen die Weltpriester jetzt noch diesem großen Wohlthäter
ihres Bisthums im Brevier die öffentliche Verehrung dar. Als nach
der Säkularisation der Erzbischof Spiegel von Köln in gerechter Liebe
zu dem Heiligen soweit gehen wollte, daß er das Karlsfest, welches

bisher in der neu mit der Erzdiözese vereinten Stadt Aachen gefeiert
worden war, nun auf die ganze Erzdiözese ausdehnen wollte, so
konnte er allerdings mit dieser Neuerung nicht durchdringen; der hl.
Stuhl entschied vielmehr, daß das Karlsfest bloß in der Stadt Aachen,
die dem Heiligen so viel zu verdanken hat, gefeiert werden sollte.

Eine eigene Beanstandung hatte der hl. Stuhl darüber, daß an
einem Orte in Deutschland noch ein jährliches Seelenamt für Karl
gehalten würde. Es schien dies im Widerspruche mit öffentlicher
Verehrung zu stehen. Lieb wäre es damals den Vertretern von
Aachen gewesen, wenn sie gewußt hätten, daß in Neustadt am
Main seit unvordenklichen Zeiten eine öffentliche Verehrung statt-
gefunden hätte.

Dreimal, wenn nicht öfter, hat wohl Karl seine Tochter besucht;
zuerst bei der bemerkten Kircheinweihung, dann als er im Herbste 790
von der Salzburg zu Schiff auf der Saale und dem Main abwärts
nach Mainz fuhr; wahrscheinlich auch im Frühjahr 794, nachdem er
die Weihnachtsfeier zuvor in Würzburg begangen und nach einiger
Zeit von da nach Frankfurt reiste.

Geleugnet soll keineswegs werden, daß dieser ruhmvolle Regent
den Glanz seines Namens durch sittliche Vergehungen verdunkelt hat;
aber wie viele Heiligen waren nicht große Sünder, die jedoch Buße
gewirkt haben!

Möchte in dem bald vollendeten Neustadter Karls-Münster
diesem Heiligen wieder die verdiente Verehrung gezollt
werden!

Gehen wir vom Ursprunge auf die weitere Lebensentfaltung und
dann auf das Wirken der Stiftung über.

Das in der Stiftungsurkunde bemerkte Handzeichen unsers Wohlthäters soll noch notirt werden:

$$K - \overset{\overset{\textstyle R}{\textstyle \wedge}}{\underset{\underset{\textstyle L}{\textstyle \vee}}{}} - S$$

II.

Chronik.

Es haben sich um unsern Herrn 72 Jünger geschaart, welche seine hl. Sache vertheidigten und damit die Seelen beglückten; wir finden gerade auch eben so viele Jünger, welche als Aebte oder einige Wenige als Verwalter die Sache Christi oder des Klosters in ununterbrochener Reihenfolge fast eilf Jahrhunderte lang vertheidigten und hiedurch Segen verbreiteten.

Abt Bernard Krieg hat i. J. 1724 mit zierlicher Hand die Reihenfolge dieser Klostervorstände und ihre Thaten beschrieben. Dieses Manuskript ist mit einigen andern Literalien noch im hiesigen KlosterArchiv aufbewahrt.

Leider finden sich unter den Klostervorständen auch Mehrere, welche ihrem Berufe nicht entsprachen.

So mußte i. J. 1391 dem Abte von Hulten die Verwaltung abgenommen und auf mehrere Jahre dem Propste von Triefenstein übergeben werden. Der Abt Nikolaus Königsfeld ergab sich während einer zehnjährigen Regierung einer großartigen Verschwendung, versetzte Bewegliches und Unbewegliches, sogar Insel, Stab und Kelche, und wollte auf seinem Sterbebette i. J. 1438 seinem Beichtvater aus der Abtei nicht einmal eröffnen, wo diese Habseligkeiten versetzt waren.

Gegen die Rechtgläubigkeit des kaum erwählten und bestättigten Abtes Johann Fries war Verdacht erhoben worden. Es wurden ihm daher 43 Fragen über die Glaubenslehre zur Beantwortung vorgelegt und aus dieser seiner Darstellung folgende 24 Sätze als ketzerisch, irrthümlich und verführerisch ausgezogen:

„Es ist erlaubt zu heirathen nach Ablegung des feierlichen Gelübbes der Enthaltsamkeit.

Es ist nicht erlaubt, die Armuth zu geloben; die verlobte Armuth hat keine Verbindlichkeit.

Der Papst hat keinen Vorrang in der allgemeinen Kirche.

Wenn der Papst bös ist, ist er nicht mehr das besondere Haupt der Kirche; ebenso ist Niemand, der bös ist, mit Recht ein Vorgesetzter; wenn er es aber doch sein will, so braucht man ihm nicht zu gehorchen.

Ich glaube, daß es bloß drei wahre Sakramente gibt, nämlich die Taufe, das Abendmahl und die Lossprechung.

Ich glaube, daß man auch außer dem Nothfalle die Taufe in der Muttersprache verrichten darf, ohne das hl. Oel, ohne Ceremonien, ohne geweihtes Wasser und ohne Anwendung der Teufelsbeschwörung.

Ich glaube, daß auch der nicht rechtmäßig geweihte Kirchendiener das Sakrament des Abendmahls gültig verwandeln kann.

Ich glaube, daß ein nicht gültig Geweihter die Hand auflegen kann zur Uebertragung geistlicher Verrichtungen.

Ich glaube, daß zur gesetzmäßigen Weihung der Priester kein Oel nothwendig ist.

Ich glaube, daß man das hl. Altarsakrament nicht feierlich herumtragen und aufbewahren darf.

Ich glaube, die Kirche kann ohne Härte und Gefährdung des Seelenheils die Gläubigen nicht unter Einer Gestalt communiciren lassen.

Ich glaube nicht, daß Christus in der Messe wahrhaft und wesentlich aufgeopfert wird.

Ich glaube, daß die beiden Canonen in der Messe eine Gottlosigkeit enthalten.

Ich leugne, daß die Beicht und Genugthuung zur Buße gehören.

Ich leugne, daß nur die rechtmäßig geweihten Priester die Schlüsselgewalt haben.

Ich leugne, daß die Heiligen sich um unsere Noth kümmern.

Ich glaube nicht, daß man die Heiligen anrufen darf.

Ich verwerfe ebenso das Herumtragen und Ausstellen ihrer Reliquien und das Wallfahren zu ihnen.

Ich halte Nichts auf das Gebet für die Abgestorbenen.

Ich leugne, daß es nach diesem Leben ein Fegfeuer gibt.

Ich leugne, daß das Fasten an gewisse Zeiten gebunden ist.

Ich behaupte, daß das Verbot der Speisen nur von der weltlichen Obrigkeit ausgehen kann.

Ich behaupte, daß der Genuß von Speisen an den Fasttagen dann keine Sünde ist, wenn Niemand dadurch geärgert wird.

Ich verwerfe die Segnung des Wassers, Salzes, der Palmen, Lichter, Kräuter und des Feuers." —

Der Abt wurde von der geistlichen Behörde seines Amtes entsetzt und beschlossen, gegen ihn weiter vorzugehen. Allein er zog es vor, nach Celebrirung seines Namensfestes Johannes 1554 selbst weiter vorzugehen in das Lager der Abgefallenen. Möchte er zur rechten Zeit noch seinem Lutherthum entsagt haben, sonst wäre er auf ewig verloren!

Dessen Nachfolger im Amte war auch zugleich sein Nachfolger in der Untugend. Als nämlich die neue Abtswahl am 8. August 1555 geschehen sollte, bestand das ganze Klosterpersonal aus den beiden Conventualen Prior Kilian Knecht und P. Valentin Happ. Weil von diesen Zweien eine canonische Wahl nicht vorgenommen werden konnte, so erklärten dieselben, daß sie durch Compromiß wählen, d. h. demjenigen ihre Stimme geben wollten, welchen der Bischof zum Abte berufe. Dieser ersah hiezu den Heinrich von Jestetten, welcher in dem Kloster Murbach im Elsaß lebte. Es stellten sich jedoch bei seiner Verwaltung sehr bedeutende Gebrechen wegen Verschwendung, Härte gegen seine Mitbrüder und unenthaltsamen Lebens heraus, so daß das Kloster froh sein mußte, seiner im Herbste 1561 durch Gewährung eines jährlichen Leibgedinges von 200 fl. los zu werden.

Ein gleichfalls unwürdiger Vorstand war später der Abt Maurus Dürr. Wegen Verschwendung und Unsittlichkeit erhielt er innerhalb neun Monaten zwölf Visitationen; zugleich wurde statt seiner ein Verwalter aufgestellt. Nach einem Jahre mußte er seiner Würde gänzlich entkleidet werden.

Dagegen finden wir eine große Reihe ausgezeichneter Persönlichkeiten, welche dem Kloster vorstanden.

Einige von ihnen wurden zu fürstbischöflicher Würde erhoben; so Gozwald, Erzkanzler Königs Ludwig des Deutschen, ein Graf von Henneberg. Er war Abt zu Neustadt und Niederaltaich, dann 842—855 Fürstbischof in Würzburg[1]).

Der Abt Dietho bestieg diesen fürstbischöflichen Stuhl gleichfalls.

Abt Hatto, häufig Spatto genannt, weil man das vorgesetzte „S" = St. (Heilig) mit dem Namen zusammenzog, wurde um das Jahr 811 Bischof von Augsburg oder nach Anderen Bischof von Autun in Frankreich oder von Passau.

---

[1]) Die Chronik von Niederaltaich, herausgegeben durch Dr. Theol. P. Placidus Hald 1731, erwähnt nichts davon, daß Gozwald auch Abt zu Neustadt war. Er führte in seinem bayerischen Kloster die freie Abtswahl ein, welche in Neustadt schon lang bestanden hatte.

Der Mönch Anselm aus Gelnhausen wurde zum Abte des Burlardusklosters in Würzburg berufen. Er stand im Rufe großer Wissenschaft, Klugheit und Sittenreinheit; das ihm angetragene Bisthum Würzburg wies er zurück. Er starb nach 29jähriger Regierung um das Jahr 1319.

Abt Konrad stand nicht bloß der hiesigen, sondern auch der Abtei Seligenstadt vor. Er regierte mit großem Nutzen. Der verdiente Steiner macht jedoch hievon in seiner Geschichte der Abtei und Stadt Seligenstadt keine Erwähnung.

Der Abt Konrad Lieb hatte vollauf zu thun, die Verwüstungen des Bauernkrieges zu verbessern. Dieselben waren am Freitag nach dem Osterfeste 1525 in großen Massen in das Kloster eingedrungen. Die Geistlichen nahmen eilends die Flucht in die Burg Rothenfels. Die Bauern verwüsteten Alles, entheiligten die Kirche und ihre Altäre, raubten alle Kirchen- und Hausgeräthe von Werth, Kelche, Infel und Stab; was sie nicht fortbringen konnten, zerstörten sie; die Dokumente, besonders die Zinsbücher, die sie vorfanden, rissen sie in Stücke und leerten die Keller und Böden. Es war Nichts mehr übrig, als daß sie auch noch Kirche und Kloster mit Feuer vernichtet hätten.

Aehnliches erlitt die Abtei im Schwedenkriege. Gustav Adolph gab dieselbe dem Lorenz Gruber von Rabben, dem geheimen Sekretär der schwedischen Majestät, zur Belohnung seiner treu geleisteten Dienste. An dem denkwürdigen 21. Oktober 1633 nahmen die eingerückten Schweden Besitz. Die Geistlichen mußten die Huldigung leisten. Sie baten um freie Ausübung ihrer Religion und den nothwendigen Lebensunterhalt, der ihnen jedoch spärlich gewährt wurde. Die Schweden machten sich nun über den verschiedenen Hausrath in Kammern, Böden und Kellern, sowie über den Kirchenornat. Die bis dahin sorgfältig aufbewahrten silbernen Sporen des kaiserlichen Stifters, für die damaligen Pickelhauben wohl von geringem Werthe, dagegen für unsere Gegend ein kostbares Kleinod, entgiengen ihrem Raube nicht. Der Prälat hatte auf seiner Himmelbettstatt etwas Geld sowie an sonstigen Orten werthvolle Hausgeräthschaften versteckt. Sein Bedienter wurde jedoch durch Tormente gezwungen, den Ort anzuzeigen; der Verlust hievon berechnet sich auf 600 Mark Silber „die mit Perlein gestickte

Seidene Meßgewänder, Leviten=Röcken, Chorkappen, Prälaten=Infuln ihrem Werth nach darunter nicht gerechnet".

Der Abt Georg Chalt war schon kurz vorher als Bauersmann mit einem Karste auf dem Rücken über die Berge nach Zellingen geflohen, woselbst er nach einigen Tagen am 18. März 1633 seinem Elende unterlag. Am Hochaltar zu Retzbach liegt er begraben; außerhalb der dortigen Wallfahrtskirche ist sein Grabmal angebracht. Er steht da umgeben von einem Kranze seiner knieenden Mitbrüder; in einer Nische des Bildes ist dieser tragische Ausgang seines Lebens dargestellt, indem er als Bauersmann in dem bemerkten Costüme abgebildet ist. Unrichtig ist die Auslegung der Leute zu Retzbach, welche in diesem kleinen Bilde an der untern Seite die Abstammung des Abtes vom Bauernstande aus dem Bauernorte Karbach ausgedrückt finden wollen. Es stammten ja in den letzten Jahrhunderten die Aebte fast ohne Ausnahme aus dem bürgerlichen Stande. Die Abtei hat es vielmehr für nothwendig erachtet, den todten Stein über die schwedische Verfolgung sprechen zu lassen.

Eine furchtbare Theuerung war die Begleiterin der Waffen; natürlicherweise, wer sollte bauen, wer sollte das Eingeheimste bewahren! Das Malter Waizen kostete nach der Kloster=Chronik 14 fl., Haber 7 fl., eine Fuhr Wein 200—500 fl. später sogar 700 fl., ein Pferd 300 fl., ein gemästeter Ochs 400 fl., ein Schaf 5 fl. u. s. w. Und doch hatte das Geld damals einen wenigstens vierfach höheren Werth als jetzt.

Die weitere Waffenbegleiterin war Pestilenz; sie raffte sechs Priester hinweg. „Mit dem Segen des Abtes giengen sie aus, als Leichen kamen sie wieder." Es war die Hälfte des ganzen Klosterpersonals. In den Gemeinden hauste das Uebel ähnlich.

Eine Urkunde von Lohr meldet wahrscheinlich von dieser Pest Folgendes. „War ein Haus von der Pest infizirt, so wurde es zugeschlagen. Die Nothwendigkeiten wurden an einer Stange zum Fenster hineingereicht. War einer gestorben, so wurde er von den noch Lebenden zum Fenster hinaus auf die Straße geworfen; der täglich dreimal alle Straßen passirende Leichenwagen nahm den Leichnam auf. Die Pest regierte 6 Wochen und 3 Tage; es sind daran gestorben 860 Menschen; der höchste Stand an einem Tag waren 45 Todte. Eine

Wittfrau Namens Ackermännin machte den Anfang. Sie fiel vor der Kirchengaſſe nieder und war todt. Die damaligen Doktoren und Chirurgen erſahen, daß ſie von der Peſt angeſteckt war. Es wurde ein Stück Fleiſch an einem Seil über die Straße gehängt und in drei Stunden war es faul. Nur zwölf Häuſer waren noch frei; von zwölf Rathsherrn lebten noch vier. Dieſe Rathsherrn und von jedem dieſer Häuſer eine Perſon beſchworen auf dem Marktplatz, den Rochustag ſtreng zu feiern und eine Kapelle auf dem Valentinusberg zu bauen. Es wurde ſogleich das Fundament gegraben und der Stein für die Schriften ausgehauen; ſogleich war die Peſt weg." Noch jährlich wallt am Rochustag die Prozeſſion auf dieſen Berg.

Soll man denken, daß die Noth noch geſteigert werden konnte? Leider gibt die Geſchichte eine bejahende Antwort. Aerger als Krieg, Peſt und Hungersnoth wüthete das Uebel der Hexenbrennerei. Auch Dienſtboten des Kloſters waren in der nächſten Gefahr, von dieſem Uebel ergriffen zu werden und konnten ſich nur durch die Flucht retten. Der Kloſterverwalter P. Valentin Minor hat die Ehre, und wahrſcheinlich theilen ſeine Mitbrüder dieſelbe, gegen den Hexenwahn gekämpft zu haben[1].

Ebenſo ſchlimm erging es dem Abte Johann Eckard. Am 6. Auguſt 1637 überfielen 100 Croaten das Kloſter und raubten es aus. Dem Prälaten riſſen ſie das Kreuz von der Bruſt und zwei goldene Ringe von den Fingern. Sie erhaſchten drei ſilberne Becken, ſonſtige Pretioſen und den ganzen Geldvorrath. Der Verluſt betrug mehr als 1000 fl. Nach einigen Tagen ſchenkte der Fürſtbiſchof dem Prälaten ein Bruſtkreuz mit fünf Edelſteinen.

Ein franzöſiſches Heer verwüſtete das Kloſter von neuem i. J. 1642 unter Anführung des Guebrion; der Schaden war über 2000 Reichsthaler.

Am 12. Februar 1648 fielen die Franzoſen nochmals ein und hauſten darin 14 Tage lang. Der genannte Abt ſah ſich genöthigt, auf einem Scheich in die Burg Rothenfels zu fahren. Gott nahm

---

[1] Hoffentlich wird eine kleine Schrift über das Hexenweſen in der Diöceſe Würzburg den weiteren Aufſchluß gewähren.

ihn baselbst am 24. Februar in einem Alter von erst 42 Jahren. In der Mitte der bortigen Pfarrkirche erhielt er sein Grabmal [1]).

Die nachfolgenden Aebte Balthasar Stumpf und Jakob Weck konnten zur Herstellung des Zerstörten wegen kurzer Lebensdauer nur Weniges leisten; der unternehmende und gottesfürchtige Abt Bernard Höhlein stellte Vieles wieder her, hatte jedoch mit großem Geldmangel zu kämpfen, weßhalb er mehrere Güter verkaufen mußte.

Dem Abt Guido Bach spenden die Klosterannalen wegen Frömmigkeit und guter Haushaltung viel Lob.

Abt Bernard Krieg von Eussenhausen wird der zweite Gründer zwar mit etwas zu viel Lob genannt [2]). Allerdings machte er sich um das Kloster badurch sehr verdient, daß er die hundertjährige Schuldenlast abtrug. Auf Anordnung des Bischofs Julius mußte nämlich der frühere Klosterbau umgebaut und die Kirche erhöht werden. Weil die eigenen Kräfte des Klosters hiezu nicht ausreichten, mußten gegen 20,000 fl. erborgt werden. Unter ihm erhöhte sich die Abtei auf zwanzig Conventualen. Er führte in Neustadt sowie Pflochsbach, Walbzell, Anspach... verschiedene massiv gebaute schöne Gebäulichkeiten auf. Durch kluge Besetzung der Klosterämter und festes Anhalten an die religiöse Klosterordnung gewann er die Mittel zu bedeutendem Gütererwerb. So kaufte er für: ·

1516 Reichsthaler von den Herrn zu Oppach 16 Malter Getreidegült mit Rechten in Schwebenried;

1900 fr. Gulden die übrigen Güter, welche die bemerkte Familie in Schwebenried besaß;

23000 rh. Gulden das Freigut in Kronungen von den Herrn von Ingelheim, welches Abt Bernard Höhlein um 4000 Reichsthaler hatte verkaufen müssen ohne Aufrichtung der Bebinguiß des Wiederkaufs.

---

[1]) Die Heder'sche Kunsttyrannei hat den zwei Jahrhunderte alten Grabstein von dieser ursprünglichen Stelle enthoben und ihn außerhalb der Kirche bei der vorderen Eingangsthüre als obersten Antrittsstein „ökonomisch" verwendet. Die eingesetzte Inschrift und Abbildung des Prälaten ist durch die vielen Fußtritte in den wenigen Jahrzehnten fast ganz entfernt worden. Wie weit wäre man gekommen, wenn man in früherer Zeit so aufgeräumt hätte!

[2]) Die Bavaria, Unterfranken und Aschaffenburg S. 513, findet unter ihm das goldene Zeitalter der Abtei.

Den Labstatter Zoll zu Hafenlohr, welcher ein und vierzig Jahre lang nicht mehr erhoben worden war, brachte er wieder zum frühern ausgiebigen Ertrage.

Sein Hauptverdienst ist die eifrige Beförderung der Verehrung Gottes. Abt Bernard war ein Mann des Gebetes und der geistlichen Sammlung; sein Beispiel hierin belebte die Mitbrüder. Noch vor seiner Berufung zum Vorsteher des Priestervereins hatte er bei einer Visitation den Antrag gestellt, es möchten die üblichen jährlichen geistlichen Uebungen verlängert und während dieser Zeit die Verbindlichkeit zum Chorbesuch ausgesetzt werden, damit der Religiose nicht im Geringsten in seiner geistigen Sammlung gestört werde. Noch ehe er Priester geworden, hatte er sich in die 1616 zu Rothenfels errichtete Rosenkranzbruderschaft aufnehmen lassen. Weil Frömmigkeit nur auf der wahren Wissenschaft eine feste Grundlage hat, pflegte er sorgfältig die Klosterstudien. Der hiesige Benedictiner P. Gottfried Krieg von Eussenhausen desendirte unter ihm als Doktor der Theologie an der Universität Würzburg.

Sehr am Herzen lag ihm die gute Einrichtung der Wohnung des Allerhöchsten unter den Menschen. Sogleich bei Uebernahme seines Amtes ließ er die Kirche hell ausweißen, versah sie dann mit den kostbarsten silbernen Geräthschaften und schmückte sie mit neuen großen Kirchenbildern, als dem von Karl dem Großen in prachtvollem kaiserlichen Ornate, des hl. Benedict, der hl. Scholastika, Gertraud ꝛc. Auf dem neu errichteten Hochaltare wurden die reich vergoldeten Statuen der Stifter und Ordensgründer bedeutend über die Lebensgröße reichend aufgerichtet, nämlich auf der Epistelseite Karl d. Gr. mit dem Schwerte und Reichsapfel, neben ihm seine Schwester oder Anverwandte die hl. Gertraud mit Stab und Buch; auf der Evangelienseite der hl. Benedict mit dem Abtsstabe und Kelche, woraus der böse Feind in Gestalt der Schlange sich erhob zur Darstellung jener Thatsache, daß den hl. Benedict ein Mitbruder des Klosters durch Beimischung von Gift in seinen Becher aus dem Leben schaffen wollte, wobei jedoch der Becher zersprang, als der Abt nach gewohnter Weise das Getränke vor dem Genusse mit dem Zeichen des Kreuzes segnete; neben dem Heiligen dessen Schwester die hl. Scholastika mit dem Stabe und einer Taube. Die beiden Altäre im Kreuzschiffe kosteten 1600 Reichsthaler,

wozu die Liebe der Benedictiner-Pfarrer auf den auswärtigen Kloster=
pfarreien eine reichliche Beisteuer leistete. Der Altar auf der Evan=
gelienseite war mit dem Gemälde geschmückt, welches den Tod der hl.
Scholastika vorstellte, und wurde nur der Stiftungsaltar genannt.
Die meisten Aebte der letzten Zeit nahmen hier ihre letzte Ruhestätte.
Die Statuen des hl. Burkard und Kilian zierten denselben. Der Altar
auf der Epistelseite zeigte die Statuen des hl. Georg, welcher den
Drachen erstach und des hl. Erzengels Michael, welcher den bösen Feind
mit den Füßen trat. Jetzt nach mehr als anderthalb Jahrhunderten
sind diese reich vergoldeten Arbeiten, soweit sie nicht vom letzten Kirchen=
brande vernichtet wurden, bestens erhalten und übertreffen bei weitem
alle unsre dermaligen derartigen Arbeiten, die schon nach wenigen Jahren
erblassen oder abspringen. Unter Anderm schaffte er auch einen Kirchen=
ornat mit Antipendium und Insel für 1080 Reichsthaler an.

Zur Verherrlichung der Kirchen= und Landesfeste ließ er sechs
kleine Kanonen, sogenannte Katzenköpfe gießen, wovon jetzt noch zwei
hier, die andern aber im Schlosse zu Kleinheubach bei Festlichkeiten
gebraucht werden.

Dem Hochwürdigen ist in gräulichem Sandstein ein würdiges
Monument gesetzt. Darauf ist der Verewigte in Lebensgröße mit
Insel, Stab und Meßgewand abgebildet. Ganz gegen die damalige
Uebung, in Rokoko oder Ueberschwenglichkeit zu bauen und zu schreiben,
lautet die demüthige Inschrift also:

D. BERNARDUS
ABBAS NEUSTADT
Rexit sapienter,
Struxit decenter,
Auxit utiliter,
Vixit pie.
Cujus anima Deo vivat et requiescat † d. h.

Hr. Bernard †
Abt von Neustadt
Seine Seele — Regierte weise,
Baute schön,
Mehrte nützlich,
Lebte fromm. — ruhen in Gott
soll leben und

Der Abt Kilian Kneuer, zuvor Prior und dann Propst zu Retzbach, starb schon nach vierjähriger Verwaltung. Er ließ die hl. Leiber
von Peregrin und Aurelian aus den Katakomben zu Rom bringen
und in die beiden Altäre im Kreuzschiffe einsetzen, welche jährlich
unter großem Zudrange der Gläubigen am 4. Sonntage nach Ostern
bis zum Erlöschen des Klosters feierlich verehrt wurden [1]).

Abt Placidus Reich suchte in Bauten, Einrichtung der Kirche,
Verschönerung der Gärten das zu vollenden, was Bernard nicht ganz
hatte zu Stande bringen können. Gegen das Ende seiner Regierung
wurde ihm jedoch Nachlässigkeit zum Vorwurfe gemacht. Mehrere
Visitationen fanden Statt.

Weil es manche Leser interessirt, zu wissen, was man von den
Klöstern verlangte, und was ein Kloster leistete, so soll Einiges aus
der am 18. August 1762 durch die geistlichen Räthe von Würzburg
hier abgehaltenen Visitation erwähnt werden. Ueber den allgemeinen
Stand des Klosters wurden jedem einzelnen Mitgliede achtzehn, sowie
über das Wirken des Abtes dreiundzwanzig Fragepunkte vorgelegt;
als wie der Chor besucht, wie die Capitel gehalten, wie die geistlichen
Anreden Statt finden, wie die Studien gepflegt, wie Nahrung und
Kleidung beschaffen, wie für die Kranken gesorgt, wie der Abt im
Geistlichen und Weltlichen haushalte u. s. w. Nach fast achttägiger
Dauer schlossen die Commissäre mit folgender ins Deutsche übersetzten
Anrede:

„Ehrwürdige und fromme Väter in Christus und übrige Klostermitglieder!

Ich sah das Ende eines jeden Werkes, spricht der hl. Geist; auch dieses
von dem hochwürdigsten und gnädigsten Fürstbischofe nach seiner väterlichen
Liebe gegen Euch uns aufgetragene Werk hat sein Ende erreicht. Mit den
Worten des Patriarchen Jakob hat der besorgte Oberhirt uns zu Euch geschickt „Gehe und sehe, ob Alles gut steht um die Brüder, um das Vieh, und
melde mir wieder, wie es steht".

---

[1]) Sighart hat in seiner Beschreibung der Reliquien, welche aus den Katakomben
Roms in die Kirchen Bayerns gebracht wurden, nämlich in die Peterskirche zu München,
nach Rammersdorf, Gemünd bei Tegernsee und Mariathalheim bei Erding, diese Neustadter Trophäen nicht erwähnt.

Wir kamen und sahen genau nach dem Stande dieser geistlichen Genossenschaft wie im Geistlichen so im Zeitlichen. Wir können zwar nicht
behaupten, daß es in Allem gut steht um die Brüder dieses geistlichen Hauses,
denn was ist in jeder Hinsicht vollkommen unter der Sonne; loben müssen
wir jedoch sehr Vieles, vorzüglich die ausgezeichneten Beweise der uralten
Liebe für den Schmuck des göttlichen Hauses, für die Zierde und Reinlichkeit
der hl. Geräthe und der Altäre, auf welchen unser Herr und Heiland körper-
lich wohnt. Dieser äußere Kirchenschmuck erscheint als ein Zeichen Eurer
inneren Liebe gegen den Herrn. Schimpflich wäre es auch, wenn die Worte
des Hugo von St. Viktor Geltung bei Euch hätten, wenn er spricht: „Bei
vielen Kirchen ist der Tischbecher schöner als der Kelch, der Rock zierlicher
als das Meßgewand, das Unterkleid delikater als die Albe und reinlicher als
das Korporale“. Fahret so fort im Eifer für den Schmuck der göttlichen
Wohnung. Euer Gotteshaus Neustadt soll keine Altstadt und keine Ruine
werden. Der gute Stand im Innern und Aeußern soll die Worte der hl.
Schrift auf Euch anwenden lassen: „Glorreiches ist von dir gesagt worden,
Stadt Gottes; ich sah die hl. Stadt geschmückt wie die Braut für ihren
Mann“.

Wir kamen und sahen bei Vielen den Eifer nach klösterlicher Vollkommen-
heit und Zucht. Fahret fort, Euch als geistliche Männer zu zeigen, welche
im Geiste wandeln, nicht in der Eitelkeit des Sinnes, welche die Werke des
Fleisches ertödten, deren Wandel im Himmel ist, und die nicht achten auf
Fleisch und Blut.

Wir kamen und sahen Eure Sorgfalt im Chorgebete und hörten Gottes
Lob in Euerem Munde. Fahret fort, dießseits die Engel nachzuahmen,
welche Tag und Nacht den Herrn preisen, damit Ihr mit ihnen im Himmel
vereint werdet.

Wir kamen und sahen die sehr fromme Gewohnheit der täglichen geistlichen Lesung und Betrachtung; setzet sie fort mit aller möglichen Liebe. Ein
ausgezeichneter Geistesmann behauptet, daß drei Stücke einem geistlichen Manne
nothwendig sind; das erste Stück ist die Betrachtung, das zweite Stück wieder
die Betrachtung und das dritte Stück nochmals die Betrachtung. Aus der
Betrachtung entglimmt das hl. Feuer des Priesters; aus der Vernachlässigung
derselben entsteht jener unglückselige Zustand, von dem der Herr spricht, daß
er ihm Ekel errege, und daß er anfangen wolle, dergleichen Menschen aus
seinem Munde auszuspeien.

Wir kamen und sahen das Bestreben, die hl. Studien zu pflegen; setzt
es fort und leset besonders gern die hl. Schrift, denn sie ist ja das priester-
liche Buch, und der Herr sagt: „die Lippen des Priesters sollen die Wissen-

schaft bewahren, und das Gesetz Gottes soll man aus seinem Munde entnehmen. Weil du die Wissenschaft weggeworfen, will auch ich dich verwerfen,
und du sollst mir das Priesterthum nicht mehr verwalten".

Wir kamen und sahen noch vieles Andere, und es erübrigt uns nur noch,
zu dem zurückzukehren, der uns sandte, und ihm Alles zu melden, wie es steht,
und zwar mit gleicher Treue das, was Lob verdient, und das, was Verbesserung
nothwendig hat; denn die Wunden sehen und nicht heilen, ist nicht Liebe,
sondern Grausamkeit. Der Priester und Levit sah den Verwundeten am
Wege liegen und ging vorüber; der Samaritan aber trat hinzu, verband die
Wunden und goß Oel und Wein darauf. Daher werden wir wie der Samaritan dem hochwürdigsten Oberhirten die Mittheilung machen, ob Wunden
aufgefunden wurden. Seine hohe Weisheit wird das Oel väterlicher Milde
und den Wein liebevoller Verbesserung aufgießen durch die weiter zu treffenden
heilsamen Anordnungen. Wollet aber nicht nachfolgen den Brüdern des
Joseph, welche die Worte ihres Visitators nicht bloß verachteten, sondern ihn
aus Haß in eine alte Zisterne warfen; wollet nicht, sage ich, die heilsamen
von den kirchlichen Vorschriften empfohlenen Anordnungen der bischöflichen
Visitation mit dem Herzen oder mit dem Munde verachten oder gar in die
alte Zisterne der Vergessenheit werfen. Seid vielmehr eingedenk Eurer Vor-
gesetzten, welche das Wort Gottes an Euch gesprochen haben und die Wache
halten, um für Eure Seelen Rechenschaft zu geben; seid eingedenk der Worte,
welche täglich der hl. Vater Benedict an Euch spricht, und die Euch ans
Herz gelegt hat der hl. Bischof Burkard, der erste Abt dieses Ortes
sowie sein Nachfolger Megingaud, welcher auch auf dem Würzburgischen Stuhle sein Nachfolger war; denket wohl an den Felsen, aus dem
ihr ausgehauen seid; es ist dieß die hl. Stätte des ältesten Klosters, das mit
dem Würzburger Bisthum gleichen Alters ist, und welches die Rechte des hl.
Burkard und die hehre Freigebigkeit Karl's d. Gr. gepflanzt, Megingaud und
seine Gefährten begossen und Gott der Herr gefördert hat. Sehet wohl zu,
daß Ihr nicht abweichet von den Wegen Eurer Väter; dienet dem Herrn an
dieser hl. Stätte in Heiligkeit und Gerechtigkeit alle Tage Eures Lebens.

Lebet nun wohl und wandelt würdig Eures Berufes mit aller Demuth
und Sanftmuth; ertraget mit Geduld und Liebe einander, bemüht, die Einigkeit des Geistes zu bewahren in dem Bande des Friedens; einmüthig ver-
herrlicht Gott wie mit einem Munde; in Euren Gebeten und Opfern seid
auch Unser eingedenk."

Die Commission hielt in einem an den Bischof erstatteten Berichte
es für das Heilsamste, wenn dem unthätigen Abte der Rücktritt von

seiner Stelle geboten würde. Es kamen jedoch acht Conventualen darum ein, daß diese beabsichtigte Resignation nicht befohlen würde. Der Bischof befahl seinen geistlichen Räthen, in einer so delikaten Sache mit aller Klugheit vorzuschreiten, zumal da der Abt Miene machte, an den Metropoliten in Mainz zu appelliren. Die bischöfliche Commission beschloß sofort, nicht auf dem canonischen Wege die Resignation auszusprechen, weil die hiegegen ergriffene Appellation eine aufhebende Kraft hatte und die Sache ins Weite zumal auch ins sehr Ungewisse zog; sondern vielmehr auf dem weiten Verwaltungswege gegen den Abt vorzugehen. Endlich verstand sich derselbe freiwillig zum Rücktritte, bis ihn nach einem Jahre der Tod in die Ewigkeit rief.

Als am 25., 26. und 27. November 1740 die feierlichen Exequien für den römischen Kaiser Karl VI. begangen wurden, assistirte in der Domkirche dieser Abt mit dem Abte von St. Stephan, dem Schottenabte und Propste von Triefenstein. Bei der unter außerordentlichem Glanze am 15. September 1743 vollzogenen Einweihung der Hofkirche zu Würzburg nahm er unter den dreizehn dabei fungirenden Aebten den sechsten Platz ein. Sie reihten sich also: Abt von Ebrach, St. Stephan, Banz, Schwarzach, Bildhausen, Neustadt a/M., Theres, Schotten, Bronnbach u. s. w. Im Mittelalter hatte die Abtei Neustadt nach einer Urkunde des Kaisers Otto III. den ersten Rang vor den übrigen Würdenträgern.

Dessen Nachfolger war Benedict Lurz von Münnerstadt, Sohn des dortigen Amtskellers. Seine Milde, Klugheit und Frömmigkeit wird gerühmt. Er starb am 29. Oktober 1788 als dreifacher Jubilar, indem er über fünfzig Jahre Mitglied des Ordens und der Priesterschaft und fünfundzwanzig Jahre Klostervorstand gewesen. Er ist der Letzte für einstweilen, und hat in der Kirche unterhalb der Communikantenbank bei dem Stiftungsaltare seine Ruhestätte genommen. Propst Melchior von Triefenstein setzte am 1. November seine Leiche ein; P. Philipp Klinger von Triefenstein hielt die Leichenrede. Sein Portrait auf Leinwand ist unter den noch vorhandenen acht das kunstvollste.

Johann Weigand von Karlstadt, Sohn des dortigen Bürgermeisters, wurde am 10. Dezember 1788 als Vorstand erwählt. Vor der Wahl

war zu entscheiden, ob auch noch zwei Professen, die bereits über ein
Jahr die Gelübbe abgelegt unb die niederen Weihen empfangen hatten,
zur Wahl zu lassen seien ober nicht. Elf Stimmen entschieden sich
bagegen, neun bafür. Diese Abstimmung ließ einen schwierigen Wahl-
gang erwarten.

Nach der Anfrage, ob keiner der Wähler ercommunicirt, suspenbirt
oder auf anbre Weise untauglich sei, wurde bas 64. Capitel der
Orbensregel vorgelesen, worin bie Eigenschaften bes Abtes vorgezeichnet
finb, unb bann von jebem Einzelnen, der sich vor bem Crucifixe
nieberkniete, folgender Eibschwur geleistet, natürlich in lateinischer Sprache:

„Ich Bruber N. schwöre unb verspreche bem Allmächtigen Gott,
unserm hl. Vater Benedict unb bem hl. Patrone bieses Klosters
Martin, benjenigen zu erwählen, von welchem ich glaube, baß er
unserm Kloster im Geistlichen unb Weltlichen am nützlichsten vorstehen
wirb, unb bemjenigen meine Stimme nicht zu geben, von welchem ich
vermuthe, baß er bnrch ein Versprechen oder ein Geschenk oder eine
Bitte, bie er selbst oder ein Aubrer für ihn gestellt hat, oder auf eine
anbre birekte oder inbirekte Weise die Wahl auf sich zu senken suchte;
so wahr mir Gott helfe unb bieses sein hl. Evangelium: Im Anfange
war bas Wort unb bas Wort war bei Gott, unb Gott war bas Wort.“

Nachbem die Wähler versprochen hatten, den als ihren Vater
anzuerkennen, der bie meisten Stimmen erhalten würbe, wurden bie
Zettel ber Einzelnen in einem auf bem Tische aufgestellten Kelche
gesammelt unb gezählt. Es ergab sich in ben vier Wahlgängen folgenbes
Resultat:

	I.	II.	III.	IV.
P. Philipp	7	7	7	6
P. Maurus	5	4	2	1
P. Johann	4	6	10	12
P. Bonifaz	1	—	—	—
P. Anselm	1	1	—	—
P. Bernarb	1	1	—	—
P. Gregor	1	1	1	1

Im Namen der Allerheiligsten Dreifaltigkeit wurde der Neuerwählte ausgerufen unb um seine Zustimmung befragt. Er machte
aufmerksam auf seine Schwäche, wollte jeboch der göttlichen Vorsehung

in der Hoffnung auf den Beistand seiner Mitbrüder, wie er erklärte, nicht widerstehen und gab seine Zustimmung. Er wurde mit dem weißen Chorrocke und der Stole bekleidet; der Präsident setzte ihm das Birret auf das Haupt mit den Worten: „Befestigen soll der Herr, was er bei uns gethan hat". In der Mitte der Commissäre wurde derselbe nun unter dem feierlichen Schalle der Glocken processionsweise zur Kirche geleitet, wo der Prior den Lobgesang anstimmte: „Großer Gott wir loben dich". Während dessen lag der Neuerwählte auf seinem Angesichte vor dem Altare auf einem ausgebreiteten Teppiche. Darauf wurde er an die Grabstätte seines Vorgängers geführt, woselbst er für dessen Seelenruhe einige Zeit knieend betete, und dann vom Präsidenten erinnert wurde, daß er bald dem im Grabe folgen werde, dem er jetzt im Amte folge. Hierauf wurde er auf seinen Stuhl im Chore geleitet, und ihm hier im Namen des Fürstbischofs nach abgelegtem Versprechen des Gehorsams die geistliche Leitung des Klosters übertragen. Es traten nun alle Capitulare vor, um ihm durch Handgelöbniß Ehrfurcht und Gehorsam zu versprechen. Von der Kirche schritt man zur Abteiwohnung, in welcher nach wiederholter Gelöbniß des Gehorsams dem Neuerwählten die weltliche Verwaltung unter Darreichung des Klosterschlüssels übergeben wurde. Hiebei war auch die Klosterdienerschaft anwesend. Nachdem der Neuerwählte beauftragt war, innerhalb einer bestimmten Zeit um die bischöfliche Bestättigung einzukommen, wurde ihm bis dahin die ganze Klosterverwaltung übertragen.

Der Kostenpunkt betrug für den Präsidenten zwölf Dukaten, für jeden der geistlichen Räthe sechs Dukaten, für den Regierungssekretair gleichfalls sechs Dukaten, die unter dem Titel als Geschenk verabfolgt wurden; die Dienerschaft erhielt wahrscheinlich ähnliche hohe Geldgeschenke. Vom 25. Januar bis 27. wurde seine Erwählung schriftlich an der Kirchenthüre des Domes angeschlagen; am 15. Februar erfolgte durch den Fürstbischof Franz Ludwig in der Hofkirche unter Assistenz des Prälaten von St. Stephan und Propstes von Triefenstein die feierliche Einsegnung.

Abt Johann am 21. April 1749 geboren, am 4. April 1769 eingetreten, war vor seiner Erwählung fünfzehn Jahre Kaplan auf der Propstei Retzbach gewesen.

Die Einfälle der Franzosen nöthigten den Abt zweimal zur Flucht.

Am 19. Juli 1796 erschienen sie in großen Heerhaufen mit ge=
zogenem Schwerte. Der Abt mit den meisten Conventualen hatte sich
entfernt. „Nur ich, schreibt der Prior Bernard Hofstetter aus Würz=
burg mit zitternder Hand, und P. Maurus, Michel, Gottfried, Karl,
Meinrad, Burkard und Johannes sind zurückgeblieben; wir haben viel
Elend durchgemacht; sowohl die Kaiserlichen als auch die Franzosen
haben es uns bereitet. Jeden Augenblick müssen wir gewärtig sein,
daß die Franzosen unser Kloster ausrauben, plündern und verberben.
Doch Gott sei Dank, setzt er nach einiger Zeit bei, Gott hat es nicht
zugelassen."

Sogleich nach Ankunft der Franzosen ließ das Kloster einen fetten
Ochsen schlachten. Die verschiedenen Vorräthe und Einrichtungen der
weiten Klosterräume befriedigten in dem Maße, daß die hiesigen Tag=
löhner gar keine Einquartierung erhielten. Deßhalb verlobte die Ge=
meinde, „zur Dankbarkeit wegen Befreiung von den französischen
Truppen" jährlich an diesem denkwürdigen Tage ein Engelamt ab=
halten zu lassen, wofür sie noch alljährlich 1½ fl. an den Pfarrer
entrichtet.

Vier am 17. April eingekleidete Novizen verscheuchte das Kriegs=
getümmel schon am 17. Juli.

Das zweitemal flüchtete sich der Abt nach Sachsen; es war im
J. 1800. Die Conventualen scheinen nach dem vier Jahre zuvor
glücklich überstandenen ersten Hirschfieber dießmal Alle geblieben
zu sein.

Zum drittenmale mußte sich der Abt mit dem ganzen Abteileben
flüchten vor den miteinander verbündeten Franzosen und Russen, indem
durch den Lüneviller Frieden den geistlichen Stiften in Deutschland
das Ende diktirt wurde.

Das hiesige Klostergut wurde dem fürstlichen katholischen Hause
von Löwenstein-Wertheim-Rosenberg übergeben.

Es war Sabbattag. Karl's Tochter stand bereit, ihr elftes
Lebens-Jahrhundert in Ehren zu schließen und ihr zwölftes mit Segen
zu beginnen. Siegreich stand sie da über alle ihre vielen und mächtigen
Feinde im Innern und von Außen. Schon war sie noch immer

jugendlich frisch bereit, die mit Beginn unsrer neuen Zeit hervor=
tretenden Feinde des Unglaubens und Materialismus zu bewältigen.
Ein ganz junger Mann Namens Jagemann, der erst vor wenigen
Jahren als der letzte Aufhebungskommissär damaliger Zeit zu Wert=
heim gestorben ist, war jedoch angekommen, um einen verhängnißvollen
Sabbat anzukündigen. Am folgenden Tage, es war der in der hiesigen
Gemeinde lange Zeit unvergeßliche Sebastianustag i. J. 1803, wurde
von ihm die eilfhundertjährige Eiche durch Verkündigung des Auf=
hebungsdekretes gefällt. Der Jüngste des Priestervereins, Subdiakon
Franz Kraus hatte an diesem Tage seine erste Predigt in dem nahen
Pflochsbach gehalten; beim Heimkommen verkündeten ihm die Brüder:
„Wir sind aufgehoben".

Achtzehn Priester hatten an diesem tragischen Sonntag beim hl.
Meßopfer die inhaltschweren Worte, und wer beschreibt noch die andern
schweren Gefühle, an den Herrn gerichtet im Introitus: „Es trete
das Seufzen der Gefesselten vor Dein Angesicht, o Herr; vergelte
unsern Nachbarn siebenfach in ihren Schooß, räche das Blut Deiner
Heiligen, welches vergossen wurde. Ja, o Gott, die Heiden sind in
dein Erbgut eingedrungen, sie haben verunehrt Deinen hl. Tempel;
sie haben Jerusalem zu einem Wachthause des Feldes gemacht. Ehre
sei dem Vater und dem Sohne und dem heiligen Geiste u. s. w."

Am darauf folgenden Vincentiustage zerstreuten sich Viele der
Klostergeistlichen nach den vier Himmelsgegenden. Jeder erhielt eine
Pension von 400 fl.; Einige übernahmen Klosterpfarreien.

An den Ehrwürdigen, Lieben, Andächtigen Johannes Abbten des
Benedictinerstifts Neustadt am Main richtete der Generalvikar des
hochwürd. des heil. röm. Reichs Fürsten und Herrn, Herrn Georg
Karl, Bischofs zu Würzburg, Herzogs zu Franken, auch Coadjutors
zu Bamberg 2c. folgendes Anschreiben:

„Unsern freundlichen Gruß zuvor!
Ehrwürdiger und Andächtiger, besonders lieber Herr und Freund!
Das fürstbischöfliche Ordinariat beklagt mit inniger Theilnehmung
das harte Schicksal der gänzlichen Aufhebung, welches die durch so
viele Jahrhunderte mit ausgezeichnetem Ruhme bestandene und

um die Kirche und den Staat vorzüglich verdiente Abtei
betroffen hat.

Da inzwischen dieses traurige über das Kloster verhängte Loos
nicht abgeändert werden kann, so will man doch nicht gleichgültig sein
bei der Art, mit welcher die Auflösung eines Klosters geschehen dürfte.

Man will zwar vor der Hand nicht zweifeln, es werde bei vor=
liegender Aufhebung des Klosters für den künftigen priesterlichen Unter=
halt der unglücklichen Friedensopfer nach Maßgabe und Vorschrift
des Reichsdeputationsbeschlusses hinlänglich gesorgt werden; gleichwohl
gewärtigen Wir von Euch und Eurem Convente zu seiner Zeit den
weiteren Bericht:

a) Welche Pension Euch und Jedem Eurer Religiosen bestimmt sei?

b) Wohin sich jeder Religios nach geschehener Auflösung zu be=
   geben, und wie er sich nützlich und seinem Stande gemäß zu
   beschäftigen gedenke?

c) Ob die allenfalls gestifteten Messen und besonders, ob die
   Pfarrei Neustadt und Pflochsbach mit Sendelbach, als welche
   bis jetzt von dem Kloster Neustadt aus excurrendo zu ver=
   sehen waren, gehörig berücksichtigt worden seien, und wie sie
   noch ferner ohne Abbruch der bisherigen Seelsorge bestehen
   sollen?

Wir verbleiben Euch übrigens mit behaglichem Willen wohl
beygethan.

Würzburg den 7. Hornung 1803.

F. Schenk von Stauffenberg, G. R. Präsident.

Gr. Ep. Hip. Suffr. Herb. Mpr."

Der Fürst Constantin war Anfangs nicht Willens, das Kloster
vollständig zu vernichten. Bei feierlicher Besitzergreifung des Klosters
Bronnbach hatte dieser kluge Fürst sich geäußert: „Wenn wir alle
Klöster aufheben, werden wir Fürsten auch aufgehoben". Als souveräner
Landesvater konnte er den Fortbestand leicht bewirken, ohnehin hatte
ja das Aufhebungsgesetz ausdrücklich bestimmt, daß die neuen Besitzer
die Klöster dürften fortbestehen lassen. Der Fürst wollte jedem Pater
noch außer der Pension eine jährliche Geldzulage geben; auch einige
Novizen sollten sie annehmen dürfen. Nach mehreren Wochen wurden

jedoch die zurückgebliebenen Pater genöthigt, ihre Zellen zu verlassen, weil ihnen in dem damaligen Winter die Oefen förmlich verschlossen wurden, und sie dann doch auch nicht in der Kälte gemüthlich erfrieren wollten. Sie bezogen einstweilen geringe Stübchen hier und in Erlach, harrend auf eine günstige Aenderung. Der Fürst ließ mehrmals den angesehenen früheren hiesigen Novizenmeister Maurus hieher von Waldzell kommen, um sich mit ihm wegen Wiedereinrichtung des Klosters zu besprechen. Einige Conventualen, welche mit Freude die Auflösung des klösterlichen Lebens vernommen, waren unterdessen bereits so abgekühlt, daß auch sie wieder mit aller Bereitwilligkeit dem gemeinschaftlichen Leben sich angeschlossen hätten. Allein der baldige Tod des P. Maurus verhinderte für einstweilen das Wiederzustandekommen.

Dem Abte Johann, welcher nach dem Gesetze eine Pension von 2000—8000 fl. jährlich anzusprechen hatte, wurde ein Abfinden mit der unbedeutenden Summe von 18000 fl. gegeben; und auch dieses geringe Geld war nicht reell, indem es auf der Wiener Bank stand. Weil die Zinsen nicht gezahlt wurden, gerieth er in große Geldverlegenheiten; an einen Juden mußte er das Abtei-Pektorale verwerthen. Das fürstliche Aerar sah sich daher veranlaßt, ihm eine jährliche geringste Geldpension von 400 fl. und 10 Klafter Holz zukommen zu lassen. Oftmals, wenn ihm die Schiffer sein Holz nach Karlstadt lieferten, sprach er wehmüthig von der hiesigen Abtei; mehrmals äußerte er: „O wäre ich nur einmal wieder in dem Kloster als einfacher Priester!" Er starb in seinem Geburtsorte am 26. Februar 1818 in dem ihm eigenthümlichen Wohnhause Nr. 183, welches gegenwärtig der Wagner Joseph Arnold besitzt. Man zeigt noch darin das Altarstübchen, worin der letzte Abt von Neustadt das hl. Meßopfer feierte. Die Kirche von Karlstadt erhielt den zurückgelassenen Kirchenornat. Einige Wochen vor der Aufhebung war der Jud Hirsch in die Abtei gekommen und hatte die Erklärung gemacht, daß die Aufhebung ganz gewiß eintrete, der Abt jedoch nie über Verwerthung der Mobilien, als Frucht, Vieh, Silber in der Schatzkammer, zur Rede oder Rechenschaft gestellt werde. Der ehrliche Abt ließ sich auf diese Geschäfte mit dem Juden nicht ein, obgleich er nach den Forderungen der christlichen Gerechtigkeit dergleichen Besitze hätte veräußern, und den Erlös

davon zu guten Zwecken, die vielleicht Jahrhunderte lang ihre guten
Früchte getragen, hätte verwenden können.

Die Säcularisation betraf folgende einundzwanzig Ordensmänner:

P. Gottfried Tambusch von Kitzingen 1751 geb., † 1. Februar 1803,
beerdigt in der Michelskirche. Die frühere Grabstätte im Petermünster beim
jetzigen Pfarrhause war bereits in fürstlichen Besitz übergegangen; deßhalb
geschah die Beerdigung in der Pfarrkirche; vierzehn Jahre war der Verlebte
Pfarrer daselbst.

P. Cölestin Klett zu Lengfurt 1763 geb., † zu Esselbach 1804.

P. Michel Ehalt zu Karbach 1739 geb.; mehrere Jahre Oekonom und
Gülteinnehmer, später immer kränklich und daher unfähig zu celebriren. Er
behielt seine Zelle im Kloster, † 14. Dezember 1806. Nach der Aufhebung
betete er knieend mit weinenden Augen und ausgespannten Armen für sein
Kloster am Stiftungsaltar.

P. Maurus Stockmann zu Würzburg 1745 geb.; sein Vater war
Militäroberst. Er trat ein am Feste des hl. Benedict 1761 und brachte
das jüngste Alter ins Kloster, kaum vollendete sechzehn Jahre; er konnte
deßhalb erst nach fünf Jahren Subdiakon werden. Die Priesterweihe empfing
er 1769 zu Fuld, wo er Rechtswissenschaft studirte. Nach seiner Rückkehr
wurde er zum Lehrer der Theologie im Kloster aufgestellt; nach einigen Jahren
erhielt er auch das Priorat. Mit weinenden Augen schied er aus seiner Zelle
in den Kloster= nun fürstlichen Hof zu Waldzell. Er stand bei dem Fürsten
in hohen Ehren. Das schmerzliche Leiden am Stein bereitete ihm am 4. Juli
1807 den Tod. Sein Grabstein im Kirchhofe zu Waldzell ist leider bei dem
jüngst geschehenen Kirchenbaue vernichtet worden! Ist das der Dank dafür,
daß dieser eifrige Diener Gottes, an allen Sonn= und Feiertagen auf einem
Reitpferde am Erlacher Mainufer abgeholt, zu Waldzell fast ohne allen Ent=
gelt bereitwillig Amt und Predigt gehalten!

Der letzte Benedictiner Franz Kraus nennt ihn in dem Tagebuche, welches
die Lebensverhältnisse der Priester vom dreißigjährigen Kriege an notirt, einen
Mann, der durch Gelehrsamkeit, Reinheit der Sitten sowie guten Klostergeist
ausgezeichnet und bis zu seinem Ende in der Seelsorge unermüdlich war.

Bemerkenswerth ist eine Aeußerung des P. Maurus an einen Waldzeller
unlängst im hohen Greisenalter von fast neunzig Jahren verstorbenen Bauers=
mann. Der bemerkte Kraus machte nämlich nach Vollendung seiner Studien
zu Würzburg einen Besuch bei seinem hochgeehrten früheren Mitconventualen
P. Maurus; dieser äußerte sich darnach an den genannten Waldzeller also
über Kraus: „Ich war begierig auf ihn und wollte nur sehen, ob sie den Kerle

in Würzburg auch) verdorben haben; ich habe ihn geprüft; er ist noch auf dem
rechten Wege; Gott sei's gedankt; er erhalt ihn d'rauf". Es spiegelt sich aus
dieser Aeußerung die Liebe zweier, wenn auch von einander geschiedenen, doch
immer noch herzlich im Guten geeinten Ordensmänner; dann der schlimme
Zustand der damaligen theologischen Facultät, die mit der protestantischen ver=
mischt, nur nach Aufklärung haschte. Der besorgte Klosterlehrer fürchtete, der
Benjamin möchte im Aegypterlande von diesem verkehrten Zeitgeiste angesteckt
worden sein; daher seine lebhafte Freude, als er das Gegentheil wahrnahm.

Bemerkenswerth ist noch eine andere Aeußerung dieses Geistlichen. Oft=
mals sagte er, wie jetzt noch alte Leute erzählen, bezüglich der hiesigen Kloster=
verhältnisse: „Wenn nur die Leute wüßten, was sie für Rechte hätten, aber
sie wissen's halt nicht". Sein noch vorhandener Brief von Wald=Zelle den
28. September 1805 betreffend die Holzfuhren der Pfarrei Neustadt beur=
kundet übrigens, wie es scheint, seinen Parteistandpunkt gegen die Gemeinde
Neustadt und Erlach und keine Bereitwilligkeit, das Recht zu unterstützen.
Es mußten vielmehr diese Gemeinden auf dem Proceßwege zur Geltendmachung
ihres Rechtes gelangen.

P. Meinrad Röslein von Rothenfels 1763 geb., woselbst sein Vater
Schloßgärtner war. Er bekleidete zuerst das Amt des Speisemeisters, dann
des Oekonomen; vom November 1801 an war er Prior und zwar der letzte.
Mit vielem Eifer hat er erst vom Kloster aus und nach dessen Aufhebung im
Orte Pflochsbach wohnend diese kleine Heerde Christi geweidet. Er war sehr
besorgt auch für das materielle Wohl seiner armen Pfarrkinder; er unternahm
deßhalb, begleitet von P. Franz Kraus, eine eigene Reise über die Rhön nach
Thüringen, um die Flachsbereitung und Holzschnitzerei an Ort und Stelle
einzusehen, und dann in seinen Gemeinden hiezu Anleitung zu geben.
† 18. April 1808 in Folge gefaßten Ekels beim Krankenversehen.

Im J. 1809 waren von den 22 Pensionären nur noch 11 zu unter=
halten; der Tod sowie die Uebernahme von Pfarreien hatte ihre Zahl auf die
Hälfte gemindert; i. J. 1815 war nur ein Drittel derselben übrig.

P. Gregor Steinruck von Heuerseu 1733 geb.; sein Vater war daselbst
Schullehrer. Er war von Jedermann geliebt, wahrhaft fromm, immer heiter.
Als letzter Oekonom des Klosters that er den Nothleidenden und Kleinbegüterten sehr viel Gutes. „Wir haben doch noch genug", war sein oftmals
ausgesprochener Grundsatz. † 9. Januar 1810 im Wohnorte seines Abtes.

P. Aemilian Stöhr zu Gerolzhofen 1751 geb. Vom Jahre 1792 an
stand er vier Jahre lang der Oekonomie vor. Es floß ihm das Wasser von
den Wangen herab, als das Klostervieh im Klosterhofe versteigert und von
den Juden erschachert wurde; gewissenhafte Christen durften und wollten ja

das Klostergut nicht kaufen. Am Auflösungstage kniete er mit ausgespannten Armen am Benedictusaltare und schickte seine heißen Gebete in der verschlossenen Kirche, jedoch von einem Knaben beobachtet, zu dem Herrn: „O wenn doch nur unser Herrgott meinen Brüdern die Gnade gäbe, daß sie wieder ins Kloster kommen; ich wollte mit dem Kreuze sie abholen". Er wohnte wie P. Gregor Anfangs hier, dann in Erlach und zuletzt in seinem Geburtsorte, wo er im September 1810 starb.

P. Hieronymus Braun von Werrbach 1734 geb.; sein Vater war später Lehrer in Reicholzheim. Er wollte als fast siebzigjähriger Greis im Kloster wie mehrere Andere wohnen bleiben. Der fürstliche Rentmeister Brust gestattete jedoch dieß nicht. Der aus dem Kloster Gewiesene beklagte sich über denselben: „Er hat sich — als früherer Schullehrer von Rothenfels — so oft in unserem Kloster satt gegessen, und jetzt gönnt er mir nicht einmal ein Ruheplätzchen darin zum Sterben". Er begab sich daher in den Wohnort seines Prälaten; daselbst † 22. Juli 1811.

P. Aurelian Grönert zu Neustadt a/S. 1767 geb. und daselbst † 26. März 1812.

P. Joseph Lurz von Würzburg 1753 geb., woselbst sein Vater Gerichts-Assessor war. Nach der Aufhebung übersiedelte er in seinen Geburtsort; er war ein durchaus religiöser und sehr wohlthätiger Mann. Einem armen Familienvater schenkte er hundert Gulden; † 16. April 1817.

P. Peregrin Appelius von Röttingen 1776 geb. Am Benedictusfeste 1802 hielt er in der Stiftskirche zugleich mit P. Augustin die letzte feierliche Benedictinerprimiz. Er war früher Singknabe im Kloster gewesen. Wegen seiner guten musikalischen Anlagen erhielt er bei der Profeß, wobei Jeder seinen Taufnamen ablegen und einen neuen Klosternamen annehmen mußte, wohl den Namen des früheren hiesigen Virtuosen Peregrin. Nach der Auflösung lebte er mehrere Jahre am fürstlichen Hofe zu Wertheim; i. J. 1810 übernahm er die Kaplanei zu Esselbach, später die Pfarreiverwaltung zu Erlenbach; daselbst 25. Mai 1817 †.

P. Benedict Arnold zu Mergentheim 1749 geb. Viele Jahre hindurch Küchen- und Waldmeister. Er begleitete den Abt auf der Flucht nach Sachsen, von welcher er am 7. September 1796 wieder zurückkehrte. Er wurde darauf Frühmesser zu Retzbach. Nach der Auflösung weilte er noch einige Jahre in Retzbach. Er pflanzte auf dem Berge daselbst die vielbesuchte Benedictushöhe, von welcher aus die freundliche Mainlandschaft einen reizenden Anblick gewährt. Auch in dem untern Pfarrgarten zu Pflochsbach legte er eine noch stehende Eremitage an. J. J. 1810 übernahm er die Frühmesse zu Steinfeld; daselbst † 1. März 1820.

Ein Alter von hier gab mir folgende Aeußerung von ihm an: „Wir kamen zusammen und kannten einander nicht; wir waren beisammen und liebten einander nicht; wir gehen auseinander und bedauern einander nicht".

Es gehörte, wenn dieses Urtheil wirklich aus seinem Munde kam, dieser Ordensgeistliche somit zur Partei der „Weltlustigen". Es kann nicht geläugnet werden, daß er Mehrere seines Gleichen hatte. Die Alten wollen wissen, daß Einige freudevoll getanzt haben, als das Commando „Auseinander" gegeben wurde. Es lachte ihnen eine vermeintlich große Pension zu, eine selbstständige Klosterpfarrei, neues Glück in neuen Verhältnissen. Manche dieser Weltgierigen wurden jedoch bald im Strudel der Weltwogen sehr stark abgekühlt.

Diesen Weltlustigen stand, wahrscheinlich in Kopfzahl geringer, aber in Ueberlegung und Anwendung gediegener Mittel weit überlegen eine andere Partei gegenüber, die der „Zeloten oder Eifrigen", welche alle Versuche machten, um auf irgend eine Weise das Kloster zu erhalten. Wer kennt ihre heißen Gebete zu Gott und ihre verschiedenen Unterredungen mit dem neuen Gewalthaber? Zwischen beiden Parteien standen die sogenannten „Geduldigen", welche die Fügung des Allerhöchsten anbetend ruhig das Weitere erwarten wollten.

P. Ambros Herbst zu Bamberg 1780 geb.; sein Vater war Hofmusikus. Bei der Auflösung erst Diakon; Priester 1807; einige Jahre Aushülfspriester in Tiefenthal; vom Jahre 1812 an Pfarrer in Wenkheim. Wegen Unmäßigkeit im Trinken mußte er nach sechs Jahren seine Pfarrei verlassen und im Seminar zu Bruchsal Buße thuen. Er wurde ein Jahr darauf Kaplan zu Steinfeld. Als er am 1. Fastensonntage zur Abhaltung des Gottesdienstes nach Zell gehen wollte, traf ihn auf dem Wege der Schlag, † 6. März 1821.

P. Martin Fischer zu Würzburg 1757 geb., Sohn eines Hofregistrators. Nach der Aufhebung besorgte er noch wie früher im Kloster die Lehenseinnahme; er erhielt deßhalb 500 fl. Pension; er wohnte in seinem Heimathorte. † 30. September 1822. Ein Mann von Wissenschaft und Rechtschaffenheit.

P. Karl Leim von Röttingen 1755 geb. Wegen vorzüglichen Leistungen im Musiksache lebte er nach der Auflösung am fürstlichen Hofe zu Wertheim. J. J. 1811 wurde ihm die Pfarrei Karbach und 1819 die zu Steinfeld übertragen. Er componirte viele Musikstücke. Bis zu seinem Tode unterrichtete er junge Schullehrer in der Musik, die bei der Prüfung im Seminar zu Würzburg sich auszeichneten. „Das ist wieder ein Schüler von P. Karl." Dabei war er ein tüchtiger Seelsorger.

P. Philipp Fegelein zu Würzburg 1743 geb.; sein Vater war Hofregistrator; am Benedictusfeste 1761 trat er ein. Nach Vollendung der Klosterstudien wurde er zur besseren Ausbildung in die Lehranstalten zu Fuld und Würzburg befördert. Er war darauf Frühmesser zu Retzbach, Cooperator in Karbach und von 1788—1810 Pfarrer zu Retzbach. Noch jetzt lobt die Gemeinde daselbst sein verständiges, heiteres und eifriges Wirken. Bei der letzten Abtswahl sehen wir mehr als den dritten Theil der Wähler um ihn stehen, um ihn zum Stabe zu erheben. Bei den fortwährenden Schwankungen im Wahlakte bleiben sie bis auf einen Einzigen unveränderlich. Wegen hohen Alters begab er sich nach Würzburg, wo er als Prediger, Beichtvater und Vorbeter bei öffentlichen Andachten unermüdlich für das Heil der Seelen thätig war. Dem hiesigen Klosterleben war er stets zugethan. „Wenn mein Kloster wieder aufgethan wird, sprach er zu seinem treuen Diener Johann Weber von Kist oftmals, so gehe ich als fünfundachtzigjähriger Noviz wieder hinein." Sein Grundsatz bis zum Ende war: „Wir kommen wieder". Wegen Körperschwäche durfte er in seinen drei letzten Lebensjahren in der ihm eigenthümlichen Wohnung beim Seminar Distrikt III. Nr. 26 Beicht hören und das hl. Opfer feiern. In der hl. Wandlung Tags vor seinem Ende verließen ihn die Kräfte. Er hatte sich schon früher seinen Todtenzettel drucken lassen, welchem sein Diener nur noch das Nothwendige beizusetzen hatte. Er lautet:

„Im Jahre unsers Heilandes Jesu Christi 1829 den 18. September früh 6 Uhr ist durch Altersschwäche in dem Herrn entschlafen

P. Philippus Fegelein,

Benedictinerpriester in der ehemaligen Abtei Neustadt. Er ward geboren zu Würzburg und erreichte ein Alter von 86 Jahren, wovon er 36 im Kloster, 30 in der Seelsorge und 19 im Pensionsstande verlebte. Er empfiehlt seine abgeleibte Seele dem frommen Gebeth der Gläubigen, und bittet um den beistehenden christlichen Wunsch:

Herr gib Ihm die ewige Ruhe!
Und das ewige Licht leuchte Ihm!

Der Trauergottesdienst wird Montag den 21. September früh um 10 Uhr in der Domkirche abgehalten."

P. Augustin Dittmann von Bollach 1774 geb.; einige Jahre Kaplan in Retzbach, von 1815 an Pfarrer in Esselbach; † 14. Juli 1831.

P. Johann B. Löser von Weiersfeld bei Gemünden 1767 geb. Von 1800 an der letzte Novizenmeister, zugleich auch Prior. Am 22. Dezember 1802 übernahm er die Pfarrei Massenbuch; 1819 die Pfarrei Wentheim. Vom Jahre 1822 an war er großherzoglich badischer Dekan, indem er das Amt eines Distriktsschulinspektors über den Bezirk Bischofsheim a/T. versah.

Tugend, wissenschaftliche Bildung und musikalische Kenntnisse zeichneten ihn aus. Der erwähnte P. Karl, Peregrin sowie P. Johann waren die besten Organisten der Abtei. Das Todtenbuch der Pfarrei Wenkheim enthält über ihn folgenden Eintrag:

„J. J. 1832 den 6. August Abends 9 Uhr starb dahier plötzlich an einem Schlagflusse der hiesige Pfarrer und großherzogliche landesherrliche Dekan Johann Baptist Löser, 65 Jahre alt, und wurde nach erkanntem wirklichen Tode den 9. August Morgens 9 Uhr beerdigt. Dieser edle und liebe Mann, der leider zu früh der Welt entrissen wurde, vereinigte mit einer wissenschaft= lichen Bildung eine solche Gemüthsruhe und liebevolle Anspruchslosigkeit, daß er von allen seinen Mitbrüdern deßwegen hochgeachtet und unendlich geliebt wurde. Ja er war ohne Leidenschaft, er wollte nur Frieden und suchte ihn zu erhalten, ohne seiner Amtswürde als landesherrlicher Dekan nur etwas im Geringsten zu vergeben.

Sein Hinscheiden bedauerte nicht nur seine eigene Pfarrgemeinde in innigster Wehmuth, sondern auch die Protestanten und Juden der Gemeinde Wenkheim, denen er Allen ohne Ausnahme weiser Rathgeber und stillhelfender Freund und Vater war; er wollte nach des Apostels Ausspruch „Allen Alles werden“. Werth und theuer ist uns sein Andenken. Wie lieb er uns war, beweisen die vielen Thränen, die wegen seiner flossen, sowie die feierliche Erd= bestattung, wobei neunzehn Pfarrherrn aus der Nachbarschaft von badischer und bayrischer Seite seine sterbliche Hülle zum Grabe begleiteten.

Möge sein friedliebender Geist als fruchtsame Aussaat noch lange unter uns weilen, und nie das freundschaftliche Bruderband gelöst werden, womit er uns so besorgt und liebevoll zusammenhielt. Er ruhe im Frieden!“

Leider fehlt auf dem gemeinschaftlichen Kirchhofe aller Confessionen ein Grabmonument für ihn.

Die Liebe zur Kloster= und Ortsheimath trieb ihn in seinem letzten Jahre nach Neustadt. Er kam gerade an, als seine drei noch übrigen Kloster= mitbrüder mit einigen Weltgeistlichen daselbst nach damaliger, jetzt leider ab= gegangener Sitte, das Namensfest des P. Kilian feierten. Nachdem er mit den Seinigen die letzten Gefühle ausgetauscht, besuchte er auch seinen theurn Heimathsort Weiersfeld. Morgens traf ihn sein Bruder, helle Thränen weinend, im Schlafzimmer. Auf das Befragen nach der Ursache erhielt er die Antwort: „Unsre lieben Aeltern sind fort, so viele Andre; ich auch bald“. Wehmüthig schied er. Nach wenigen Monaten erfüllte sich sein Vorgefühl.

P. Kilian Staub von Würzburg 1768 geb. Er besorgte von 1796 bis zur Auflösung das Amt des Speisemeisters; dann mit ehrenwerthester Geduld und lobwürdigem Eifer dreißig Jahre lang die hiesige für ihn oft sehr beschwerliche Pfarrei. Weil er sehr wenig ausgieng, brauchte er oft über sieben Stunden, um auf der zwei Stunden entfernten Filiale Einsiedel Jemand zu versehen. Manchmal mußte der Kaplan von Pflochsbach dem Mühseligen darin aushelfen. Er hatte in väterlichem Vermögen dem Vernehmen nach 20,000 fl. ins Kloster gebracht; nach dessen Auflösung mußte er sich in den Klosterhühnerstall retiriren und darin mit vier kleinen Zimmern nebst einer Dienstbotenkammer seine Wohnung nehmen. Dieses Lokal wird in der alten Pfarreifassion als sehr baufällig und mit vier Spriesen gestützt beschrieben; laut Schätzungsprotokoll hatte es einen Werth von 400 fl. Als einmal der Abt Johann seinen alten Mitbruder an einem Kilianusfeste hier besuchte, stellte P. Kilian folgende Frage an ihn: „Hochwürden Gnaden, hätten Sie in Ihrem Leben auch einmal geglaubt, daß Sie das Kilianusfest in dem Neustadter Hühnerstall mitfeiern würden?" Der Abt antwortete: „Ich habe viel geglaubt und mußte alle Tage mehr glauben; das habe ich nicht geglaubt; heute sehe ich es".

Was er wegen sonstiger Pfarreiverhältnisse durch den Druck der Zeit zu erdulden hatte, verewigen zu seinem Ruhme die verschiedenen Pfarreiakten.

Wie oft er sich nach der Wiedererstehung seines Institutes sehnte, ist dem Allwissenden allein bekannt. Der Auflösungstag des oft bedauerten Klosters war auch sein Auflösungs= und hoffen wir sein Erlösungstag aus dem Jammer= thale. Mit den hl. Gnadenmitteln versehen schied er in Folge einer Lungen= entzündung am 19. Januar 1833 Nachts 2 Uhr.

Sein treuer Mitconventual Dechant Kraus war zu ergriffen, als daß er die Gottesworte sprechen konnte. Statt seiner hielt der jetzt noch in hiesiger Gegend im besten Rufe stehende Pfarrer Sell von Hasenlohr die Leichen= predigt, worin er der traurigen Zeit gedachte, „in welcher die von den frommen Vorältern gestifteten Klöster Nester, die Bisthümer Wüstthümer, die Abteien Rabteien geworden".

Seine körperlichen Ueberreste harren auf dem Gottesacker an der Michels= kirche sieben Schritte vor dem vorderen Kircheneingange auf den glorreichen Tag der Auferstehung. Sein Grabstein wurde jedoch bei der neuen Anlegung des Gottesackers in die hintere Umfassungsmauer eingesetzt.

P. Burkard Brand zu Estenfeld 1767 geb. Sein Vater war daselbst Schullehrer. Vom Jahre 1797 an war er Waldmeister des Klosters und als solcher ziemlich flüchtigen Sinnes. Beim Holzstriche wurde oftmals die Bedingung festgesetzt, daß von dieser oder jener Partie Holz an den P. Wald= meister fünf, elf Carolin als Trinkgeld vorausgezahlt werden müßten. Die Jäger und Consorten zechten darauf und ließen seine Freigebigkeit hoch leben. Noch als Pfarrer war er dem Waidwerk sehr ergeben.

Im Jahre 1809 trat er seine Klosterpension an den 76 Jahre alten Pfarrer Fischer von Hasenlohr ab und übernahm dessen Pfarrei; 1823 verlieh ihm der Bischof die Pfarrei Rohrbach. Daselbst † 31. Mai 1840.

P. Franz Kraus · zu Retzbach am 14. September 1780 geboren; sein Taufname war Johann. Die Mainüberfluthung des Jahres 1784 brachte seinem Vater, dem Chirurgen Friedrich Kraus und der Mutter Barbara gebornen Englert, den Tod; die Abtei ersetzte ihm Beide. Am 13. April 1800 trat er ein, noch nicht volle zwanzig Jahre alt. Mit den übrigen drei im Vorstehenden genannten Novizen Ambros, Augustin und Peregrin empfieng er vom Abte Johann, der hiemit seinen ersten und letzten Weiheakt über Kirchendiener spendete, die vier niederen Weihen; am 19. September 1801 ertheilte ihm der Weihbischof das Subdiakonat. Nach Auflösung des Klosters setzte er auf der Univerfität zu Würzburg seine Studien fort, bis er daselbst am 12. September 1804 zum Priester geweiht wurde. Die ersten Monate arbeitete er im Weinberge des Herrn als Cooperator zu Estenfeld, dann drei Jahre als Caplan zu Retzbach, von 1808 an als Pfarrer zu Pflochsbach. Die badische Regierung und das Generalvicariat Speier ernannten ihn 1818 zum Dechant des damaligen Landcapitels Birkenfeld, worauf ihm auch die Schulinspektion in den Bezirken Rothenfels, Kreuzwertheim und Heubach übertragen wurde. Wegen Uebernahme der vielbesuchten Wallfahrtskirche Mariabuchen sah er sich 1824 zur Niederlegung seines Amtes als Dechant und Schulinspektor gezwungen. Als ihm jedoch nach zwei Jahren zur Besorgung dieser Kirche ein Kaplan beigegeben wurde, ward er 1831 in dem damals größten Dekanate Lengfurt, welches 24 Pfarreien zählte, einstimmig zum Dechant gewählt. Bald wurde ihm auch wieder die Schulaufsicht übertragen, die er 1843 jedoch wieder niederlegte. Als das weit ausgedehnte Kapitel 1845 in das neue Kapitel Lengfurt und Rothenfels getheilt wurde, berief ihn die fast einstimmige Wahl seiner Mitbrüder trotz seiner vorausgegangenen mündlichen Ablehnung nochmals zum Vorstande des Kapitels Rothenfels. Wegen Abnahme der Kräfte legte er freiwillig ein Jahr vor seinem Lebensende diese Stelle nieder. Burkard und Megingaud hatten das Nämliche gethan.

In verschiedener Hinsicht kann dieser letzte Sohn des hl. Burkard auch sein wahrhaft würdiger Geistes-Sohn genannt werden.

Vor Allem war er ein frommer Ordensmann. Das BenedictinerBrevier, obgleich es viel größer ist als das der Weltpriester, betete er täglich bis zu seinem letzten Lebensjahre; es wurde ihm da diese Pflicht in das Beten der fünf Wunden oder Litanei vom Namen Jesu umgewandelt. Er hielt täglich seine geistliche Lesung, wo möglich mit Betrachtung, wie im Kloster. Täglich bereitete er sich selbst das Bett; erst die letzte Entkräftung änderte diese Klosterregel. Nur wenn Gäste mitspeisten, ließ er sich mit dem schöneren Tischgeräthe bedienen; sonst bediente er sich täglich selbst mit dem auch jetzt noch vorhandenen ins Kloster eingebrachten silbernen Löffel, Messer und Gabel,

die er täglich in der Serviette übereinander in den Tischlasten legte. Soll
man es glauben oder nicht, doch er hat es ausgesagt, er war vier Jahre
Pfarrer in Pflochsbach, und hatte noch nicht einmal das nur eine Stunde
entfernte Städtchen Lohr betreten! So sehr, nach unsern jetzigen Tages-
begriffen allzusehr, liebte er die angelobte Einsamkeit des Mönches. Seine
Zelle war im Hause, oder der grüne Wald bei Flötenspiel, Naturgenuß unter
Buchenschatten, Gebet der Psalmen und bei dem Krüglein des guten Retz-
bacher Weins mit Vesperbrod. Wie konnte wohl der so kurze Aufenthalt in
einer klösterlichen Anstalt ein langes vielbewegtes Leben in einer gerade dem
Ordensleben damals feindseligen Zeit so allseitig beherrschen? Es war dem
Jüngling von der göttlichen Vorsehung jene besondre Ordensgnade verliehen
worden; sie lebte in ihm, nicht gebunden an Mauern; er in ihr. Diese
Ordensgnade drängte ihn, an den hl. Stuhl wegen Wiederherstellung des
Klosters sich zu wenden. Er wurde mit folgender Antwort beehrt:

„Papst Pius VII.

Theurer Sohn! Es sei dir Heil und der apostolische Segen

Aus Deinem Schreiben vom 29. April haben wir mit Freude wahrgenommen, welcher Eifer Dich beseelt, damit Deine Abtei auf was immer
für eine Weise wiederhergestellt werde. Wir loben Deinen ausgezeichneten
Willen, der ganz unser Verlangen und heißer Wunsch ist. Die Sache der
deutschen Klöster liegt uns pflichtmäßig am Herzen; wir stehen dafür ein, so
oft immer eine schickliche Gelegenheit sich uns hiezu darbietet. Gerne berücksichtigen wir alles Dasjenige, was Du uns zur leichteren Wiederherstellung
Deines Klosters mittheilst, und geben Dir hiezu von ganzem Herzen unter
dem Ausspruche Unsers väterlichen Wohlwollens den apostolischen Segen.

Gegeben im Schlosse Gandulph den 2. Juli 1817 im achtzehnten Jahre
Unsers Pontificates."

Mehrmals besprach sich Kraus besonders bei Gelegenheit der jährlichen
Schulprüfung in dem Distrikte Heubach mit dem fürstlichen Hause über diese
Klosterwiederherstellung. Seine Absichten wurden stets als lobenswerth und
ersprießlich befunden; die Ausführung stellte sich nicht als zu schwer heraus,
da noch sämmtliche Klostergebäude im guten alten Stande waren und es an
Männern nicht fehlte, die sich einem Priestervereine widmen wollten. Als
i. J. 1830 das Benedictinerkloster Metten wieder ins Leben trat, und alle
noch lebenden Exbenedictiner in Bayern zur Theilnahme an dem neuen Ordensleben eingeladen wurden, kostete es ihn viele Ueberwindung, diesem Rufe
nicht zu folgen. Fast wollte es ihn später reuen. Er war geblieben, weil
er immer noch für Neustadt Hoffnung hatte. Seine Predigt bei Wieder-

Herstellung der Abteikirche i. J. 1837, die seiner Zeit im Religions= und Kirchenfreunde Nr. 30 erschienen ist, verkündete den zahlreichen Gläubigen diese seine Klosterhoffnung, indem er am Schlusse derselben die Worte sprach: „Es wird unserm allergnädigsten König Ludwig eine theure Herzensangelegen= heit sein, daß diesem ehrwürdigen Ordenshause, welches das älteste in Franken ist, das dem Staate und der Kirche mehr als tausend Jahre die ersprießlichsten Dienste geleistet hat, auch ein Stern des Heiles erscheine. Oft geschieht in der Welt, wozu man wenig Aussicht hatte; wer hätte im vorigen Jahre sich zu hoffen getraut, daß wir diese so sehr herabgekommene Kirche heute in einem so freundlichen Zustande erblicken würden? So kann es durch Gottes Barm= herzigkeit geschehen, daß der diesjährigen Wohlthat eine neue und größere hinzugefügt wird, daß dieses ehrwürdige Gotteshaus wieder aus seinen Trüm= mern erstehe, und unsern Nachkommen eine neue Segensquelle eröffnet wird. Die Zeiten sind vorüber, daß die Machthaber der Völker sich von den Kloster= und man darf sagen Religions= und Thronen=Feinden durch trügerische Vor= spiegelung täuschen lassen, als wenn geistliche Institute ihren menschenfreund= lichen Unternehmungen hinderlich wären; die Fürsten sind weise geworden aus Betrachtung und Vergleich der Vorzeit und der Jetztzeit; sie haben sich mit den Klosteranstalten, denen sie durch Verläumdungen abhold werden mußten, wieder versöhnt; liegt es in dem Willen des Allerhöchsten, der die Herzen der Fürsten wie Wasserbäche leitet, so kann geschehen, was fromme Herzen im Stillen wünschen. Amen.“

Auch an den damaligen Regierungspräsidenten Grafen von Rechberg wandte er sich, um dessen Mitwirkung zur Einführung der Benedictiner in Franken zu gewinnen. Als besonderes Motiv der Klosterhoffnungen machte er geltend, daß dem fürstlichen Hause Löwenstein das Neustadter Klostergut blos zu 15000 fl. angerechnet worden war, da doch dessen Werth weit höher war. Er erhielt von demselben eine wohlwollende Antwort.

Einem Vereine von mehreren Weltgeistlichen, welche die Beiträge zur Einführung der Redemptoristen in dem Wallfahrtsorte Buchen leisten wollten, stellte er sich mit dem Stadtpfarrer Günter von Lohr und Pfarrer Oberle von Rodenbach an die Spitze, ohne jedoch zum Ziele zu gelangen.

Auch in Bezug auf Neustadt sollte der ehrwürdige Greis die Realisirung seiner Wünsche nicht erleben; das heißt im Jammerthale nicht; jedoch nur einige Jahre nach seinem Hingange in die andre bessere Welt, wenigstens einen Theil dieser Wünsche. Gewiß hat seine oft angerufene Fürbitte beim Throne des Allmächtigen nicht Weniges zur Errichtung des Ordensklosters, dessen Mitglieder seinen Namen tragen, gewirkt. Dafür ihm stets aller Dank!

„Monachizat, er möncht", haben gewisse Haarspalter gegen ihn behauptet. Man muß es zugeben, jedoch nicht zu seinem Tadel, sondern nur zu seinem Lobe.

Die innere Kraft des Mönchthums entfaltete sich in einem eifrigen und klugen Hirtenleben. Hier Einiges von seiner Antrittspredigt 1808:

„So halte uns Jedermann für Diener Christi und Ausspender der Geheimnisse Gottes. I. Cor. 4, 1.[1])

Was Jesus mehrmals seinen Jüngern anempfahl, als er sie in die Städte und Dörfer vor sich hersandte, daß sie zu den Einwohnern eines jeden Hauses sprechen sollten, der Friede sei mit diesem Hause; ebendas thue ich auch heute, meine lieben Christen, da ich als euer Seelsorger mit dem herzlichsten Friedens= und Segenswunsche zum erstenmale vor euch auftrete. Ich nenne euch heute zum erstenmale meine lieben Pfarrkinder und zwar mit dem lebhaftesten Gefühle des Seelsorgeramtes, welches mir die göttliche Vorsehung bei euch anvertraut hat, zugleich aber auch mit der Hoffnung, daß ich unter dem göttlichen Beistande bei euch viel Gutes stiften und befördern will und muß. Die Rechtmäßigkeit meines Berufes gibt mir diese Hoffnung. Nicht die Begierde, große Einkünfte bei euch zu bekommen, nicht das Verlangen, ein bequemes Leben hier zu führen, sondern die Liebe, Gottes Ehre und euer Seelenheil zu fördern, war die Bewegursache, warum ich bei euch zu sein verlangte. Ruhige gemüthliche Tage kann ich mir nicht versprechen, da ich mich vor Gott, meinem künftigen Richter, verbindlich mache, für die allerwichtigste Angelegenheit zweier Gemeinden bestmöglichst zu sorgen. Nur Jesu meinem Oberhirten will ich mit dem größten Eifer stets zu dienen suchen und recht viele Seelen ihm gewinnen, wenn ich auch gleich in diesem Dienste mein Leben bei euch aufopfere". . . .

Die Gemeinden Pflochsbach und Senbelbach konnten und werden später noch sich Glück wünschen, daß sie fast ein halbes Jahrhundert lang die Früchte eines solchen Eifers genießen konnten. Vom ersten Grauen des Tages bis Nachmittag ein Uhr dauerte oft sein vielbesuchter Beichtstuhl in der Buchen. Gern wurde er als Kanzelredner gehört; sorgfältig bereitete er sich und zwar bis ins höchste Alter schriftlich zu jeder einzelnen Predigt vor. Sein Grundsatz war, wer ohne vorhergegangene Arbeit auf den Predigtstuhl geht, geht ohne Ehre herab. Gerne predigte er über besondere kirchliche Ereignisse. Die ver-

---

[1]) Sic nos existimet quilibet ut ministros Christi et dispensatores mysteriorum Dei. — Es war früher feste Form, nur mit dem alten lateinischen Kirchenlerle Gottes Wort zu beginnen.

schiedensten Hindernisse stellten sich seinen Amtsverrichtungen entgegen. Noch sind die Akten vorhanden, wornach ihm auf dem Wege von Sendelbach nach Pflochsbach mehrmals nach dem Leben gestellt wurde, so daß er unter Begleitung von Sendelbacher Ortsnachbarn den Heimweg nehmen mußte. Sein bis zum Lebensende helltönender Tenor; die große Regelmäßigkeit, womit er, jedoch fern von aller Aengstlichkeit, die Ceremonien der hl. Kirche ausübte; vor Allem aber der tief religiöse Geist, womit er die hl. Geheimnisse verwaltete, machte seinen Gottesdienst und seine Sakramentenspende möglich erbaulich. Wegen großer Schwäche konnte er im letzten Jahre nur zweimal das hl. Opfer des Altars feiern. Bei der hl. Wandlung reichte die Kraft der Hände nicht aus, um nach Vorschrift den hl. Leib des Herrn etwas über das Haupt zu erheben. Rührend war es auch für Alle zu sehen und zu hören, wie er diesem Mangel sogleich dadurch abhalf, daß er das Haupt schnell möglich tief neigte, so daß der Erlöser in der Brodsgestalt geschaut werden konnte. Mehrmals wurde ihm zur Belohnung seiner priesterlichen Wirksamkeit eine andere Pfarrei, wie Karbach und Wörth, die fast einen dreifachen Ertrag gegen seine Pfründe gaben, von dem Fürsten angeboten. Er lehnte jedesmal dankbar ab. Er hatte hiezu einen eigenen Gemüthsgrund, indem er seinem geliebten Neustadt möglich nahe bleiben wollte. Oft äußerte er auch: „aus kleinen Bächlein trinkt man sich auch satt; bei meiner Ankunft in Pflochsbach habe ich gefunden, daß die Pfarrer mit reichen Pfarreien in der Umgegend Schulden hatten, und die mit geringem Einkommen ganz gut zurecht kamen. Als Benedictiner habe ich das Verbleiben an einem Ort gelobt; ich will diesem Gelöbnisse treu bleiben".

Er war ein wissenschaftlich gebildeter Mann, bewandert in allen Fächern der geistlichen Wissenschaft; sein Lieblingsfach war die Geschichte. Eine reiche Bibliothek stillte seinen Wissensdurst. Noch im hohen Alter interessirte er sich um wissenschaftliche Werke. Mit Professor Bickel und Seminarregens Benkert, den damaligen Trägern der gläubigen Wissenschaft in unserm Franken, stand er in freundschaftlichem Verkehre. Ersterer wohnte einigemale während der Ferien bei ihm in dem schönen Mainthale. Eine besondre Pietät bewahrte er seinem früheren Universitätsprofessor, dem spätern Pfarrer Bergold zu Haßfurt, der in einem noch vorhandenen Briefe vom 6. Juli 1821 sich seinen alten Schulfreund nannte, und die an ihm vollkommen gelungene Bildung lobte. Derselbe hatte ihn dem Fürsten Hohenlohe empfehlen wollen, als dieser auf das Erzbisthum Freiburg berufen werden sollte [1]). Mit dem verdienstvollen

---

[1]) Bemerkenswerth ist eine eigene Aeußerung des charaktervollen Theologieprofessors Bergold. Als derselbe einmal in Würzburg mit Anderen dem Napoleon vorgestellt

und so gemüthlichen Jugendschriftsteller P. Aegid Jais stand er auf vertrautem
Fuße. Derselbe predigte mehrmals in Retzbach, als Kraus Kaplan daselbst war.

Bei den Schotten in Würzburg hatte er wie viele andere Studenten die
englische Sprache erlernt. Er sprach auch ganz geläufig französisch [1]).

Bei dem fürstlichen Hause stand er im hohen Ansehen. Fürst Karl
wollte ihm den Erbprinzen Constantin zur Erziehung übergeben, was jedoch
Kraus ablehnen mußte. Höchst ehrenvoll war sein Empfang im fürstlichen
Schlosse zu Heubach, so oft er die Schulprüfung vorzunehmen hatte.

Sein Vermögen zu 13,600 fl. bestimmte er für eine Seelsorgerstelle in
seinem Filiale Sendelbach; jedoch sollten seine beiden Anverwandten, die bisher
das Hauswesen besorgt hatten, dreiviertel der jährlichen Zinsen auf Lebzeiten
erhalten; das andere Viertel sollte zum Grundkapital geschlagen werden. Eine
energische Geltendmachung der Pfarreirechte wegen Wiesen hätte diesen Fond
ungemein erhöht. —

In einem gesunden Körperbau, etwas über die mittlere Größe gehend,
trug er ein heiteres, geduldiges und gottvertrauendes Geisteswesen. Von den
sogenannten Gesellschaften, in welchen oft die Zeit nur todtgeschlagen wird,
wie wenn sie ein Lebensfeind wäre, sich möglich fernhaltend, war er herzlich
willkommen bei sonstigen Zusammenkünften. Nach Art unserer alten Kloster-
oder vielleicht auch Land-Geistlichen wußte er auf jede Sache bei diesen Ge-
sprächen so seinen Spruch oder eine interessante Anekdote. Er konnte, wenn
er auch schon siebenmal irgend ein Geschichtchen erwähnt hatte, auch das achte-
mal noch recht pikant dasselbe vortragen.

Bei einer Pfarrvorstellung zu Karbach gerieth er auf dem Heimwege
beim versuchten Ueberfahren über den Main zu Rodenbach in ein sehr übles
Wetter. Es stellte sich eine Gesichtsrose ein, welche die ärztliche Kunst zwar
beseitigte, ohne jedoch die körperliche Kraft wieder geben zu können. Dies
mahnte den treuen Seelsorger, sogleich vom Amt eines Dechants sich frei zu machen.

---

wurde, richtete Napoleon an ihn folgende Frage: „Herr Professor, was sagt die Geschichte,
die Sie lehren?" „Die Geschichte sagt, daß die Nemesis alle Diejenigen erreicht, welche
die Völker unterjochen", lautete die Abfertigung gegen den Gewaltigen, der sich mit
Verachtung von ihm wegwandte, aber schon nach einigen Monaten in Rußland sich
von der Wahrheit dieser Sentenz überzeugte. Und unser Bismark?!

[1]) In den Kriegszeiten machte er einmal folgenden Gebrauch hievon. Der Zwerg-
fährer brachte einen jungen Offizier in das Pfarrhaus mit den Worten: „Do bring i
än, er kon nir gered, 's muß e wahrs Kreuz sai, wenn mr nir gered kohn". Als er
aber bemerkte, daß die Beiden mit aller Leichtigkeit und Schnelligkeit sich ihre Gedanken
einander mittheilten, rief er in Verwunderung aus: „Dr kohn jo besser gered als i".

Nach eingetretener Hirnerweichung in seinem letzten Lebensjahre folgte noch eine Darmruptur. Er unterzog sich der Operation, welche auch glücklich am 26. November 1847 ausgeführt wurde. Es stellte sich jedoch darnach eine bedeutende Entkräftung ein, welche am Montag den 29. November Morgens 6 Uhr sein Leben diesseits endete. Mehrmals hatte er sich während seiner Krankheit mit den hl. Sakramenten versehen lassen.

Wolle der zuletzt Heimgegangene die Fürbitte und fortdauernde Liebe aller Burkardiner uns erhalten, und seinem lieben Neustadt bis zum Tage der Wiederkunft des Herrn noch recht nahe bleiben!

Doch gehen wir zu sonstigen Lebensverhältnissen über in Bezug auf das Alter beim Eintritt und das ganze Lebensalter; die Stundenordnung, die Feierlichkeiten im Kloster und die Zahl der Gottgeweihten.

Zuvor Einiges über die Tracht.

Der hl. Ordenspatriarch Benedict hat mit sehr mildem Geiste die Art und Weise wegen Bekleidung des Körpers im Allgemeinen dem Klima und den Landesgewohnheiten überlassen; seine Regel fordert als wesentliche Kleidungsstücke ein langes Kleid, die Tunika, dann einen Ueberwurf um die oberen Theile des Körpers, Kukulle genannt, im Winter dicht, im Sommer ganz leicht; endlich noch ein Schulter-tuch oder Skapulir zur leichteren Verrichtung der Arbeiten sowie zur Schonung des langen Gewandes. Der Abt soll das jedesmal Zweck-mäßige anordnen. Die Priester trugen die sogenannte Klerik der Weltgeistlichen, jedoch mit ganz breiten Aermeln. An den Bildern der Aebte finden wir diese Aermeln vor der Hand mit einem zierlichen blauen Aufschlag versehen. Kollarien waren nicht im Brauche; dagegen entweder blaue oder gewöhnliche weiße Hemdkrägen. In den Bildern der Aebte vor zweihundert Jahren erscheinen dieselben bald mit einem kurzgeschnittenen, bald mit einem langen Bart. In der letzten Zeit trugen die Priester die gewöhnliche kleine Tonsur oder Platte auf dem Haupte, vor dreihundert Jahren nur einen schmalen Kranz von Haaren, während der übrige Theil kahl geschoren war; diesen bedeckte die große Kapuze, welche später sich verkleinerte. Ein Abt vom Mittelalter erscheint mit weit über das Hinterhaupt herabhängendem sorgfältig aufgeputztem Kopfhaar. Bei einer i. J. 1560 geschehenen Visitation wird bemerkt, daß die Conventualen zweimal das Jahr gekleidet

werben; auf ben Sommer mit einer „leinen Sippen (Unterfleib), unb
auf ben Winter mit einem — Müllerrock, so sie es anbers bebürfen".

Es traten in bas Kloster in ben zwei lezten Jahrhunderten:

47 im Alter von 16 mit 20 Jahren;
33 „   „   „ 21 „ 23   „
20 „   „   „ 24 „ 40   „

Wir sehen baraus, baß bie Hälfte in bem frisch jugenblichen Alter
bie erste Stanbesliebe, unb wir bürfen wohl glauben, ein unbefangenes,
vom Weltsinn unverborbenes Leben bem Priestervereine zubrachte. Ist
bie Zahl berjenigen auch bebeutenb, bie mit reiferen Jugenbjahren bie
Klosterpforte beschritten, so stellen sie sich nach ihrem Alter boch noch
nicht als solche bar, bie bereits in einem anbern Lebensberufe ver-
unglückt nur aus Noth bem klösterlichen Leben sich weihten. Daß aber
auch junge Männer im angetretenen Mannesalter noch Einlaß fanben,
liefert einen Beweis von ber allgemeinen Nützlichkeit klösterlicher Anstalten, in welchen auch biejenigen Zuflucht erhielten, bie in ihrem
bisherigen weltlichen Berufe nicht gut zurechtkommen konnten, ober
über bemselben einen höheren Beruf suchten unb fanben.

Für viele Leser wirb es interessant sein, bas Lebensalter ber
hiesigen Geistlichen kennen zu lernen unb noch mehr auch bas von
anbern Klöstern. Es soll beßhalb aus verschiebenen Orbensfamilien
eine kurze Zusammenstellung folgen, wieviele Mitglieber in ben einzelnen Häusern im Lebensalter von 20, 30 Jahren ꝛc. gestorben sinb,
unb wie hoch burchschnittlich bas ganze Lebensalter sich stellt. Ueber-
raschenb wirb bie Wahrnehmung sein, baß in biesem Punkte trotz bes
verschiebenen Klimas, ber verschiebenen Beschäftigung unb verschiebenen
Lebensweise boch bei allen einzelnen Abweichungen im großen Ganzen
fast überall ein ziemlich gleiches Verhältniß sich herausstellt. Absichtlich ist auch außerhalb unseres Kirchensprengels ein Kloster beigezogen
worden, nämlich Maria-Einsiebel in ber Schweiz. Thatsache ist es,
baß sehr hoch gelegene Orte, wie wir's schon unten bei Wiesthal antreffen werben, bas menschliche Leben hoch hinaufbringen, bagegen in
ber Jugend sehr Viele hinwegräumen, währenb niebrig gelegene Orte
in ber Kinberwelt nicht so stark aufräumen, bagegen aber ben Keim
bes Tobes besto eher in bem reiferen Alter vollstänbig auswachsen
lassen. Wirklich ist Maria-Einsiebel einzig in seiner Art baburch, baß

dieser Klosterort ganz allein uns zwei Greise im Alter von 96 und 92 Jahren vorführt; dagegen liefert dieser Klosterplatz doch nur einen kleinen Unterschied höheren Alters als andere. In keiner Familie mögen die einzelnen Geschwister in der Länge ihrer Jahre sich so gleichen wie unsere Klosterfamilien. Die Handarbeiten in Maria-Einsiedel, die Abwechslung in den Beschäftigungen und das Leben aus und unter einem kräftigen Kernvolke und Anderes mag die Ursache sein, daß der menschliche Organismus daselbst um einige Jahre länger sich hält.

Es folgt hier das Alter der Ordensmitglieder und zwar der:

Bernardiner zu Bildhausen v. J. 1695 bis 1803, sowie zu Ebrach v. J. 1732 bis nach der Säcularisation.

Capuciner zu Karlstadt v. J. 1646 bis 1869.

Benedictiner von Maria-Einsiedel v. J. 1800 bis 1872, sowie zu Neustadt v. J. 1640 bis nach der Säcularisation.

Franziskaner zu Miltenberg v. J. 1706 bis 1849.

Chorherrn zu Triefenstein v. J. 1640 bis nach der Säcularisation.

Namen.	Zwanziger.	Dreißiger.	Vierziger.	Fünfziger.	Sechziger.	Siebziger.	Achtziger.	Neunziger.	Durchschnittliches Alter.	Zahl.
Bildhausen . . .	1	9	23	28	31	18	5	—	58	115
Ebrach	4	10	24	25	45	38	4	—	59	150
Karlstadt	4	5	8	9	17	17	9	—	61	69
Maria-Einsiedel .	5	7	6	22	34	38	16	2	64	130
Neustadt a. M. . .	1	10	17	27	32	20	7	—	60	114
Miltenberg . . .	5	10	14	17	23	29	14	—	61	112
Triefenstein . . .	7	10	6	15	15	8	3	—	54	64
Im Ganzen	27	61	98	143	197	168	58	2	60	754

Die Ursache, warum auffallend Viele in den Zwanzigern und Dreißigern zu Triefenstein starben, nämlich ein Drittel der ganzen Genossenschaft, darf wohl in dem Genusse des feurigen, schweren Calmuth zu suchen sein. Noch jetzt heißt man den ähnlich schweren Hörsteiner „Kaplanstödter" aus der nämlichen Ursache. Derselbe wirkte ähnlich nachtheilig in der benachbarten Benedictiner-Abtei Seligenstadt. Eine wichtige Lebensregel!

Die katholischen Geistlichen der Diözese Würzburg erreichten vom Jahre 1855—1860 ein Lebensalter von fast 57 Jahren. Nur gegen 120 Personen starben in unserm ganzen Regierungsbezirk jährlich im Alter von 80 Jahren und darüber.

Die Erwachsenen aus der Pfarrei Neustadt brachten nach beifolgender Uebersicht ihr Lebensalter auf 57 J. 7 M., in der letzten Zeit nur auf 55 J. 1 M. Für 18 in verschiedener Richtung unserer Diözese gelegene Gemeinden, die gegenwärtig 12,000 Seelen haben, stellt sich das Lebensalter nach beifolgender Uebersicht theils etwas niedriger, theils etwas höher.

Interessant wäre es zu wissen, in welcher Gemeinde unserer Diözese früher und jetzt das höchste sowie auch das niedrigste Lebensalter stattfindet, und in welchen klimatischen oder moralischen oder gewerblichen Verhältnissen dieß begründet ist.

Bis zur Sündfluth lebte der Mensch an die 900 Jahre; nach diesem Strafgerichte Gottes beschränkte sich das menschliche Leben auf 300; zur Zeit des Moses schon nur noch auf 120 J., und der König David findet mehr als 80 Jahre schon als Elend: „Unsere Jahre sind zu achten wie ein Spinnengewebe. Die Zeit unserer Jahre ist 70 und wenn es hoch kommt, 80 Jahre; was noch darüber ist, ist Mühsal und Schmerz: denn es kommt dann Laßheit, und wir werden fortgerafft".

Man schätzt das mittlere Lebensalter auf 33 Jahre; in unserer Diözese wird dasselbe auch in den besten Gemeinden, wie Gaukönigshofen, nicht erreicht; und doch finden wir dort die Meisten in den Siebzigern und sehr Viele in den Achtzigern sterben.

In Sendelbach ist das durchschnittliche Alter nur 21 und in Pflochsbach nur 25 Jahre; und doch weisen auch diese Gemeinden hohe Zahlen in den Sechzigern und Siebzigern auf.

Man bedauert gegenwärtig vielleicht allzusehr die Lage der Fabrikarbeiter, die nur ein durchschnittliches Lebensalter von 19 Jahren erreichen. Manche unserer Gemeinden sind nicht viel besser daran.

Jedes Jahr sterben auf der Welt 33 Millionen Menschen, also jede Sekunde 1 Mensch.

Tabelle über das Lebensalter.

Gemeinde.	Zeit.	0 bis 1.	1 bis 10.	10 bis 20.	Summe.	20 bis 30.	30 bis 40.	40 bis 50.	50 bis 60.	60 bis 70.	70 bis 80.	80 bis 90.	90 bis 100.	Summe.	Alter der Erwachsenen.	Bemerkung.
Neustadt mit Erlach .	1750—60	79	10	5	94	12	12	13	12	15	20	7	1	92	54 J. 2 M.	
.	1760—70	39	4	5	68	4	6	7	9	21	17	6	1	71	61 J. 1 M.	
.	1771—80	107	6	3	121	4	12	10	14	31	27	5	—	103	59 J. 11 M.	
.	1780—90	71	42	5	118	7	11	3	15	27	32	3	—	101	60 J. 5 M.	
.	1790—1800	74	21	6	104	10	19	21	26	16	21	7	—	113	56 J. 3 M.	
.	1800—10	83	23	11	113	9	7	17	16	35	31	8	—	130	53 J. 4 M.	
.	1810—20	88	33	11	112	7	14	18	20	25	14	9	—	106	53 J. 4 M.	
.	1820—30	111	30	14	155	12	14	13	31	37	23	9	—	152	57 J. 10 M.	
.	1830—40	96	48	11	145	20	14	21	21	36	23	13	—	160	52 J. 4 M.	
.	1840—50	112	30	12	154	13	23	21	21	36	23	13	—	160	56 J. 7 M.	
Hundertjähriger Durchschnitt	1750—1850	88	22	8	118	10	13	11	19	27	25	8	—	115	58 J.	
Bergrothenfels .	1850—1860	58	20	11	89	11	12	27	21	12	25	5	—	113	50 J. 4 M.	
Rothenfels .	.	89	20	9	118	13	21	21	25	33	29	6	—	118	53 J. 2 M.	
Karbach .	.	99	33	14	146	25	13	25	17	30	29	13	—	152	55 J. 10 M.	
Hilochsbach und Sendelbach .	.	91	16	5	112	13	10	16	16	37	18	3	2	87	55 J. — M.	
Neustadt mit Erlach .	.	81	21	13	115	16	19	24	60	91	59	13	1	394	55 J. 1 M.	
Wiesthal mit Filialen .	.	222	96	24	342	23	30	60	35	44	15	6	—	144	53 J. 3 M.	
Eichenbühl .	.	55	32	7	121	10	17	11	16	24	19	6	—	101	52 J. 9 M.	
Rothenriesen und Garitz .	.	80	45	9	134	7	6	12	19	20	21	11	—	95	57 J. 5 M.	
Saufenigshosen und Eichelse .	.	61	27	8	96	4	4	16	32	22	39	8	—	155	61 J. 8 M.	
Wetterzheim .	.	63	19	5	87	11	22	15	13	22	10	10	1	136	63 J. 1 M.	Eine Frau in Garitz wurde 102 J. alt.
Durchschnitt .	.	93	33	11	137	14	22	22	28	31	29	9	—	136	56 J. 3 J.	

Wir müssen auf Grund dieser Tabelle einen weitverbreiteten Irrthum berichtigen. Dichter, Philosophen und mitunter heilige Männer malen in rosigem Lichte das ehrwürdige hohe Greisenalter, welches nach ihrer Meinung in den Zellen blüht; sie sagen darüber außerordentlich viel Schönes. Die Aerzte beweisen auf ihre Art, daß der Friede und das einfache, gottselige Leben ungemein viel dazu beitrage, in den Zellen das hohe Greisenalter herzustellen. Man gibt die Klöster als die priviligirten Orte dieses ehrwürdigen hohen Stein=alters an[1]) und sieht in den Bewohnern „die Alten von den Bergen".

Diese Angabe ist jedoch, wenigstens für unsere Diözese durchaus unrichtig. Allerdings konnte ich nur von sechs einzelnen Klöstern diesen wichtigen Punkt des Lebensalters sorgfältig ausrechnen. Sie gehören jedoch den verschiedenen Orden und auch Orten an und dürfen deßhalb ohne Anstand als Repräsentanten unserer fränkischen Klöster überhaupt gelten. Und doch finden wir in denselben ziemlich das ganz gleiche Lebensalter, wie in anderen Gemeinden bei gewöhnlichen Bewohnern.

Die Fachmänner unserer Zeit stellen den Grundsatz auf[2]): „Wo die Leute durchschnittlich ein hohes Alter erreichen, müssen die günstigsten Lebensverhältnisse sich vorfinden. Es sterben mit 70 Jahren und darüber in Preußen 11,16 Prozent und in unserem Regierungsbezirke:

Im Gaulande Lbg. Arnstein	. . . .	16,3 Proz.	}	16.
„ „ „ Aub	. . . .	16,6 „		
Auf der Rhön Lbg. Bischofsheim	. .	12,6 „	}	14.
„ „ „ „ Brückenau	. . .	14,6 „		
Im Spessart Lbg. Orb	. . . . .	11,6 „	}	10.
„ „ „ Rothenbuch	. . .	8,6 „		

Diese Zahlen sprechen deutlich. Im Gaulande hat Wohlstand und naturgemäße Beschäftigung die Wohlthat einer Verlängerung des Lebens im Gefolge, während Armuth und Entbehrung den Rhöner und Spessarter früh altern und hinsiechen macht."

Allein es ist dieser Grundsatz, daß die hohen Prozente des Lebensalters mit 70 Jahren und darüber den sicheren Maßstab ab=

---

[1]) Kobler, Studien über die Klöster des Mittelalters S. 271, 435 u. ff. huldigt gleichfalls dieser Ansicht.

[2]) Bavaria Unterfr. u. Aschaffenb. 1866 S. 216.

geben, wie der Gesundheitszustand in einer Gegend beschaffen ist, nach unserer Tabelle nicht als durchaus stichhaltig zu betrachten. Das großartige Werk Bavaria stellt jedoch in allen Kreisen nur ohne Weiteres diesen Grundsatz auf und folgert daraus die gesunde Lage und das behäbige Leben der Einwohner Bayerns. Nach unserer Tabelle lebten zu Eichenbühl in der bezeichneten Periode mit 70 Jahren und darüber unter 100 Menschen nur 21, in Bergrothenfels dagegen 30 und gar in dem Kloster Karlstadt 26. Darnach wäre das Lebens= alter für Eichenbühl als das niedrigste, bedeutend höher in Berg= rothenfels und noch höher im Kloster Karlstadt anzunehmen. Unsere Zahlen weisen jedoch gerade das Gegentheil auf. Es hat nämlich Bergrothenfels mit seiner die Brust und Eingeweide zerstörenden Steinarbeit das geringste allgemeine Lebensalter mit nur 50 Jahren 4 Monaten; Eichenbühl steht um die gewiß sehr in Anschlag zu bringende Zahl von 5 Jahren 5 Monaten darüber und Karlstadt hat allerdings ein allgemeines höheres Lebensalter von 61 Jahren, welches jedoch durchaus nicht seinem bemerkten sehr hohen Prozenansatze ent= spricht. Bildhausen und Triefenstein waren sich ziemlich gleich. Allein das wahre Lebensalter bildet den bedeutenden Unterschied von netto 4 Jahren.

Doch wir wollen von diesem wichtigen Betreffe der Klöster ab= gehen und mit Aufmerksamkeit weiter nachsehen, wie dieses göttliche Talent des Lebensalters durch die Tagesordnung verwendet und nutz= bringend gemacht wurde.

Die Stundenordnung war in dem Neustadter Kloster und ähnlich wohl in den übrigen derartigen Instituten folgende. In den strengeren Kapuzinerklöstern war Nachts von 12—2 Uhr Mette.

Zeit.	Tagesordnung.
$^1/_2$4—4	Aufstehen; an Festtagen eine halbe Stunde früher.
4—5	Mette im Sommerchor, im Winter im geheizten Chor.
5—6	Betrachtung in der Zelle.
6—$^1/_4$7	Prim und Kapitel.
$^1/_4$7—7	Frei. Aufräumen des Zimmers, das Jeder selbst besorgte.
7—9	Studium und Messelesen.
9—10	Hochamt mit Choral, an vielen Festen mit Musik.
10—11	Frei.

Zeit.	Tagesordnung.
11—12	Tisch unter Vorlesung.
12—1	Gespräch, Kegelspiel, Billardspiel, Besorgung der Blumen und des Gartens.
1—3	Spaziergang außerhalb des Klosters am Dienstag und Donnerstag, an den anderen Tagen Studium oder Ruhe.
3—¹⁄₄4	Vesper.
¹⁄₄4—4	Frei.
4—5	Studium.
5—¹⁄₂6	Tisch.
¹⁄₂6—7	Gespräch.
7—¹⁄₂8	Nachtgebet; darauf Nachtruhe.

Bei Einhaltung dieser Ordnung wurde dem Kaiser gegeben, was des Kaisers ist, und Gott, was Gottes ist; nämlich dem Körper und dem Geiste, dem ganzen Kloster und wieder dem Einzelnen, der Arbeit und wieder der zweckmäßigen Ruhe die gehörige Portion. Ganz den naturwissenschaftlichen, leider jetzt so häufig mit Füßen getretenen Regeln zufolge, wurde die nächtliche Ruhe früh begonnen, und ihr das Nöthige mit acht Stunden zugewendet. Noch weitere vier Stunden, im Ganzen also gerade die Hälfte des Tages, wurde dem Körper ge= widmet zum Essen, Gespräche und Erholen. Bei den Spaziergängen außerhalb des Klosters ging der Prior voraus, der die Begegnenden grüßte; die zwei und zwei nachfolgenden Conventualen durften Niemand grüßen; in die weite Kukulle gehüllt, sprach Jeder nur mit seinem Begleiter. Bis kurz vor Auflösung des Klosters gieng der Prior Abends nach dem Nachtgebete an jede Zelle und klopfte an, um sich genau der Einhaltung der Ordnung zu versichern. Ein Pater fehlte mehrmals; er machte sich das angenehme Vergnügen, in der milden Abendluft auf dem Main zu fahren. Nach der Klosterregel erhielt er seine Strafe, indem er in das klösterliche Gefängniß wandern mußte. Weil man ihm jedoch sonst nicht das Geringste vorwerfen konnte, so wurden ihm die Mittel zur Entweichung geboten; er trat in ein ungarisches Kloster ein.

Für das Leben des Geistes waren die übrigen zwölf Tagesstunden geweiht; nämlich ganze fünf Stunden für das öffentliche, private und Altar=Gebet; sieben Stunden hatte Jeder für sich täglich frei, die er

nach seiner Neigung, nach der Jahreszeit für wissenschaftliche Bestrebungen, für Handarbeiten, für Unterstützung Anderer beliebig verwenden konnte. Die reichlichen Hülfsmittel im Kloster verschiedenster
Art leisteten ihm hiezu den besten Vorschub. Kein Geräusch störte
ihn; es herrschte in den weiten Gängen und gemüthlichen Zellen ein
feierliches Schweigen. Keine Frauensperson durfte je diesen Münster
betreten. Bei Besuchen von Frauenspersonen, nämlich Müttern,
Schwestern und Anverwandten gieng der Geistliche aus dem Münster
in das Sprechzimmer, welches in einiger Entfernung westlich in einem
Gebäude angebracht war. Das helltönende Glöcklein, welches bis
zum letzten Klosterbrande noch an den Mauern hieng, läutete diese
Tagesordnung ein.

Im Sommer waren mehrere Rekreationstage auf den Klosterhöfen
zu Einsiedel, Margarethen, Hasenlohr, Ansbach, Zell und Pflochsbach.
Die nicht mitgehenden Geistlichen besorgten unterdessen das treffende
Gebet zu Hause.

Die jährlichen geistlichen Uebungen wurden nach dem hl. Dreikönigsfeste mit Erneuerung der Ordensgelübbe gehalten. Wie nämlich
die ersten Christen an dem Tauftage unseres Herrn das Taufgelübbe
erneuerten, so wollten es auch die Ordensleute thun.

An allen Marienfesten ritten mehrere Geistliche nach Retzbach im
grünen Thal, um den Mitbrüdern daselbst in Besorgung der Wallfahrt
zu helfen. Schon zwei Tage vor dem Feste mußte der Klosterhofbauer
von Ansbach die nothwendigen Reitpferde an das hiesige Erlacher
Ufer bereit stellen; am Vorabende fuhr der Prälat hinein, hielt die
Vorvesper und am Festtage das feierliche Amt.

Am Frohnleichnamsfeste trugen die Priester in den letzten Kloster-
jahren Kelche in den Händen und um das Haupt Kränze von Buchs,
früher von Eichenlaub, wie wir es in der Vorzeit von den Geistlichen
im Dom zu Würzburg und den heidnischen Priestern bei Festlichkeiten
finden und auch noch gegenwärtig bei den Priestern unserer Nachbar-
Diözese Bamberg treffen.

Der Prälat war zur Einhaltung der strengen Stundenordnung
nicht verbunden; doch wurde es gern gesehen, wenn er fleißig im
Chore war. Derselbe speiste an einem eigenen Tische, nämlich im
oberen Stocke nächst dem großen Saale; der Klostersekretär und ab-

wechselnd jeden Tag Einer von den Conventualen war sein Tisch-
genosse. Er hatte vier Zimmer südlich und westlich im obern Stocke
des Mühsters; der Prior hatte zwei Zimmer und zwar östlich; jeder
Conventual ein Zimmer; viele Zellen lagen um den weiten Kreuzgarten. Die Conventualen speisten im Refektorium, welches im unteren
Stocke angebracht war. Bei Festlichkeiten tafelten alle Mitglieder des
Klosters mit zahlreichen Gästen im oberen Saale, welcher gegen 200
Menschen faßte. Derlei bestimmte Festtage waren der Tag des
hl. Karl, der hl. Gertraud, Pfingsten, Kiliani, Michelstag und das
Namensfest des jeweiligen Abtes. Der Abt hatte sein eigenes Reit-
pferd. Beim Ausfahren fuhr er vierspännig, was bei unseren dermaligen so bequemen Straßen allerdings als unverzeihlicher Luxus
erscheinen, damals aber bei den oft unfahrbaren Wegen auch als ein
sicheres Mittel zum Durchkommen angesehen werden mag; in Würzburg fuhr der Prälat jedoch nur zweispännig, um seine Unterwürfigkeit
unter den Fürstbischof auch auf diese Weise darzulegen!

Angesehenere Besuche wie Pfarrer, Beamte und dergleichen speisten
mit dem Abte; Kapläne, männliche Anverwandte mit den Conventualen.

Die Anzahl der Benedictiner betrug v. J. 1600 an im Ganzen
109 Personen. Der höchste Stand war i. J. 1789 in 28 Conventualen. Im Mittelalter finden wir die Anzahl zu 13; in der Glau-
bensspaltungszeit zu 5, manchmal in noch niedrigerer Summe. Der
höchste Personenstand war gewiß unter dem hl. Megingaud; denn
wenn die um ihn hier vereinigten Brüder auch nur eine kleine Anzahl
ausmachten, so erhöhte sich doch durch die Eingangs erwähnte Zu-
schickung der Würzburger Benedictiner die Gesammtzahl auf beiläufig
60 Personen. Anzunehmen ist, daß diese nicht lange hier beisammen
wohnten, zumal da wir um diese Zeit das Benedictinerkloster Onolz-
bach, Ansbach, durch den fränkischen Priester den hl. Gumbertus gegründet finden. Wahrscheinlich wurde von Neustadt aus diese neue
Colonie entsendet. Nach einem aus den einzelnen Jahrhunderten
möglich genau genommenen Ueberschlage darf die ganze Summe der-
jenigen Diener Gottes, die vom hl. Burkarbus an sich dem Ordensleben hier widmeten, auf 500 angenommen werden. Es sind dies
jene Auserwählten unter dem spanischen König Leonidas vor den
Thermopylen. So Wenige für so Vieles!

Soviel vom Personalstand und seinen Lebensverhältnissen!

Wie leicht zerrinnen sonst fünfhundert Menschen von jenem Dorfe oder in jener Stadt im Sande der Vergeßlichkeit! Wer spricht von ihnen und ihren Thaten? An den Gottgeweihten erfüllt sich das Wort: „Im ewigen Andenken wird der Gerechte bleiben." Dieser Personalstand war das beste Vermögen des Stiftes. Wir müssen aber auch noch sprechen vom materiellen Vermögen.

III.

Vermögen.

Der hl. Stifter gab seiner Tochter den Strich Landes zur Ausstattung, welcher sich eine Viertelstunde oberhalb Neustadt längs des Maines bis Trennfeld, also in einer Länge von gut drei Stunden und in der Breite von zwei Stunden ausdehnt. Schon der Name „Waldsassengau", worin dieser Grundbesitz damals gelegen war, bezeichnet dessen Beschaffenheit; es war großentheils Wald. Nur der einzige Ort Altfeld wird in der Stiftungsurkunde genannt, der damals in diesem Waldgebiete gelegen war. Wie die Bonifaziusjünger aus dem Boden zu ihrer Lebensunterhaltung und ihrem Wirken den Bedarf durch Händearbeit ziehen mußten, waren auch die Burkardusjünger hierauf angewiesen. Das Stiftungsgut vergrößerte sich seinem Werthe nach durch die Benedictinerindustrie; bald auch seinem Umfange nach durch die bemerkte Schenkung der hl. Gertraud sowie durch die glänzende Ausstattung, welche durch die drei Matronen und Schwestern Villmuth, Hilburg und Hildegart, die der Geschichtschreiber Fries für Gräfinen oder Herzoginen von Franken hält, dem Kloster zukam. Am 27. August 823 trat nämlich Hildegart's Sohn Namens Starkfried in das Kloster als Mönch. Er erhielt verschiedene Kleinodien sowie reichlichen Güterbesitz an der Saale und namentlich bei Schweinfurt, woselbst die Orte Uechtelshausen, Ebertshausen, Obbach, Zell, Altenmünster und Kronungen ihm gehörten. So hatte von damaliger Zeit an das Kloster einen wichtigen Besitz an dem fruchtbaren Schweinfurter Gaue. Nach einigen Jahrhunderten kam es durch einen Wohlthäter auch zu ähnlichem Besitze in dem Ochsenfurter Gaue.

Im Jahre 1556 betrug
die Einnahme in Geld:

Beständiger Geldzins	116 fl.
Zehnt zu Erlach 3 fl., Neustadt, Pflochs= und Sendelbach 1 fl., Kronungen, Sommerberg und Halsbach 9 fl., Karbach 6 fl., Steinfeld 5 fl.	21 fl.
Erlös von 229 Malter Korn, das Malter 2 fl. 17 kr. . . .	525 fl.
Haublohn 9 fl., Besthaupt 2 fl., Buße von Paulus Im Hof (Imhof) zu Sendelbach 1 fl.	12 fl.
Wiesennutzung	71 fl.
Wasserzoll	9 fl.
Schafwolle 1 fl., Pacht der Fischwasser zu Neustadt, Hafenlohr und Heidenfeld 8 fl.	9 fl.

In Geld . . 766 fl.

Getreid:

	Weizen	Korn	Haber	Summe
Beständige Gült . .	101 Mltr.	486 Mltr.	228 Mltr.	815 Mltr.
Zehnt zu Karbach . .	6 „	66 „	26 „	98 „
„ „ Steinfeld . .	12 „	50 „	30 „	92 „
„ „ Pflochsbach .	— „	1 „	1 „	2 „
„ „ Sentelbach .	— „	10 „	5 „	15 „
„ „ Kronungen .	— „	18 „	16 „	34 „
„ Eigenbau . . .	6 „	43 „	66 „	115 „
	125 „	671 „	372 „	1171 „

Wein:

Beständiger Zinswein	1 Fud.	5 Eim.
Zehnt zu Retzbach	3 „	1 „
„ „ Neustadt	— „	2 „
„ „ Pflochs= und Sentelbach	1 „	— „
„ „ Hafenlohr und Windaw (Windheim) . . .	— „	2 „
„ „ Karbach	2 „	— „
„ „ Kronungen	— „	5 „
Eigenbau zu Retzbach 6, Neustadt 4, Pflochsbach 1 Fuder	11 „	— „

19 Fud. 2 Eim.

Ausgabe in Geld:

Kapitalzins 20 fl., 23 Ehehalten d. h. Dienstboten 212 fl. (ein Wengerts=
knecht bekam 12 fl., ein Viehknecht 8 fl., eine Magd 5 fl. 2c.), Botenlohn
6 fl., Schmied, Büttner 2c.; der Bader für Aderlassen 1 fl., der Fährer

zum Fegen der Altwasser 5 fl.; der Schulmeister erhielt als Besoldung 18 fl. [1]) Die ganze Ausgabe betrug 690 fl.; es blieb ein Geldrest von 76 fl.

Ausgabe in Getreid und Wein:

21 Mltr. erhielt der Fürstbischof für Zins (oder wohl Steuer), 229 Mltr. wurden verkauft; 40 Mltr. nicht eingeliefert, 53 Mltr. als Besoldung für den Jäger, Bader 2c. abgegeben; 213 Mltr. für den Haushalt von Michelstag bis Peterstag und 149 Mltr. für den Sommer verwendet. Das Vieh erhielt 250 Mltr. Haber. Der Wein wurde für die Haushaltung gebraucht.

J. J. 1688 stellte sich die Einnahme in Getreid auf 506 Malter Korn, 83 M. Weizen und 277 M. Haber.

Gegenwärtig rentirt der ehemalige Klosterbesitz ohne die Zehnt-ablösungsgelder jährlich gegen 120,000 fl. Der umzäunte fürstliche Park enthält allein 15000 Morgen Wald bester Qualität.

Der katholische Fürst von Löwenstein-Wertheim-Rosenberg hat vor einigen Jahren in gerechter Würdigung der Gesetze unserer allein-seligmachenden Kirche, welche nach der noch zu gebenden Auseinander-setzung die Säkularisation als schweres Unrecht betrachtet, die beiden Klosterbesitzungen von Bronnbach und Neustadt dem Papste zum Geschenke gemacht und demselben zurückgegeben. In Anbetracht, daß von den ehemaligen rechtlichen Besitzern, nämlich den Mönchen dieser beiden Abteien, keiner mehr am Leben war, wurde mit Berücksichtigung der Zeitumstände durch den Statthalter Christi das Vermögen dieser Klöster dem fürstlichen Hause als Geschenk übergeben.

Die Weisheit des hl. Stifters hat, damit die Klosterverwaltung jeder Zeit ungestört bestehen möchte, eine kräftige Macht zum Schutze aufgestellt, nämlich die kaiserliche Reichsgewalt. Es scheint, daß in den ersten Jahrhunderten dieser oberste Reichsschutz in erfreulichster Weise geleistet wurde, weil wir nie eine Klage hiegegen oder eine bedeutende Beeinträchtigung der klösterlichen Gerechtsamen wahrnahmen. Als jedoch diese oberste königliche Reichsgewalt selbst schwächer, ja sogar zum offenbaren Nachtheile der Kirche und ihrer Institute geübt wurde, hörte auch die Blüthe des Klosters auf; dasselbe wurde ganz gegen den Willen seines Gründers der Botmäßigkeit von Gaugrafen

unterworfen. Sie nannten sich Schutzherrn; waren aber in der
That Trutzherrn, welche den vorgeblichen Schutz nicht bloß theuer
genug sich bezahlen ließen, sondern auch jede Gelegenheit benützten,
um Klostergut an sich zu reißen. Ein Adeliger, genannt von Eben,
hat um das Jahr 1000 fast das ganze Klostergut für sich nach dem
Tode des Abtes in Besitz genommen; der Kaiser Otto III. denselben
jedoch daraus wieder vertrieben. Der Schutzvogt Marquard von
Grumbach erbaute 1148 eine Stunde unterhalb Neustadt auf einem
steilen Felsen eine Burg, vorgeblich, um dem Kloster zur Vertheidigung
möglichst nahe zu sein, in der That aber, um das Kloster desto leichter
ausnützen zu können. Schon früher war über ihn oder seinen gleich-
namigen Vater die Excommunication wegen Gewaltthätigkeit gegen
das Kloster verhängt worden; dießmal wurde jedoch durch Vermittlung
des deutschen Königs Konrad III. die Streitsache im Wege der Güte
beigelegt. Es wurde nämlich festgesetzt, daß der Schutzvogt dieses
Schloß Rothenfels von der Abtei zum Lehen nehme, jedoch nur in
männlicher Nachkommenschaft. Nach dem Tode dieses Schutzherrn
wurde jedoch letztere Bestimmung — Gewalt gieng auch damals schon
vor Recht — aufgehoben. Es verheirathete sich nämlich die Tochter
Adelheid von Grumbach mit dem Grafen Ludwig III. von Rieneck,
gegen welchen das Kloster verschiedene Klagen vorbringen mußte. Eine
vor dem Könige Rudolph von Habsburg eingereichte Klageschrift soll
hier wörtlich vorgetragen werden, weil sie über verschiedene damalige
Zustände Aufschluß gewährt. Sie lautet in deutscher Sprache:

„Vor Eurer Majestät beschwert sich der demüthige Abt und der
ganze Convent des Klosters Neuenstatt aus dem Orden des hl. Benedict in der Diöcese Würzburg in folgenden Jedermann bekannten
Punkten.

Graf Ludwig von Rieneck, welcher früher das Schutzrecht des
Klosters an sich gerissen, betrat weder aus Zwang noch auf Begehren
dieses Kloster, und verfügte sich in den Chor der hl. Jungfrau Maria,
die daselbst die Kirchenpatronin ist. Hier legte er unter Berührung
der hl. Evangelien und der Reliquien des hl. Pankratius in Gegenwart vieler Ritter und Adeligen sowie des ganzen Conventes einen
körperlichen Eidschwur ab, er wolle auf jede Weise das Kloster in
allen seinen Rechten, möchten diese ihn selbst oder die Seinen oder

Andere betreffen, soweit schützen, als er durch sein Vermögen, seine eigene Person und die Hülfe seiner Freunde es könne. Diesen Eidschwur brach er jedoch darauf in ehrloser Weise zum Nachtheil seiner Seele, seiner Würde, sowie zur Bedrückung des Klosters in verschiedenster Weise im Kloster selbst sowie auf den Höfen und Klostergütern. In vielen und mehreren Stücken drückte der Abt und Convent ein Auge zu in der Hoffnung, er werde von seiner Gewaltthätigkeit abstehen und den angerichteten Schaden einigermassen wieder gut machen. Allein er ließ es bleiben und sann noch auf weitere Säkularisation.

So hat er zwei Pferde geliehen, sie aber nie mehr zurückgegeben. Ihr Taxwerth beträgt 16 Pfund Heller. Als er nochmals zwei Pferde haben wollte, die man ihm wegen verschiedener Klosterarbeiten in jener Zeit nicht ablassen konnte, so fiel er wie ein Pharao mit steinernem Herzen über das Kloster her mit seinen bewaffneten Reisigen und Knappen. Unbekümmert um den Eid, das Kloster und den Chor woselbst er geschworen, sprengte er alle Schlösser am Chor und an der Sakristei. Er beraubte das Heiligthum des Kirchenornates, der Kirchenbücher sowie aller Privilegienbriefe der großen Kaiser; er ließ das Alles auf seine Zwingburg schaffen. Dann drang er in die Werkstätten des Klosters; aus dem Keller raubte er allen Weinvorrath sowie auch alles Getreide vom Speicher, welches zur Erhaltung der Mitbrüder sowie zum Dienste der Armen und Gäste darin aufbewahrt war.

Diese Leute mißhandelten sogar die Herren und Brüder des Klosters, daß ihr Blut floß; warfen sie als Diebe und Räuber aus dem Münster, und nahmen das ganze Kloster mit allen Zellen und Räumlichkeiten für ihr Raubgesindel in Besitz. Den Custos und Diakon des Klosters schlugen sie blutrünstig und verletzten sie durch die abscheulichsten Worte. Aus dem Münster- und Klosterbau nahmen sie Alles hinweg, nämlich den Kirchenornat, die Kelche mit Zugehör, die Bücher, die Privilegien, Urkunden der großen Kaiser Pipin und Karl, welche das Kloster gegründet haben, den Wein, das Getreide, die Pferde, das kleine und große Vieh, kurz Alles miteinander; diese Beute schafften sie in das Zwingschloß Rothenfels und Rieneck. An der Kammer des Abtes brachen sie die Schlösser ab und raubten die

Bücher, Betten, Kleider, Tischgefäße und Tischtücher, sowie aus er=
brochenen Kisten acht Pfund Heller, wie überhaupt Alles, Klein und
Groß [1]).

Mit der nämlichen Verwegenheit rissen sie auch alle Rechte der
Höfe, alle klösterlichen Fischweiden und Gerichte an sich. Auf die
Klosterleute und Höfe legten sie neue Abgaben; die von Alters her
bestandenen Freihöfe beschwerten sie mit Forderungen und Auflagen,
wie wenn sie ihr Eigenthum wären. Ebenso nahmen sie auch die
Fischweiden und Jagden hinweg sowohl im Spessart als am Main
und an den Ufern um das Kloster, obgleich die kaiserliche Majestät
Karl das Kloster hiemit gestiftet hat. Auch die Abvokatie im Hofe
Zell über die Klostergüter, die wir von dem Grafen selbst erworben
haben, und worüber er uns seinen Brief mit Siegel und Eidschwur
eingehändigt hat, nahmen sie gewaltthätig wieder zu eigenen Handen;
desgleichen auch die Abvokatie (Schutzrecht) zu Ansbach, die wir gleich=
falls mit Geld, indem wir 16 Malter Weizen gaben, uns verschafft
hatten, was er uns durch einen Brief und Eidschwur beglaubigt hat.
Die Gottlosigkeit hat auch dieses Recht uns entführt. Die zwei Theile
Zehnt im Dorfe Hausen, die wir von dem Grafen selbst und seiner
Gemahlin erworben, und worüber uns die mit seinem und seiner Ge=
mahlin Siegel ausgefertigten Urkunden übergeben wurden, haben sie
gleichfalls hinweggenommen.

Im Herbste sind sie mit bewaffneter Hand in die Klosterweinberge
mit Bauern und Reisigen eingefallen, und haben die Weinstöcke mit
den Trauben von der Wurzel herausgerissen; dadurch sind uns nach
dem Urtheile der geschwornen Taxatoren gegen zehn Fuhren Wein zu
Grunde gegangen. Auf dem Hofe zu Steinfeld haben sie uns sechs
Pferde geraubt. Die Freiheitsbriefe der Kaiser Pipin und Karl,
Ludwig des Frommen und Otto, wodurch das Kloster von den Unter=
thänigkeitslasten enthoben worden ist, haben sie weggenommen und
schön behalten.

---

[1]) Der Abt wohnte damals, wie es scheint, für sich. Die Habseligkeiten waren
demnach theils in seiner eigenen Wohnung, theils in dem Conventsgebäude und den
Werkstätten der Klosterbrüder, theils in der Kirchensakristei aufbewahrt. Daher die im
Obigen vorkommende Wiederholung.

Den vom Könige aufgerichteten Landfrieden, welchen sowohl der Herr Bischof Berthold als auch andere Reichsbarone beschworen, haben sie gegen unser Kloster nie gehalten, sondern ihm möglich viel Schmach und Uebel zugefügt.

Den ganzen, wenn gleich nicht vollständig aufgezählten, durch die Grafen von Rieneck, ihre Reisigen und Knappen dem Kloster zugefügten Schaden taxiren die Geschwornen unter Berührung der hl. Evangelien sowie der Abt und Convent auf 400 Mark Silber, und bitten daher Eure Hoheit, Gott vor Augen zu haben und dem Kloster Gerechtigkeit wegen der von den Grafen ohne allen Grund erlittenen Beschädigungen und Trangsalen zu verschaffen."

In Folge dieser Beschwerde ernannte der König Rudolph eine Commission, vor welcher der Graf Ludwig zu Oppenheim am 17. Januar 1282 schriftlich erklärte, daß drei beeidigte Schiedsrichter, nämlich der Dompropst zu Würzburg, der Graf Rudolph von Wertheim und Wolfelin von Grumbach die Sache ordnen sollten.

Der verarmte, schon nach einigen Jahren mit Tod abgegangene Schutzvogt, scheint jedoch den angerichteten Schaden nicht vollständig wieder gut gemacht zu haben.

Dieß mag die Ursache gewesen sein, warum wir alsbald zwölf Bischöfe bei einer Versammlung zu Würzburg (im Synodicum von Dr. Himmelstein ist diese bischöfl. Versammlung nicht erwähnt) im J. 1284 einen Aufruf an die Christgläubigen zur Beisteuer für das Muttergotteskloster Newenstadt erlassen sehen. Unter Anderen finden wir bei dieser Synode die Bischöfe: Peter von Evora und Johann von Avila in Spanien, Guido von Pavia in der Lombardei, Andreas von Asti in Piemont, Heinrich von Trient und Berthold von Würzburg. Dieselben bewilligen denjenigen einen Ablaß von 40 Tagen, welche an bestimmten Festtagen wahrhaft reumüthig in diesem Kloster die hl. Sakramente empfangen, oder demselben einen Beitrag leisten, oder in der Todesstunde demselben geneigt wären. Wirklich sehen wir alsbald eine neue Glocke in der Kirche angeschafft, welche bisher die zweitälteste unserer Diöcese war.

Der Sohn dieses gewaltthätigen Grafen Ludwig, gleichfalls wieder Ludwig genannt, scheint die Gewaltthätigkeit seines Vaters sich zum Muster genommen zu haben. Wir sehen ihn, wie er i. J. 1317 das Schloß Rothenfels, welches er doch nur vom Abte von Neustadt als Lehen hätte empfangen sollen, von dem Bischofe Gottfried von Hohen= lohe sich zum Mannslehen geben ließ. Das in seinem wichtigen Rechte beeinträchtigte Kloster wandte sich an den obersten Schirmherrn Papst Johann XXII., welcher i. J. 1323 die Untersuchung dieser Rechts= sache dem bischöflichen Officialate zu Würzburg auftrug. Die Abtei scheint dadurch entschädigt worden zu sein, daß derselben einige Pfarreien einverleibt wurden. Als 1342 Graf Ludwig ohne männliche Nach= kommen gestorben war, veräußerte dessen einzige Tochter Adelheid ihre Erbansprüche an Ludwig den Bayer. Es kam zwischen ihm und dem Fürstbischof das Abfinden zu Stande, daß dem Kaiser d. i. den Her= zogen von Bayern an dem Hause Rothenfels zwei Drittel, dagegen dem Hochstifte ein Drittel als Mannslehen gehören sollte. I. J. 1387 verkauften die Herzoge von Bayern ihre Antheile an das Hochstift. Schon einige Jahrzehnte vorher hatte der Fürstbischof Otto II. die Verwaltung des Klosters auf einige Zeit übernommen.

Die Abtei konnte sich Glück wünschen, daß sie auf diese Weise aus den Händen der Raubritter in bessere Hände gegeben wurde. Hatte sie doch früher nicht bloß mit den genannten Schutzvögten des Klosters selbst zu thun, sondern auch mit mächtigen Dynasten, welche die auswärtigen Güter schmälern wollten. So mußte sich ein gewisser Dienstmann des Grafen von Hohenlohe, welcher Herrnoth hieß und den Beinamen Schleyerregen führte, widerrechtlich in das Schutzrecht des Hofgutes zu Bütthard nach dem Jahre 1221 einzudrängen, ob= gleich der hl. Stuhl zu Rom gewisse geistliche Richter in dieser Streit= sache aufgestellt hatte. Bischof Otto wies jedoch diese Ansprüche sowie der beiden Büttharder Männer Reinhard und Heinrich ab. Ebenso hatten auch die Herrn von Poppenhausen gewisse Rechte auf dem Klosterhof zu Kronungen gesucht. Es wurden vier Schiedsrichter zur Austragung dieser Sache bestimmt und vorsorglich festgesetzt, daß, falls dieselben sich nicht einigen sollten, durch ihre Wahl ein fünfter Mann in das Schiedsgericht gewählt werden sollte. Da die Einigung zu einem Spruche nicht erfolgte, so wurde als fünfter Schiedsrichter der

Ritter von Zobel erwählt, welcher sich sofort für das Kloster aussprach. Es wurde festgesetzt, daß der Edelmann Heinrich von Poppenhausen keine Kundschaft leiste, sondern vielmehr das Kloster zu seiner Rechtsbeweisung zugelassen werde. Sofort legte der Abt Rudolph von Neustadt und die beiden Mitglieder des Klosters Saugmeister Wipert von Tottenheim und der Cellerarius Heinrich Blümlein unter Berührung der hl. Evangelien vor dem Altare des hl. Petrus in der Domkirche zu Würzburg am Tage nach Gallus 1305 den feierlichen Eidschwur dahin ab, das Kloster Neustadt habe an den Edelmann bloß eine Dukate von dem Hofgute und 60 Groschen von den sogenannten Lehen zu Kronungen zu entrichten. J. J. 1465 reichte „Friedrich von Gottes Gnaden Graf von Henneberg" und sein Bruder Otto beim kaiserlichen Landgerichte zu Würzburg eine Klagschrift gegen das Kloster ein, worin sie diese abgewiesenen Ansprüche nach so langer Zeit wieder aufwärmten; wurden aber auch dießmal, sowie sieben Jahre später abgewiesen. Andere Streitigkeiten sollen übergangen werden. Bemerkenswerth bleibt, daß die weitläufigen Akten den Nachweis liefern, daß das Kloster fast jedesmal mit seinem Rechte durchdrang, freilich oft erst nach vielen Jahrzehnten und mit großen Opfern. Ich habe je länger je mehr darüber gestaunt, und Jeder mag sein „Merks" davon entnehmen.

Nach zwei Jahrhunderten entstand jedoch zwischen diesem geistlichweltlichen Schirmherrn und dem Kloster eine sogleich mit Bitterkeit begonnene Irrung, welche leider mehr als zwei Jahrhunderte fortdauerte, bis sie kurz vor Auflösung des Klosters zu dessen Gunsten entschieden wurde.

Irrig ist die Meinung des Chronikschreibers Abtes Krieg, daß der Fürstbischof Friedrich selbst hiezu den Anfang gegeben habe. Er übernahm nur das sogenannte traurige Inventar hievon.

Noch ehe nämlich der Fürstbischof Friedrich seine Würde in Besitz genommen hatte, wurden am 6. Juni 1558 die Privilegienbücher und sonstige Urkunden des Klosters mit zehn Karrenpferden auf das Schloß Marienberg geholt, vorgeblich weil der bei dem Fürstbischof sich aufhaltende Abt und Prior dieß begehrt habe. Es waren nämlich zuvor die beiden Genannten nach Würzburg eingeladen worden, woselbst sie 14 Tage auf Besuch bei dem Hofe sich aufhielten. Man muß sich alle

Mühe gegeben haben, dem Abte und Prior jeden Gedanken an eine Inhaftirung fern zu halten, weil in den vielen sofort geschehenen Beschwerden nie eine Klage über harte Behandlung während dieser Zeit vorkommt. Beide scheinen mit Dankbarkeit für die viele Tage lang gehabte Ehre aus dem Schlosse geschieden und erst in Neustadt enttäuscht worden zu sein. Wie aus einem interessanten Handbillet des Procurators Denzer hervorgeht, scheint gerade dieser Mann die Triebfeder bei dieser List gewesen zu sein.

Doch jedes Unrecht straft sich selbst. Nach einem Jahre wurde auf Beschwerde der Abtei der Fürstbischof vor das Reichskammergericht zur Verantwortung gezogen und gegen ihn ausgesprochen, daß er in die Strafen verfallen sei, welche die Kaiser gegen die Beeinträchtigung des Klosters festgesetzt hätten. Der sofortige Versuch, in dem Kloster eine Spaltung hervorzubringen, mißlang; es blieb nur der einzige Ausweg beßwegen übrig, mit dem Abte in Güte zu verhandeln. Zwar wurde fürstlicher Seits geltend gemacht, daß Papst Paul III. i. J. 1541 die sichere Aufbewahrung der klösterlichen Urkunden befohlen habe. Allein gerade durch diese Bulle war das Verfahren gegen das Kloster verurtheilt, denn der Schutzherr der Christenheit und des öffentlichen Rechtes wollte ja durch diese Anordnung nur die Rechte der Klöster gegen die Umgriffe der Lutheraner gesichert stellen, während das Kloster Neustadt gerade in die Gefahr gestürzt wurde, mit seinen Urkunden auch einen guten Theil gerade dieser Rechte zu verlieren. Gern hätte sich der gekränkte Abt Heinrich von Jestetten einstweilen damit zufrieden gegeben, wenn ihm nur von den Privilegien vorerst beglaubigte Abschriften mitgetheilt worden wären; aber auch diese gewiß gerechte Bitte wurde ihm abgeschlagen. Umsonst berief er sich hiebei auf das ehrwürdige Alter und die großen früheren Verdienste seines Klosters sowie auf seinen bei Uebernahme der Verwaltung geleisteten Eidschwur, die Rechte der Stiftung zu wahren.

Zwar wurde nach einigen Jahren eine beglaubigte Abschrift von einigen Urkunden, darunter auch oben bemerkte Gründungsurkunde von Karl d. Gr. dem klagenden Kloster ausgehändigt; die Rechte des Klosters selbst aber blieben noch immer unbefriedigt. Fürstbischof Julius gab sich viele Mühe, der Stiftung bezüglich der Jagdgerechtigkeit im Spessart und wegen Holzbenützung gerecht zu werden. Die mehrmals gemachten Vorschläge blieben jedoch so sehr hinter aller Billigkeit zurück, daß sie unmöglich angenommen werden konnten. Jeder Versuch, den Convent zu spalten, scheiterte an der erfreulichen Einmüthigkeit der Professen in wichtiger folgenschwerer Rechtsvertheidigung.

Da wegen der folgenden Kriegszeiten alle Prozesse zum Stillstand kamen, brachte der energische Abt Bernard Krieg den langgeschlafenen Rechtsstreit durch eine am 22. September 1716 dem Reichskammer= gericht übergebene Bittschrift wegen Rechtsverletzung wieder ins Leben. Der Gerichtshof ließ das Kloster zum Beweise seiner Gerechtsame zu, ohne daß jedoch ein Resultat erzielt wurde. Auch Abt Placidus nahm sich der Sache eifrig an; vorzüglich aber war es der Abt Benedict, durch den die Vereinigung jedoch unter schweren Opfern ziemlich gelang.

Mit Vereinnahmang der Klostergefälle beauftragt und mit Rechts= kenntnissen reichlich ausgerüstet, wozu ihn schon seine Abstammung von einem öffentlichen Diener des Rechtes ermunterte, hatte er Pflicht und Beruf, diese Angelegenheit zum Ende zu führen. Wir treffen ihn daher schon von 1756 an oft Monate lang am Sitze des kaiserlichen Reichskammergerichtes zu Wetzlar. Kaum zum Stabe berufen, erwirkte er schon unter dem 15. Dezember 1766 einen kaiserlichen Befehl, worin der Fürstbischof Adam Friedrich auf den dreißigsten Tag nach Zustellung des Dekretes an den kaiserlichen Gerichtshof vorgeladen wurde. „Wann Deine Andacht, heißt es darin, alsdann kommen oder nicht kommen, so wird nichtsdestoweniger auf gegentheiliges Anrufen hierin in Rechten weiter gehandelt." Der mächtige Gegner scheint es jedoch nicht der Mühe werth gefunden zu haben, dieser Vorladung zu entsprechen, wie er sich auch auf die nämliche Vorladung vom Jahre 1559 verhalten hatte. Der Gerichtshof war bei dem langen Besitz= stande des Beklagten nicht in der Lage, durch ein richterliches Urtheil der klagenden Abtei sogleich das ganze geforderte Recht zusprechen zu können. Sollte nun die Abtei nochmals die Akten durch weitere Ein= gaben vermehren oder mit Schimpf eine Rechtssache fallen lassen, nachdem der oberste deutsche Gerichtshof sich zu ihren Gunsten aus= gesprochen hatte?

Sie ersann ein neues wirksames Rechtsmittel, die Appellation an die öffentliche Meinung, indem sie eine Druckschrift über

den Ursprung und Stiftung des Klosters sowie auch ihre Rechte ver=
öffentlichte [1]).

Diese Druckschrift suchte gegen das Hochstift den Beweis zu liefern,
es werde Jedermann klar einsehen, daß eine der allerältesten Stif=
tungen in Deutschland in ihrem alten Flor nach der Willensmeinung
der kaiserlichen Stifter und Schirmer wiederherzustellen, und die ihr
entzogenen Rechte zurückzugeben seien. Sie schloß ihre mit den statt=
lichsten Gründen versehene Darlegung unter Anrufung der göttlichen
Hülfe mit Aufstellung des Grundsatzes:

> „Wer auf Gott vertraut,
> Hat auf festen Grund gebaut" [2]).

Kaum war diese Schrift an das Tageslicht getreten, als schon
am 4. März 1768 in aller Frühe eine bischöfliche Commission unter
dem geistlichen Rathe und Fiskal Rothmund sich im Kloster einfand,
um darnach zu fahnden. Der Abt wurde sogleich aus der Kirche
gerufen und zu Protokoll vernommen.

Auf die gestellten Fragen äußerte er Folgendes. Die Abtei habe
früher eine Musikdruckerei gehabt; hiezu seien noch mehrere Buchstaben
zum Drucken des bekannten Proceßbestandes angeschafft, aber vor
einigen Tagen wieder durch den Schiffer Michel Imhof von Rodenbach
nach Frankfurt geliefert worden. Er habe dieses als Abt für ganz
unverfänglich gehalten; als er aber vor vier Wochen bei seiner An=
wesenheit in Würzburg in Erfahrung gebracht habe, daß Seine Hoch=
fürstliche Gnaden es ungnädig aufnehmen, wenn diese Schrift im
hiesigen Kloster gedruckt würde, so habe er nichts weiter mehr drucken
und die Druckbuchstaben alsbald entfernen lassen. P. Kilian, Erwin

---

[1]) Die Schrift führt den Titel „Diplomatische Nachrichten über Ursprung und
Stiftung des Klosters Neustatt . . . . . zum Beweis der dem Kloster zustehenden Im=
munitäten, Freiheiten und Vorzügen in temporalibus aus Veranlassung eines am
Reichskammergericht gegen das Hochstift Wirzburg 1559 anhängig gemachten und 1766
wieder aufgenommenen Rechtsstreites, an das Licht gestellt vom Abt, Prior und Convent.
Typis Monasterii 1767." Das Buch in klein Folio hat 42 Seiten Text und 92 Seiten
Beilagen. Andere Exemplare mit lediglich neu gedrucktem Titelblatte wurden als zu
„Dinkelsbühl 1768" gedruckt herausgegeben.

[2]) Spes confisa Deo nunquam confusa recessit.

und Maurus hätten die Buchstaben gesetzt und die übrigen Religiosen statt der sonst gewöhnlichen Handarbeit im Garten den Abdruck besorgt. Eine Approbation oder Genehmigung habe man deßhalb nicht eingeholt, weil die Schrift nichts Neues, sondern nur Das enthalte, was bei der fürstbischöflichen Regierung und beim Reichskammergericht bereits verhandelt worden sei. Man habe gegen 350 Exemplare gedruckt, um sie an Se. hochfürstliche Gnaden, an Gelehrte, an Juristen in Wetzlar und an die hiesigen Conventualen auszutheilen. Gegen acht Stück seien noch vorhanden.

Die Commission befahl, bei Strafe von 100 Dukaten die vorhandenen augenblicklich confiscirten Exemplare sogleich und binnen vier Wochen die nach Frankfurt geschickte Buchdruckerei herbeizuschaffen. Die Strafe wegen Winkeldruckerei war noch besonders vorbehalten. Der Prälat verweigerte die Herausgabe und erklärte, er werde nur der Gewalt sich fügen. Doch der Mittagtisch löste für den Augenblick die brennende Schwierigkeit.

Nach der Tafel wurde der Regierungsfiskal an das Druckereizimmer von der Commission abgeschickt, um bei verweigerter Herausgabe des Schlüssels die Thüre mit einem Beile aufsprengen zu lassen. Er fand jedoch die Thüre schon geöffnet, der Kammerdiener des Prälaten und der öffentliche Notar Murmann protestirten gegen dieses gewaltthätige Eindringen in das Druckzimmer in Gegenwart zweier Zeugen; seine Protestation wurde reprotestirt oder abgewiesen, und zwölf Stücke der Druckschrift zu Handen genommen.

Der Fürstbischof wollte sogleich nach Rückkunft dieser Commission mit einer Visitation gegen das Kloster vorgehen, und ernannte hiezu den Weihbischof von Gebsattel, den Stifthauger Dechant Dr. Barthel, sowie die geistlichen Räthe Dr. Becker, Fiskal Dr. Rothmund und den Seminarregens Dr. Günder. Diese erklärten aber schon unterm 14. März, daß zwar mit ernst gemessener Schärfe, aber auch mit gehöriger Vorsicht zu Werke gegangen, und darum das Pastorale mit dem erst neulich verhängten Fiskale nicht vermengt werden sollte, damit die Gemüther der Ordensgeistlichen nicht allzusehr beunruhigt würden. Man solle erst die Sammlung in der begonnenen Fastenzeit abwarten und sogleich nach Ostern die Untersuchung vornehmen.

6*

Am 6. April Mittag um halb zwölf Uhr fuhren die genannten Visitatoren in einem mit sechs Pferden bespannten Hofwagen von Würzburg ab; das Spiel aller Glocken empfing sie Abends fünf Uhr am jenseitigen Mainufer, sobald sie in die Fahrbrücke eingetreten waren. Vor der äußeren Klosterpforte sprach der Sekretär des Klosters die Empfehlung des Abtes aus; innerhalb der Pforte hielt der Hof= wagen an. Der Abt und Prior, beide in Flocken — Obermantel —, empfingen mit allem Anstande die Herren Commissäre. An der Pforte des Münsters waren die Klostergeistlichen in Flocken aufgestellt. So= bald die Commissäre zu ihnen geleitet waren, stimmte der Abt die lateinische Antiphone an: „Ihr seid die Mitbürger der Heiligen und die Hausgenossen Gottes, aufgebaut auf dem Fundamente der Apostel und Propheten, der unterste Grundstein ist Christus Jesus". Unter dem Gesange des „Gepriesen sei der Herr, der Gott Israels, der heimgesucht hat sein Volk", schritt die Procession durch die Räume des weiten Kreuzganges zur Kirche. Die Hand des Abtes überreichte am Chor den Commissären das geweihte Wasser; sie traten an den vor dem Hochaltare aufgestellten und mit einem rothen Teppiche be= legten Stuhl, und verrichteten da eine Zeit lang ihr Gebet. Darauf wurden sie vom Abt, Prior und einigen Conventualen in den Gastbau zurückgeleitet, und ihnen ein Trunk präsentirt. Um sieben Uhr speisten sie daselbst, worauf der Weihbischof mit seinen Gefährten in diesem Gastbau die Ruhe pflegte.

Des folgenden Tages Morgens sieben Uhr versammelten sich der Abt und die Conventualen im großen Saale; der Weihbischof hielt sitzend in Mitte der vier Commissäre vor einem dekorirten Tische die Anrede in kräftiger Weise. „Der hochwürdigste Bischof Adam Friedrich, bemerkte er, habe eine hl. Pflicht, darauf zu sehen, daß die gott= geweihten Personen als Lichter auf dem Leuchter der christlichen Voll= kommenheit das Haus des Herrn erleuchten, treu ihrem Orden leben, und in die glorwürdigen Fußstapfen ihrer hl. Gründer und Vorgänger fest eintreten. Doch Nichts, fuhr er weiter fort, ist unter der Sonne so heilig geordnet und so fest begründet, das nicht nach täglicher Er= fahrung im Laufe der Zeit von seiner Heiligkeit und Festigkeit verliert, wenn nicht zeitgemäße Heilmittel es wieder in Stand bringen. Deß= wegen haben die hl. Gesetze der Kirche insbesondere des Tribentinums den Bischöfen die Pflicht auferlegt, die Klöster mit väterlicher Liebe zu besuchen und die nützlichsten Heilmittel ihnen zu verordnen. Rufen wir miteinander, schließt er, die Gnade des hl. Geistes an, damit er uns Abgeordneten sowie auch euch Erkenntniß und guten Willen gebe. Sprechen wir daher mit dem Psalmisten: O Herr schaue herab vom Himmel, betrachte und besuche den Weinberg, den deine Rechte gepflanzt."

Die Commissäre verfügten sich darauf mit dem Abte und den Conventualen zur Kirche, woselbst der Tabernakel geöffnet und mit dem Allerheiligsten der Segen ertheilt wurde. Die Altäre und der ganze Chor wurde besichtigt, und Alles für anständig befunden; jedoch dieses ausgesetzt, daß das Antipendium am rechten Seitenaltare etwas zu hoch sei. Darnach verrichteten die Commissäre das hl. Opfer.

In einem eigenen Zimmer begann sofort die Untersuchung. Es wurden Jedem bezüglich des Klosterstandes im Geistlichen und Weltlichen 23 und bezüglich des Abtes und Priors 17 Fragen zur Beantwortung vorgelegt. In das sechste Fragestück war die verfängliche Processache in folgender Form eingewickelt: "Werden Capitel gehalten, wann und wie oft? Werden geistliche und weltliche Dinge von Belang darin verhandelt, der Hauptsache nach niedergeschrieben und bei der nächsten Zusammenkunft wieder vorgelesen? Was ist bekannt über den gegenwärtigen kostspieligen Proceß; ist derselbe capitularisch behandelt worden? Kennt man die große Gefahr? Will man ihn dem Kloster zu lieb aufgeben, oder dem Kloster zum Verderben fortführen? Worin besteht der persönliche Antheil daran?"

Abt Benedict gab zur Antwort: "Die Capitel werden regelmäßig gehalten. Unser Kloster hatte bisher den Brauch nicht, daß die Beschlüsse vom letzten Capitel vorgelesen wurden; es soll in Zukunft geschehen. Der Proceß ist in der Versammlung reiflich erwogen, und der Abt zur Durchführung hiebei ermuntert worden. Auch andere verständige Männer haben ihn angerathen. Nicht Neigung zum Processen, sondern die Noth und der Wille der Stifter hat das Kloster dazu bestimmt, weil die Substanz des Klosters zu sehr gefährdet ist. Ich bin jede Stunde bereit zu einem Vergleiche, der mit meinem Gewissen, meinem Eidschwur und dem Wohle des Klosters vereinbar ist; ich setze daher auf die Weisheit und Gerechtigkeitsliebe des hochw. Fürstbischofs mein Vertrauen, sowie der Kommissäre. . . ."

P. Joseph Geyer erklärte: „Als Frühmesser zu Reßbach nehme ich an den Capiteln keinen Antheil, es sei denn, daß ich mich gerade im Kloster aufhalte. Der Proceß hat seinen guten Grund und ist ein altes Erbstück. Ich bin zufrieden mit dem, was die Obrigkeit verfügt".

P. Marian Niedermeier von Neunkirchen sagte aus: „Die Capitel werden gehalten; ein Protokoll wurde nach der letzten Visitation Anfangs geführt, später aber unterlassen. Der Proceß wurde im Capitel reiflich erwogen. Ein friedlicher Vergleich ist meines Dafürhaltens dem Kloster das Beste, weil hiedurch auch den Uebergriffen in der Zukunft vorgebeugt wird".

Die weiteren an diesem und dem folgenden Tag vernommenen Aussagen der übrigen 19 Conventualen stimmten im Wesentlichen hiemit überein. Prior Peregrin erklärte sich für ein Schiedsgericht von tüchtigen rechtsverständigen Männern, womit der nochmals vernommene Abt ganz zufrieden war.

Weil wir alsbald so starke Anklagen gegen das Kloster finden, müssen wir auch die Aussagen in den übrigen Punkten berücksichtigen. Wir sehen, die Conventualen halten jährlich ihre geistlichen Uebungen, täglich ihre Betrachtungen. Die Klosterordnung besteht; über Tisch wird aus Voit gelesen; die Armuth wird bewahrt, der Abt hält gut Haus; die Studien für die Jüngeren werden deßwegen nicht betrieben, weil zwei in Fuld Jurisprudenz studieren, nämlich P. Maurus und P. Philipp, die daher eigens zur Visitation hieher beschieden wurden; Einer macht im Benedictinerstift zu Bamberg das Noviziat, wogegen ein Pater von dort in Neustadt lebt. P. Placidus stellt den besonderen Antrag, es sollten jährlich mindestens zwanzig Reichsthaler zur Anschaffung von guten Büchern verwendet werden.

Unter Beilegung des Visitationsprotokolles erklärten die Visitatoren in einem Berichte an den Fürstbischof, sie hätten fast nicht den mindesten Fehler im Kloster entdecken können, sondern überall nur die beste Zucht und vollkommenste Ordnung wahrgenommen. Nur mit Mühe hätten sie einige kleine Mängel ausfindig machen können, als: die auswärtigen Pfarrer würden nicht zu den Capiteln berufen; die geistlichen Gespräche seien dermassen fremd, daß von Nichts als Processen, Wetzlar und weltlichen Dingen geredet würde; der Prior habe in Abwesenheit des Abtes den Conventualen einen besseren Wein reichen lassen; sein Amt vertrage sich nicht mit dem eines Waldmeisters, das er auch bekleide; Einige der Conventualen hätten ihren Respekt gegen den Abt vor vier Wochen einmal derart vergessen, daß sie vor demselben — das Haupt nicht geneigt hätten; ja P. Franz habe die Schlüssel vor dem Abte niedergeworfen mit der Erklärung, er möge sich nach einem anderen umschauen, der die Schlüssel zur Vereinnahmung der Gelber führe [1]. Der Grund dieser Ausschreitungen sei die mehrberührte Strittigkeit; es habe daher das Kloster selbst gewünscht, daß dieselbe einmal verendschaftet würde. Einer im vorigen Jahre gegebenen bischöflichen Weisung, daß der Abt bei den jüngeren Conventualen auf ein eingezogenes demüthiges Leben dringen solle, wäre mit gutem Erfolge entsprochen worden. Schlüßlich empfahlen die Visitatoren dieses älteste Kloster in Franken der höchsten Huld des Fürstbischofs.

Die bischöfliche Bescheidung dieser Visitation, deren Abhaltung so sehr pressirt hatte, erfolgte auffallender Weise erst nach mehreren Monaten; noch auffallender aber ist der Inhalt derselben. In dieser vom Schlosse Werneck am 24. August 1768 an die bemerkte Visitationskommission vom Fürstbischof Adam Friedrich gegebenen Verfügung wird nämlich der Auftrag ertheilt, das bisherige Visitationsgeschäft „nunmehr mit Ernst und Nachdruck dergestalt zu vollenden, daß in diesem außer aller Ordnung gekommenen Gotteshause zu Neustadt der

---

[1] Der vorschnelle Pater hatte deßhalb über Tisch zur Strafe keinen Wein erhalten; damit schien die Sache erledigt. Er war im Uebrigen ein sehr rechtschaffener Mann und ein eifriger Vertheidiger der klösterlichen Gerechtsamen. Die übrigen zusammengeklaubten Gebrechen sind kaum bedeutende Fehler der Einzelnen, jedenfalls nicht Vergehen der priesterlichen Genossenschaft; daß dieselbe den Namen „Wetzlar" zu oft aussprach und zu scharf betonte, ist erklärlich; heutigen Tages würde man dem die Hand küssen, der mit derselben auf den Sitz der deutschen nun so jämmerlich zerfallenen Reichseinheit hindeuten könnte; unsern Mönchen aber ist dieß von einem deutschen Reichsstand zum Verbrechen angerechnet werden. Unerklärlich ist, wie dem Prior die einmalige Darreichung eines besseren Weines als Fehler aufgerechnet werden konnte. Daß den Herrn geistlichen Räthen bei ihrer Visitation auch ein solcher vorgestellt wurde, wird wohl kein so großer Fehler gewesen sein! Jedenfalls langte dieser bessere Wein noch für sie und alle sonstige nothwendige Zwecke.

gute Geist der klösterlichen Lebensart wieder versammelt, alle dem hl. Institute zuwiderlaufenden daselbst eingeschlichenen Ausschweifungen gänzlich abgestellt, und sofort die bisherige den Religiosen zuständige Eingezogenheit nach der Regel des hl. Benedict mit Beseitigung alles irdischen und zeitlichen Wesens vollständig eingeführt werden möge". Die Commission soll sich mit der bereits angewiesenen weltlichen Regierung in ein vertrautes Benehmen setzen, damit die wieder ein- zurichtenden geistlichen Anordnungen mit Unterstützung der weltlichen Macht von desto besseren Wirkungen seien; und es solle darauf gesehen werden, „daß diese geistlichen Anordnungen durch etwaige Uebertriebenen- heiten der weltlichen Stelle nicht gestört oder gar vereitelt werden mögen".

Dieses der hohen Wichtigkeit wegen weitläufig mitgetheilte Akten- stück ist in mehrfacher Hinsicht merkwürdig oder bedauerlich.

Gut, daß kein Klosterfeind dasselbe vor Jahren in die Hände genommen und ausgebeutet hat. Die Schlechtigkeit eines Klosters, oder weil man gern die Sachen generalisirt oder verallgemeint, die Schlechtigkeit der Klöster überhaupt wäre ja aktenmäßig nachgewiesen und durch den Ausspruch eines deutschen Landesherrn und Bischofs bezeugt gewesen. Leicht hätte dieser Klosterfeind oder „fromme Katholik" im Schafspelze die Akten ergänzen und behaupten können, das hiesige „außer aller Ordnung gekommene Gotteshaus nebst den übrigen Klöstern habe seine Ausschweifungen" trotz aller Anstrengungen der geistlichen und weltlichen Behörden nicht abgestellt, und sei deßhalb mit Recht kassirt worden.

Allein es ist aktenwidrig zu behaupten, daß das Kloster ganz vom guten Geiste abgewichen sei; denn die bischöfliche aus fünf Per- sonen bestehende Commission, die ganze fünf Tage hier forschte und bloß zu diesem Zwecke hierher gekommen war, konnte ja nach ihrem eigenen Berichte gar kein besonderes klösterliches Gebrechen und be- züglich einiger Conventualen nur ganz unerhebliche Fehler entdecken. War aber das Kloster nicht zerrüttet, so war der Auftrag, dem Kloster wieder aufzuhelfen, nicht bloß ein überflüssiger, sondern auch ein höchst kränkender. Wir bemerken deßhalb auch nicht eine einzige weitere Spur von Thätigkeit einer Commission, diesen guten Geist wieder- herzustellen.

Erschreckend ist uns aber noch jetzt das einer geistlichen Ober-
behörde vorgesteckte Ziel, „das irdische und zeitliche Wesen eines
Klosters zu beseitigen", weil ein geistliches Institut so wenig ohne
das irdische Wesen des Besitzes von Rechten, Gütern u. drgl. bestehen
kann, als der Geist während des irdischen Lebens ohne den Körper.
Abstreifung dieses irdischen Wesens ist nicht ein verzeihlicher Idealismus,
sondern ein einfaches Todtschlagen eines Institutes. Wenn aber am
Schlusse als das wirksame Mittel, dem Kloster das irdische Wesen
abzustreifen, die weltliche Gewalt bezeichnet wird, mit der man sich
vertraulich benehmen soll, und die bereits zu diesem Geschäfte auf
dem Sprunge stehe: so sieht man mit Grauen die nach einigen Jahren
erfolgte Säkularisation des Klosters oder der Klöster schon vor sich,
und staunt über den von Gott gewiß nicht eingegebenen Plan, sich
„durch etwaige Uebertriebenheiten der weltlichen Stelle nicht stören
zu lassen". Die weltliche Macht hat sich wirklich nach einigen Jahrzehnten viele Uebetriebenheiten erlaubt, und alles irdische Wesen an
den Klöstern haarklein abgestreift; aber auch diejenigen verschlungen,
die für ihren weltlichen Besitz aus diesem Vorgehen einen Nutzen
erspekuliren wollten!

Inwiefern der Fürstbischof dieses durch das geschilderte Verfahren
gegen das Kloster gewonnene Resultat dazu benützte, um seiner Streitsache beim Reichskammergerichte, welches ihn im vorigen Jahre citirt
hatte, eine bessere Wendung zu geben, ist aus den gegenwärtigen
Akten zunächst nicht zu entnehmen; gewiß aber ist irgendwelche Benützung mehr als zu vermuthen. Denn wozu sonst dieses ganze Lügen-
werk und der große losgeschlagene Lärm? Wahrscheinlich wurde, um
vor der obersten Reichsbehörde für den Augenblick Luft zu bekommen,
dargethan, daß das klagende Kloster einen gar geringen Leumund besitze, und deßhalb so lange kein Gehör verdiene, bis es sich ein Zeugniß
eines besseren Leumundes verschafft habe; es seien deßhalb von der
vereinten Allgewalt des Staates und der Kirche bereits alle Mittel
im Gange, um diesen schlechten Leumund in einen guten zu verwandeln. Kein Wunder, wenn dem Kloster unter solchen Umständen kein
Recht gesprochen wurde!

Ich bewundere die klösterliche Geduld und preise Gott, der
sie gab!

Doch nach dem Fürstbischof Adam Friedrich bestieg Franz Ludwig den fürstbischöflichen Stuhl, ein Kirchenfürst von anerkannter Gewissen= haftigkeit und Rechtlichkeit. Die Abtei konnte bei seiner Thronbesteigung für Vereinigung ihres Mißverhältnisses volle Gerechtigkeit von ihm erwarten, zumal da er früher als Assessor beim Reichskammergerichte zu Wetzlar die Akten dieses Rechtsstreites kennen gelernt hatte. Stets bewahrte er auch dem hiesigen Kloster eine gewisse Vorliebe, wozu ihn die Dankbarkeit und Anhänglichkeit an die Heimath verpflichtete.

Wenn bei Ertheilung der Priesterweihe oder wegen sonstiger Ge= schäfte Priester des hiesigen Klosters vor ihm erschienen, erkundigte er sich jedesmal mit väterlicher Liebe nach den einzelnen Patres: „Was macht P. Ambros, der P. Burkard, Karl ... die haben mir so schöne Exempelie aufgegeben, wo ich als Knabe von Lohr aus munter in euer schönes Kloster gekommen bin. Grüßt mir den und den und Alle." Sein Vater war Amtskeller in Lohr. Noch zeigt man in dem dortigen Bezirksamtsgebäude das Zimmer, worin dieser vortreffliche Regent das Tageslicht erblickte.

Bei den schweren damaligen Landesfragen und Kriegsunruhen vergieng jedoch ein Jahr um das andere ohne Entscheid für die Abtei. Deren beherzter Vertheidiger, Abt Benedict, war längst zu Grabe gegangen; bereits lag auch der Fürstbischof auf seinem Sterbebette. Gewiß mußte man befürchten, daß die Abtei nie ihr Recht erhalten würde, wenn die Gerechtigkeit dieses Kirchenfürsten es ihr nicht ge= währte. Nach wenigen Jahren wäre keine Möglichkeit der Recht= sprechung mehr bestanden, weil die strittigen Gegenstände einem ein= zigen Herrn zufielen.

Leicht hätte die Abtei der Vorwurf getroffen, daß sie mit zu großer Zähigkeit auf ihren Gerechtsamen oder vielleicht nur einge= bildeten Rechten bestand, oder statt der rechten nur schlechte Mittel zur Behauptung derselben angewendet habe. Die sogenannten „Erfolgs= menschen", d. h. jene charakterlosen Individuen, die bei Beurtheilung einer Sache nicht auf den inneren Gehalt derselben, sondern lediglich nur darauf sehen, was für ein Glück diese Sache im Weltgange macht, hätten dann ohne Weiteres den Stab über das Kloster brechen können und müssen.

Doch die göttliche Vorsehung wußte ihr Institut vor einem solchen Vorwurfe zu bewahren, und sie wandte hiezu ein Mittel an, das sich schon durch seine Einfachheit als ein von Gott geschicktes beurkundete. Arbeiter im Walde, wahrscheinlich protestantischer Abkunft, fanden vor dem Dorfe Steinmark bei Esselbach uralte Marksteine mit dem Neustadter Klosterwappen. Die Abtei ließ sogleich bei Tag und Nacht die Steine bewachen und bat durch einen Eilboten um Einsichtnahme. Weil diese Markungssteine in der Grenzlinie des vom hl. Kaiser Karl geschenkten Klosterwaldes standen, so bezeugten sie die frühere Ausdehnung des Abteiwaldes, aus dessen Besitz Umstände und die Unbilden der Zeit die Abtei vertrieben hatten und noch weiter zurück vertreiben wollten. Es gab daher der Fürstbischof noch auf dem Sterbebette den Befehl, die Streitigkeit mit der Abtei sogleich zu beenden.

Wirklich wurde noch drei Monate vor dem Hinscheiden dieses Kirchenfürsten dieser mehrhundertjährige Proceß durch einen Vergleich vom 21. November 1794 zu Ende gebracht. Es erhielt die Abtei durch diesen Vergleichsvertrag die Koppel mit einigen hundert Morgen guter Waldung sowie sonstige Rechte. Der Hauptgewinn war aber der, daß sie einem weiteren Vordringen gegen ihr Eigenthum feste Riegel vorgeschoben hatte.

Jedenfalls möchte das Benehmen der Abtei bei Jedem, der ein wichtiges Recht und dessen Vertheidigung als eine hl. Sache betrachtet, jetzt noch volle Anerkennung verdienen. Die langjährigen verschiedenen Opfer für das gute Recht haben ihre Belohnung gefunden. Im Jahre 1750 hatte sich Folgendes zugetragen. Der erwähnte P. Franz Streckert aus Höpfingen, Sohn des dortigen Jägers, hatte mit P. Roman und Placidus in dem Klosterwalde eine Jagd vorgenommen. Der Oberamtmann Lochner von Rothenfels kam dazu und riß dem P. Franz die Flinte aus den Händen mit den Worten: „Allo, die Flinte her, Sakramentspfaff! Euer Vater ist auch nicht auf die Jagd gegangen." Der kassirte Schulmeister von Windheim schrie: „Euch Pfaffen gehören keine Flinten." P. Franz erwiderte: „Ich hab' ein Recht, mein Recht üb' ich aus." Die Treiber wurden von den Leuten des Oberamtmanns blutig geschlagen und mußten in Vergrothenfels ihre Wunden mit Branntwein auswaschen. Eine gerechte Sache muß nach vielen Opfern siegen!

In dreifacher Hinſicht ſtellt ſich der Kloſterbeſitz als ein nobler vor.

Zuerſt nach dem Urſprung. Er ſtammt theils von den Grün=
dern, theils von Gutthätern; immer alſo erſcheint er als freiwilliges
Geſchenk. Neben den König und deſſen Nachfolger, die den einträg=
lichen Mainzoll und ſonſtige Wohlthaten verliehen, ſtellt ſich der
Dienſtbote, der Ortsnachbar in der Umgegend, der Geiſtliche, um Beſitz
zu ſpenden. Manches iſt auch Beſitz, den die hier eingetretenen Prieſter
einbrachten, oder Erſparniß der auf auswärtigen Pfarreien angeſtellten
hieſigen Kloſtergeiſtlichen.

Der klöſterliche Beſitz erſcheint als ein nobler nach der rechten
ihm gewordenen Werthſchätzung. Die größte Beſchimpfung gegen
die Karolina wäre die Behauptung, daß ſie nach dem Beiſpiele unſerer
heutigen Geldprotzen den materiellen Beſitz angebetet und zur Hütung
deſſelben ihre Tage verbrütet und die verſchiedenſten Mittel ſchlecht
wie gerecht dazu angewendet hätte. Wer elf Jahrhunderte lang bloß
in Geld macht, muß weiter kommen, als ſie, die oftmals in großem
Mangel, Jahrhunderte lang in Schulden lebte. Weggeworfen hat ſie
jedoch dem erſten Beſten ihren rechtmäßigen Beſitz keineswegs; ſie
wußte wohl, daß derſelbe ihr auf dem höheren Lebensgebiete ſo noth=
wendig war, wie dem Oekonomen der Pflug auf ſeinem Felde. Nicht
vergebens hat ſie den ſchwierigen dargeſtellten Prozeß zum Schutze
ihres Eigenthums gegen das Hochſtift geführt.

Am nobelſten erſcheint jedoch der klöſterliche Beſitz in der weiſen
Verwendung. Mit Recht ſagt der ſcharfſinnige Volkswirthſchaftler
Laſſalle, der in manchen Punkten den Nagel ganz auf den Kopf ge=
troffen hat: „Was nützen alle aufgeſpeicherten Reichthümer und alle
Früchte der Civiliſation, wenn ſie nur immer für einige Wenige vor=
handen ſind, und die große unendliche Menſchheit ſtets nur ein Tan=
talus bleibt, welcher heißhungrig nach dieſen Früchten ſchnappt, nie
ſie aber bekommt! Die Menſchheit iſt ſchlimmer daran als Tantalus,
denn dieſer hatte wenigſtens nicht die Früchte hervorgebracht".

Es wird ſich der Mühe lohnen, etwas umſtändlicher nachzuſehen,
was die Abtei mit ihrem Beſitze gewirkt hat. „Aus ihren Früchten
werdet ihr ſie erkennen."

Karls Tochter war eine zweite edle Matrone Felicitas, die Glück=
liche, mit ſieben rechtſchaffenen Kindern. Sie verdanken ihr Leben,

Liebe und Pflege bis zum Martertod der Mutter und dieser Kinder. Ihre Namen sind:

Zelatrice, oder die für das Seelenheil Eifernde;

Magister, oder der Unterrichtende, der Meister;

Cäcilie, Patronin der Tonkünstler, hier der Künste überhaupt;

Sophie, die Weise;

Charitas, die Liebe;

Georg, der Erbbebauer, Bauer;

Publius, der für das öffentliche Wohl Thätige.

IV.

Zelatrice.

Unser Heiland hat ein wichtigeres Geschäft, als das der Seel-sorge auf Erden nicht gekannt, und kennt es jetzt im Himmel nicht. All sein Thun und Lassen war und ist diesem einzigen Ziele untergeordnet. „Ich bin gekommen, zu suchen und selig zu machen, was verloren war". Daß Burkard als der erste Vordermann des hiesigen Männervereins diese Seelenrettung auch als sein höchstes Ziel sich gesetzt hat, und jetzt noch durch seine Fürbitte im Himmel und sein uns leuchtendes Beispiel hiefür thätig war und ist: dafür bürgt uns das Zeugniß der unfehlbaren Kirche, welche ihn als Heiligen betrachtet, d. i. als den Mann Gottes, welcher durch Seelenrettung für die höchste Lebensangelegenheit eingestanden ist. Daß auch der letzte Burkardussohn, der vorhin bemerkte Dechant Franz Kraus, mit diesem Geiste beseelt war und noch hiemit in der besseren Welt beseelt ist, glaubt eine ganze Gegend, die fast ein halbes Jahrhundert lang Zeuge seines apostolischen Eifers gewesen ist. Ob aber die fünfhundert zwischen diesen beiden Männern stehenden Geistlichen das nämliche Programm „Seelenrettung" hatten, kann bei dem Mangel der sprechen-den Urkunden nicht so leicht erwiesen, aber ebendeßhalb auch nicht so leicht bezweifelt werden. Gott weiß es am Ende allein. Hoffen wir das Beste. Jedenfalls dürfte, wenn auch Eingangs einige Männer angemerkt wurden, die dieses ihr Ziel verfehlt haben, nach allen Ur-kunden und Thatsachen verhältnißmäßig die Zahl der Judase in dem hiesigen Männervereine nicht so groß gewesen sein, als sie es in der That in dem Collegium der Apostel gewesen. Auch dürfen wir von denjenigen, die Aergerniß gegeben, hoffen, daß sie durch Buße es rechtzeitig getilgt haben.

Der Seeleneifer war ein zweifacher, nämlich Rettung der eigenen Seele und der des Nächsten. Das Kloster gewährte in jeder Hinsicht hiezu Vortheile. Einmal verblutete der Seelsorger selbst nicht so leicht. Wer Jahre lang dieses wichtigste Amt auf der Erde selbst ausgeübt hat, oder sonst Verstand und Herz für die vielen Gefahren des Priesters und für die großen Anforderungen der hl. Kirche sowie der lasterhaften Welt besitzt: der weiß, wie anstrengend für Leib und Seele die Seelen- leitung ist, die der Menschensohn allein ohne Fehl und Tadel besorgt hat. Welcher Priester muß da nicht mit dem Völlerapostel ausrufen: „Ich muß auf meiner Huth sein, damit ich nicht, während ich Anderen das Evangelium verkünde, selbst zu Grunde gehe!" Der Curatus sah sich gehoben durch die Umgebung seiner Gleichgesinnten; in Krankheiten, beim Andrange der Geschäfte leisteten sie ihm Aushülfe. Dieß hatte offenbar für den Geistlichen selbst einen großen Nutzen; deßgleichen aber auch für seine Gemeinde; dieselbe war so immer mit ihrem Manne versehen. Manchmal ist für gewisse Seelen die Leitung durch einen anderen Priester nützlich, oft nothwendig. Aber denselben zu erhalten, ist umständlich und macht Aufsehen; es unterbleibt daher aus mensch- lichen Rücksichten. Die zahlreiche Priestergenossenschaft war ein ein- faches Mittel hiegegen.

Der vorletzte hiesige Benedictinerpfarrer hatte einmal sein beson- deres Kreuz mit einem Scheithauer. Derselbe wollte auf dem Kranken- bette von den Sacramenten Nichts wissen. Der Pfarrer besuchte ihn mehrmals; es half Nichts. Er schickte einen anderen Conventualen ans Sterbebett; es half wieder Nichts; er schickte nochmal einen; da that es gut. Sonst wo wäre wohl dieser Mann in seiner Unbußfertig- keit auf ewig zu Grunde gegangen. Im Umkreise von zwei, drei Stunden kamen die Gläubigen hieher, namentlich zum Empfange des hl. Bußsakramentes.

Ein eigenes Verdienst erwarb sich die Abtei für die Seelsorge des weltpriesterlichen Standes. Denselben wurde nicht bloß bereit- willige Aushülfe gegeben; die Landgeistlichen selbst versammelten sich auch häufig in dem hiesigen geistlichen Hause und kehrten gestärkt auf ihren Posten zurück. Die reichen Schätze einer Bibliothek, die der Landgeistliche bitter entbehren muß, standen zu Diensten. Da wir früher keine Anstalten zur Versorgung der Seelsorger besaßen, die Alters halber ihren Posten nicht mehr versehen konnten, so war die Abtei auch hiefür thätig und erleichterte auf diese Weise sowohl den amtsunfähigen Priester selbst wie auch dessen Gemeinde. So wurde i. J. 1701 der Pfarrer Johann Barthel Köhler von Birnfeld im Alter von 63 Jahren dem hiesigen Kloster zugewiesen, damit er darin sein Gnadenbrod genieße. Auch der Pfarrer Werner von Wiesenfeld verlebte hier seine letzten Tage; er hinterließ dem Kloster 5370 fl.

Viele Personen verdanken der hiesigen geistlichen Anstalt ihren Uebertritt aus dem Irrthum des Lutherthums.

Es sollen der leichteren Uebersicht wegen sowie zur Erregung der Dankbarkeit in denjenigen Gemeinden, die von den hiesigen Burkardinern bedient worden sind, die einzelnen Orte angegeben werden, in welchen die Neustadter Conventualen das Priesteramt verwaltet haben. Der erste kleine Kreis der Spessarter Einsiedel erweiterte sich in das große Gebiet des Franken- und Sachsenlandes; später auf einzelne Stationen unsrer Diözese, und zwar nachweislich auf folgende Orte; dieselben bilden jetzt, sofern nicht das Gegentheil bemerkt ist, eigene Pfarreien.

1. Altenmünster kam durch den Mönch gewordenen Starkfried an das Kloster; unter dem Abte Bernard Krieg gieng jedoch das Besetzungsrecht der Pfarrei für die Abtei verloren. Ein ehrendes Andenken verdient der Conventual Marianus Henneberger aus Haßfurt, welcher 1687—1695 diese Pfarrei verwaltete. Er gab 300 Reichsthaler zur Anschaffung von silbernen Leuchtern in der hiesigen Klosterkirche, 260 Rthlr. für Bücher, 520 Rthlr. für sonstige Kleinodien.

Nach dem Martyrertode, welchen die Schweden mit unerhörter Grausamkeit dem Pfarrer Liborius Wagner zu Altenmünster anthaten, verwalteten die hiesigen Conventualen P. Michael Oertell und P. Georg Cammerzell diesen Seelsorgsposten. Der erstere starb daselbst i. J. 1635, der andere nach 16jährigem Wirken 1658.

2. Altfeld, der schon im Stiftungsbriefe erwähnte Weiler; später an das neu gegründete Stift Triefenstein geschenkt; gegenwärtig Filial der protestantischen Pfarrei Michelrieth.

3. **Ansbach.** Dieses Filial der Pfarrei Steinfeld bekam bis in die letzte Zeit verschiedene Aushülfe in der Seelsorge.

4. **Ansbach,** die bekannte Stadt bei Nürnberg, möchte nach der obigen Mittheilung seine erste Klosterkolonie im St. Gumbertuskloster von Neustadt erhalten haben.

5. **Bütthard** erhielt i. J. 1095 einen eigenen geistlichen Verwalter, der wahrscheinlich nicht bloß über den geschenkten Klosterhof gesetzt war, sondern auch nach den damaligen Bedürfnissen der Zeit die Seelsorge daselbst ausübte.

6. **Ebertshausen** kam durch den mehrerwähnten Starkfried ans Kloster. Im Mittelalter war es von demselben getrennt.

7. **Egelezhausen,** jetzt Egenhausen, desgleichen.

8. **Einsiedel,** der erste Wohnort des Apostels in Franken; Erlach, Filiale von Neustadt jenseits des Mains.

9. **Esselbach** liegt hart an der Grenze des karolinischen Stiftungsgutes und erhielt wohl nur von der benachbarten Neustadter Missionsanstalt den ersten Samen seiner christlichen Cultur.

10. **Euerbach** wurde nach dem Zeugnisse des P. Gropp durch den emsigen Fleiß eines Neustadter Benedictiners großentheils wieder zur altkatholischen Religion zurückgebracht; daher erbaute der Fürstbischof Friedrich Karl von Schönborn, welchem dieses Dorf eigenthümlich zugehörte, für die neue katholische Pfarrgemeinde ein eigenes Gotteshaus. Nach den Neustadter Urkunden stand P. Augustin Stöhr 1722—1749 dieser Pfarrcuratie vor; er ist in der dortigen Pfarrkirche beerdigt; dessen Nachfolger war P. Kaspar Dorn.

11. **Frammersbach,** oder wie damals und jetzt noch der Volksmund diesen Spessartort nennt „Flammersbach", wurde i. J. 1656 von P. Tobias Neubauer pastorirt. Es wurde ihm die Pfarrei Steinfeld zugedacht, die er jedoch deßwegen nicht annahm, weil er seine auf den Ausbau von Früchten verwendeten Gelder noch nicht erhalten hatte, und weil er seiner seelsorgerlichen Wirksamkeit auf diesem neuen Posten sonstige Hindernisse entgegentreten sah. Wie aus einem Schreiben des Abtes Bernard Höhlein erhellt v. J. 1669, war bei dem damaligen Priestermangel im Mainzischen es nicht möglich, den Genannten ins Kloster zurückzuberufen.

12. **Greußenheim,** jetzt noch fürstlichen Patronates wie Esselbach, Karbach, Neustadt, Pflochsbach und Steinfeld.

13. **Hasenlohr** war ursprünglich ein Filial von Karbach und wurde deßhalb v. J. 1336 an von Karbach aus versehen. Gelegen im Stiftungsgute erhielt es nur von Neustadt seine erste christliche Cultur. Als 1687 ein neuer Pfarrer in Karbach vorgestellt wurde, weigerten sich die Hasenlohrer denselben anzuerkennen, wenn nicht alle Sonn- und Feiertage der Gottesdienst

bei ihnen gehalten würde. Der Prälat erklärte sich bereit, an zwei Sonntagen im Monat sowie an allen Marienfesten den Gottesdienst zu gewähren; oder weil es den Hafenlohrern lieber war, statt der Marienfeste am zweiten Oster= tag, auf Kirchweih und einigen anderen Festen. Weil auf Bericht der Ge= meinde Jemand ohne die hl. Sakramente starb, so sprach der geistliche Rath von Würzburg unter dem 29. März 1688 die Errichtung einer besonderen Pfarrei ohne Weiteres aus. Noch im nämlichen Jahre wurde Johann Memel, bisher Vikar von St. Burkard in Würzburg, dieser neugeschaffenen Pfarrstelle oktroirt, welcher übrigens mit allem Eifer 32 Jahre lang die Seelsorge versah.

14. Himmelstadt. J. J. 1615 wurde der bisherige Pfarrer nach Schwarzach befördert; er scheint ein Neustadter Benedictiner gewesen zu sein.

15. Homburg am Main wurde schon bei der Stiftung dem Kloster übergeben; nach einigen Jahrhunderten aber an Triefenstein geschenkt.

16. Insingen wird in der mehrbemerkten Urkunde des Ritters Starkfried als Schenkungsgabe für Neustadt aufgeführt; der Ort, oder eigentlich Ville, Hof genannt, lag zwischen Obbach und Zell bei Schweinfurt. Gegenwärtig findet sich ein Ort dieses oder ähnlichen Namens nicht mehr daselbst vor. Jedenfalls wurde er schon im Mittelalter aus dem Verbande mit dem Kloster genommen.

17. Karbach wurde 1336 der Abtei inkorporirt zur Verbesserung ihrer Einkünfte. Nach dieser Urkunde dehnte sich zuvor die Pfarrei Karbach auch über das hiesige klösterliche Gebiet aus und bezog daher auch bis in die neuere Zeit den Drittel Zehnt von Neustadt. Obgleich bei der Uebergabe bestimmt wurde, daß nur ein Weltgeistlicher von der Abtei beordert werden dürfe, finden wir doch daselbst namentlich fortlaufend in den beiden letzten Jahrhunderten Klostergeistliche; der letzte der daselbst Angestellten war P. Judas Thaddäus Henn von Hartheim, ein ehrwürdiger Geistlicher.

J. J. 1581 trat der alte Pfarrer in seine schmale Pension; er erhielt nämlich jährlich fünf Gulden in Geld; dann ein Malter Korn, eine Mühl= metze Linsen und ebensoviel Erbsen. Damit mußte er als Weltgeistlicher leben! Der neue Pfarrer Jakob Pfeifer mußte diese Pension gewähren und noch jährlich zwölf Gulden an den Pfarrhof und die Pfarrgüter verbauen. Der pensionirte Pfarrer hatte bisher jährlich sowie auch der Pfarrer zu Steinfeld zehn Gulden an die Abtei in der Güte bezahlt. Ausdrücklich war in der Einverleibungsurkunde bestimmt, daß von dem reichlichen Ertrage dieser Pfarrei dem nothdürftigen Kloster ein Reichniß gewährt werden sollte.

18. Kronungen gehörte tausend Jahre lang an das Kloster. Die alten Urkunden geben dem Orte den Namen „Gruningen", welcher die grünen Fluren dieses fruchtbaren Bauerndorfes besser bezeichnet. Es werden

keine Klostergeistlichen namhaft gemacht, die in den letzten Jahrhunderten daselbst das seelsorgerliche Amt verwalteten; daß aber früher dieses geschehen sein mußte, geht wohl aus dem Zehntverhältnisse hervor.

19. Kützberg, ein Filial von Kronungen, ist vielleicht das in der Urkunde von Starkfried bezeichnete an das hiesige Kloster geschenkte Hofgut der hl. Muttergottes Namens Geroldesberg. Im Mittelalter finden wir keinen Zusammenhang mehr mit dem Kloster, indem unter den vielen an das Kloster zinsenden Ortschaften, es sind ihrer 45, Kützberg nicht vorkommt.

20. Laudenbach wurde i. J. 1133 der Abtei einverleibt; ein Edelmann Namens Heinrich von Karlburg hatte zu Laudenbach eine Kapelle erbaut und fundirt.

21. Mariabuchen wurde von Steinfeld aus versehen, welche Pfarrei mit dem Kloster vereinigt und oft von Klostergeistlichen verwaltet wurde. Die Abtei hatte zu Buchen ein eigenes Jägerhaus.

22. Massenbuch, bisher Filial von Wiesenfeld, erhielt von dem Neustadter Benedictiner P. Johann Löser zur besseren Fundation im Dezember 1802 einen Beitrag aus dessen Privatvermögen.

23. Marktheidenfeld wurde i. J. 1619 und später von dem Benedictiner P. Georg Warmuth verwaltet.

24. Neustadt am Main erhielt durch die Benedictiner die christliche Religion. Daß dieselben Jahrhunderte lang die religiösen Bedürfnisse befriedigten, ist außer Zweifel; nicht aber, wie es gekommen ist, daß die Pfarreirechte an Karbach im Mittelalter übergiengen. J. J. 1494 finden wir jedoch die Pfarrei Neustadt wieder mit dem Kloster vereinigt; dasselbe bezog hiefür zwei Drittel des Zehntes und sonstige Gefälle. Um die nämliche Zeit kam wohl auch das Filial Erlach, welches damals nach Steinfeld gehörte, wieder an das Mutterkloster.

25. Obbach, im Schenkungsbriefe des Starkfried Hobbach genannt, war nach einigen Jahrhunderten vom Kloster wieder getrennt.

26. Ochsenfurt erkennt den Abt Gozwald von Neustadt, welcher später Fürstbischof von Würzburg wurde, als Erbauer der dortigen Pfarrkirche an, die i. J. 839 zu Stande kam und zehn Jahre später zu Ehren der hl. Martyrer Cyprian und Sebastian vom Bischofe Humbert consekrirt wurde.

27. Pflochsbach war früher ein Filial von Wiesenfeld; i. J. 1192 wurde die Kapelle zur Pfarrkirche erhoben und dem Kloster Neustadt einverleibt. Sie wurde in früheren Zeiten mit dem zwei Stunden vom Kloster entfernten Filiale Sendelbach von Klostergeistlichen versehen, die in dem Orte Pflochsbach wohnten; in den letzten Jahrhunderten jedoch vom Kloster aus.

Die beiden Klosterpfarrer für Neustadt und Pflochsbach wohnten nicht in dem Münster, damit durch ihre seelsorgerlichen Geschäfte die Ordnung darin nicht beeinträchtigt wurde; ihre Wohnung war in dem sogenannten neuen Bau, der zur Gewinnung des Straßenraumes vor einigen Jahrzehnten abgebrochen wurde. Auch die ausgedienten Pfarrer oder kranken Conventualen wohnten darin; derselbe war mit einer eigenen Kapelle versehen.

28. Retzbach wurde zur besseren Besorgung der Wallfahrt i. J. 1336 in eine Propstei vom Fürstbischof verwandelt; das Patronatrecht stand schon früher der Abtei Neustadt zu. Der schon damals zahlreiche Concurs der Gläubigen erhob diesen Ort zu einer Missionsstation der Benedictiner. — Wie schwer ist jetzt daselbst die Seelsorge!

29. Rothenfels lag im Stiftungsbezirke und erhielt durch einen Burgkaplan die Befriedigung der seelsorgerlichen Bedürfnisse. Nach der Beschreibung unserer Diöcese v. J. 1350 stand das Recht, diese Stelle zu besetzen, dem Fürstbischof zu. Später sehen wir den Abt von Neustadt als Patron der Pfarrei, die bald von Weltgeistlichen, bald von Klostergeistlichen besorgt wurde.

Im letzten Jahrhunderte wurde daselbst an jedem Sonn- und Feiertage vom Kloster aus durch einen Conventualen eine Frühmesse und durch einen andern die sogenannte Zehnuhrmesse in der Schloßkapelle gehalten. Beides cessirt jetzt.

30. Schwebenried gehörte bis zum Jahre 1336 an das Kloster bezüglich des Patronates; wurde aber in diesem Jahre der Kapelle zur hl. Gertraud auf dem Schlosse Karleburg zur Verbesserung ihrer Einkünfte einverleibt. Das Kloster hatte daselbst bis in die neueste Zeit einen beträchtlichen Freihof.

31. Sendelbach wurde i. J. 1192 von der Pfarrei Wiesenfeld der neuerrichteten Pfarrei Pflochsbach zugetheilt, und wird durch die Fürsorge des letzten Benedictiners Franz Kraus wohl nach einigen Jahrzehnten einen eigenen Seelsorger erhalten, vielleicht viel früher.

32. Steinfeld stand von der ersten Zeit an bezüglich des Patronates der Abtei zu; i. J. 1336 wurde die Pfarrei unter der nämlichen Bedingung wie Karbach dem Kloster inkorporirt. Wir finden daselbst meistentheils Weltgeistliche, manchmal auch Conventualen als Pfarrer. Der Benedictinerpfarrer Christoph Wagner drängte sehr auf seine Abberufung in das Mutterkloster, weßhalb ihm auch i. J. 1656 ein Nachfolger in dem Benedictiner Benedict Haul aus Homburg gegeben wurde. Dessen Aeltern hatten den Abt und andre Conventualen oft angelaufen, daß man ihrem Sohne wegen ihrer Armuth eine Pfarrei geben möchte. Der Abt stellte in der Präsentationsurkunde das Zeugniß aus, P. Benedict sei eifrig im Gottesdienste, besonders im Predigen; er sei im Ganzen nur zu eifrig; es sei zu hoffen, er werde die

Hörner mit der Zeit noch abstoßen. Es wurde deßhalb an den Fürstbischof die Bitte um väterliche Belehrung nach der bestandenen Approbation gestellt. Nach einigen Jahren finden wir diesen Klosterpfarrer vom Ordensverbande ausgetreten.

33. Triefenstein. Die Kapelle daselbst stand auf dem Stiftungsgut und wurde dem neuen Kloster der regulirten Chorherrn nebst anderen Einkünften gegen eine jährliche Abgabe von Wachs i. J. 1102 geschenkt.

35. Waldzell, gegenwärtig ein Filial von Steinfeld, erhielt vom Kloster aus bis in die letzte Zeit verschiedene Aushülfe in der Seelsorge.

36. Wiesenfeld. Das Patronat über die weit ausgedehnte Pfarrei, wozu früher auch die jetzige Pfarrei Gemünden, Steinfeld und Wernfeld gehörten, war bis zum J. 1336 dem Kloster Neustadt; in diesem Jahre gieng es an den Fürstbischof über.

37. Zell. In der Urkunde des Starkfried kommen zwei Zell vor, welche dieser Ritter mit ins Kloster brachte. Gegenwärtig ist nur ein einziger Ort Namens Zell in jenem der Abtei geschenkten Bezirke vorhanden; er gehörte früher in das Stadtgebiet Schweinfurt. Wir finden auch wie bei den meisten der geschenkten Güter dieses Bezirkes in der Folgezeit kein Verhältniß mehr zu dem Kloster. Wahrscheinlich wurden diese vom Kloster zu weit entlegenen Güter bald vertauscht.

Bemerkenswerth bleibt, daß kein von den Conventualen pastorirter Posten dem Lutherthume verfiel mit einziger Ausnahme der am weitesten entlegenen Pfarrei Altenmünster, die fast ganz lutherisch wurde. Dagegen geriethen mehrere vom Kloster abgelöste Stationen, wie Zell, Obbach an die Irrlehre.

Bischof Julius beauftragte zum Missionsgeschäfte in Franken bewährte Religiosen aus dem hiesigen Kloster[1]). J. J. 1630 entsandte der Fürstbischof Neustadter Benedictiner in das Kloster Murhart, welche jedoch daselbst wenig ausrichten konnten, weil die Mönche von Zwiefalten nicht weichen wollten; die Neustadter kehrten deshalb nach wenigen Wochen wieder zurück.

Die Namen der Ordenspriester, welche auf diesen und sonstigen Stationen Gott und der Christenheit in den einzelnen Zeitabschnitten gedient haben, sind für diese Welt größtentheils für immer verwischt; möchten sie alle in dem Buche des ewigen Lebens eingetragen sein! Und bei ihren Namen auch die der treuen Schäflein!

---

[1]) Archiv d. hist. Vereins Band 18 S. 201. Auch aus den Klöstern Schwarzach, Theres, Banz, Bildhausen und Bronnbach wurden Mönche hiezu verwendet. Merkwürdig ist, daß die Neustadter Dokumente von diesem wichtigen Missionspunkte in auswärtigen Orten nichts erwähnen.

Es sollen jedoch hier die Namen von einer Station für die letzten Jahrhunderte veröffentlicht werden. Als „Pfarrherrn" wirkten für die Pfarrei Neustadt a. M.:

1570 P. Johann Löer, zugleich Prior.

1590 P. Georg Ehalt von Karbach, später Abt.

1597 P. Wolfgang Götz von Würzburg, zuvor Pfarrer in Rothenfels und Propst zu Retzbach; Organist im Kloster; † 1619.

1602 P. Georg Warmuth von Mellrichstadt 1555 geboren, auch Pfarrer in Karbach und 10 Jahre in Marktheidenfeld. Sehenswerth ist seine kräftige ruhige Handschrift, mit der er als Greis von 73 Jahren unter dem 5. November 1628 in gelungener Frakturschrift einen Eintrag in das Taufbuch einzeichnete. Er war längere Zeit Prior. Er vollendete 78 Jahre auf der Erde und fast 50 im Orden.

1604 P. Konrad Deufel von Rothenfels 1564 geboren, schon mit 17 Jahren in den Orden eingetreten.

1606 P. Konrad Gans zu Würzburg geboren und 1583 ins Kloster aufgenommen. Von 1619 bis 1631 Propst zu Retzbach.

1620 P. Johann Bischof zu Steinach 1593 geb.; † 1639.

1622 P. Johann Kürr; † 4. November 1634 zu Mühlbach, nachdem er zuvor ein halbes Jahr Pfarrer in Steinfeld gewesen.

1624 P. Georg Warmuth nochmals.

1627 P. Peter Roßhirt; † als Propst zu Retzbach 1647.

1627 P. Georg Cammerzell, zugleich auch 11 Jahre lang Prior, dann Pfarrer in Steinfeld und Altenmünster.

1629 P. Johann Bischof nochmals, † 1639. Nach ihm mehrere Ungenannte.

1654 P. Benedict Hauck von Homburg. Er war 1656—1669 Pfarrer in Steinfeld, woselbst er nach dem Berichte des Neustadter Tagebuches apostasirte. Darunter ist kein Abfall vom Glauben, sondern das Austreten vom Orden zu verstehen.

1656 P. Roman Reu von Lauerstadt im Eichsfeld; nach 17jähriger Amtsführung als Propst von Retzbach 1672 †.

1659 P. Nikolaus Schab von Königshofen.

1661 P. Adam Opilio (Schäfer?) von Burghausen; 28 Jahre bis zu seinem Tode Prior; er erreichte 75 J. des Lebens und 48 des Ordens.

1676 P. Johann Mertz zu Stadtlauringen 1642 geb. Nach Niederlegung des hiesigen Hirtenamtes von 1677—1687 mit allem Lobe Pfarrer zu Karbach; mehrmals Prior.

1677 P. Roman Senn.

1683 P. Gregor Dohn zu Geisa bei Fuld 1637 geb., 1660 eingetreten und nach 6 Jahren Priester. Am Festtage des hl. Maurus den 15. Januar 1716 feierte er seine Sekundiz. Sein Geburtstag war zugleich sein Sterbetag am 1. Nov. 1722. Das Tagebuch nennt ihn eine Perle des Klosters und ein lobenswürdiges Lebensmuster.

1690 P. Johann Mertz zum Zweitenmale.

1699 P. Aemilian Thebes am 8. Oktober 1643 unter dem Namen Johann Kaspar zu Lohr getauft. Im Alter von noch nicht vollendeten 18 Jahren weihte er sich dem Herrn; 1687 Pfarrer in Karbach, woselbst er 12 Jahre in Ehren wirkte.

1704 P. Franz Scherer am 15. September 1672 zu Lengfurt geb. „Ein Mann voll Eifer in seinem Dienst, besorgt für die Arbeiten der Brüder, regelrecht im Chor, täglich wo möglich am Altar des Opfers, oft im Bußgericht sich anklagend, stets der Todesstunde eingedenk unter dem Aufblicke zu Gott. Am Todestag verrichtete er noch die hl. Messe, wie auch Tags vorher nach geschehener hl. Beicht. Beim Tisch war er still vergnügt, darnach begab er sich eine Thräne im Auge zur Einsamkeit seiner Zelle. Wir sahen ihn nun nicht mehr. Weil er bei der Vesper und Complet nicht erschien und der Diener den Befehl nachzusehen vergaß, so kam der Prior Morgens zu ihm. Er saß auf dem Stuhle im Festkleide, wie wenn er schlafe, Augen und Mund geschlossen; ein Schlaganfall hatte sein Leben beendet am Festtage des hl. Maurus 1740.“

1714 P. Maurus Sennefeld in Münnerstadt 1681 geboren; Novizenmeister und Subprior.

1717 P. Ambros Molitor (Müller) von Mainz 1680 geb.

1734 P. Bernard Kandler aus Würzburg. Er absolvirte im hiesigen Kloster die Philosophie und Theologie, hörte 3 Jahre in Würzburg scholastische Theologie und übernahm dann im Mutterkloster das Amt des Novizenmeisters. Darauf wurde ihm die Verwaltung des Hofgutes in Kronungen übertragen. Abt Kilian rief ihn zum Unterrichte von sechs Novizen zurück. Nach Vollendung dieser Arbeit stand er 15 Jahre bis kurz vor seinem Tode der hiesigen Pfarrei vor.

1749 P. Roman Sartor aus Hammelburg 1711 geb. Wegen Krankheit mußte er das hiesige Hirtenamt aufgeben und mit dem der Oekonomie vertauschen. Er legte mit vieler Mühe das hiesige Familienbuch an.

1753 P. Aurelian Breunig zu Vollach 1710 geb.

1764 P. Erwin Schnell von Bamberg 1718 geb., woselbst sein Vater Hofmusikus war; wohlbewandert im kirchlichen und bürgerlichen Recht.

Vom Jahre 1770 an leitete er 18 Jahre lang die Pfarrei Retzbach, woselbst er noch jetzt wegen seiner Leutseligkeit und priesterlichen Gewandtheit in gutem Andenken steht. Sein Portrait ist im Pfarrhause zu Neustadt aufbewahrt. Wegen Altersschwäche mußte er ungern das grüne Thal verlassen und den letzten Lebensrest von zwei Jahren in seinem Kloster zubringen.

1770 P. Bernard Hofstetter zu Würzburg 1732 geb.; sein Vater war Offizial bei der geistlichen Regierung. Nachdem er 5 Jahre Kaplan zu Retzbach gewesen, übernahm er 1769 das Amt des Novizenmeisters und im nächsten Jahre auch das des hiesigen Seelsorgers, welches er fast 20 Jahre mit allem Eifer versah. Er stand im Kloster wie in der Pfarrei im hohen Ansehen. Er war ein Freund der Kinder. Gerne trat er in die Kreise der Knaben, die im Freien töpsten; er setzte oft Geld ein, das sie herausspielen mußten. Noch erzählen die Gläubigen mit Liebe von ihm und seinen beiden Nachfolgern.

1789 P. Gottfried Thambusch von Kitzingen.

1803 P. Kilian Staub von Würzburg.

Durchschnittlich war Jeder acht Jahre lang Pfarrer.

Es folgten die Weltpriester:

1833 Georg Sendelbach von Ansbach, † 26. September 1864 als Pfarrer von Esselbach.

1842 Johann Baptist Adolf Kraus von Würzburg, gegenwärtig Pfarrer zu Pflochsbach.

1848 Georg Link von Eichenbühl.

Es wurde zwar in jüngster Zeit bei wichtigen Rechtsbestimmungen theils mit, theils ohne Erfolg geltend gemacht, daß eine förmliche Pfarrei gar nicht existirt habe, sondern erst bei der Säcularisation auf dem reinen Gnadenweg geschaffen worden sei. Neustadt am Main habe vorher in die Pfarrei Karbach und Erlach nach Steinfeld gehört. Eine ganze Wolke von Zeugnissen und Thatsachen streitet jedoch hiegegen. Nimmermehr ließ sich eine wohlgeordnete Abtei dieses beschwerende Verhältniß gefallen, daß der von ihr erkorene Seelsorger Unterthan eines auswärtigen Pfarrers war, und daß das Seelenheil der Gläubigen am Wohnsitze der geistlichen Stiftung benachtheiligt würde.

Auch diejenigen Personen müssen erwähnt werden, welche zur Fortdauer der Darbringung des göttlichen Versöhnungsopfers verschiedene Stiftungen gemacht haben. In verschiedenster Weise treffen wir fast ein ganzes Jahrtausend lang diese Meßstiftungen; bei vielen ist bis jetzt der vollständige Zweck und der Betrag der hiefür gereichten Mittel nicht zu erforschen gewesen. Das ganze Stiftungsgut, soweit dasselbe aus den Documenten zu entnehmen war, beträgt 77 Mltr. Getreidgült und 6815 fl. in Geld.

Allein § 63 und 65 des Reichsdeputationshauptschlusses bestimmt: „Fromme und milde Stiftungen sind wie jedes Privateigenthum zu conserviren, doch so, daß sie der landesherrlichen Aufsicht und Leitung untergeben bleiben; jeder Religion soll der Besitz und ungestörte Genuß ihres eigenthümlichen Kirchengutes nach der Vorschrift des westphälischen Friedens ungestört verbleiben". Diese Stiftungen jedoch von einer täglichen Frühmesse, täglichen Muttergottesmesse, einer St. Peters-messe, einer täglichen Dreifaltigkeitsmesse, sowie verschiedener Jahrtäge und einer eigenen Priesterstiftung zu Einsiedel wurden nicht besorgt, wenn auch alle Jahre zwei Jahrtäge in Pflochsbach und Neustadt gesungen wurden. Es hat der heilige Stuhl in jüngster Zeit diese ganze wichtige Angelegenheit durch den bischöflichen Stuhl zu Würzburg am 15. März 1870 in folgender Weise geordnet:

Die verschiedenen bisher nicht besorgten Stiftungen sollen aufgehoben sein. Dagegen soll nach dem Willen aller dieser Stifter dreimal wöchentlich von dem Pfarrer des Ortes das hl. Versöhnungs-opfer dargebracht werden. Für Neustadt und Erlach soll eine Kaplanei errichtet und ein eigener Priester in Einsiedel angestellt werden.

V.

Magister.

Wir lesen in der alten Chronik von Fries über das erste Wirken des hl. Burkardus Folgendes:

„Damit der neu angekommene Missionär nebst seinen von der Ferne gefolgten Begleitern sowie Andere, die sich mittlerer Zeit zu ihnen ge-schlagen, einen festen Platz haben möchten, um da dem Gebete und der Lehre abzuwarten, bat der hl. Bonifazius den Reichsverweser Pipin, daß er ihnen das Königliche Jagd- und Lusthaus am Main Namens Rohrlach übergeben möchte. Daraus machten sie ein Kloster und hießen das Neuenstadt. Weiter übergab er ihnen auch etliche Zellen und Wohnhäuser zu Hohenberg (Homburg), zu Ammerbach (Amorbach), zu Murharten (an der Kocher) und zu Schlüchtern (bei Fuld); die besetzt St. Burkard mit Mönchen und lehrt darinnen die Jugend sonderlich der Herren und Edelleuten Kinder, die lateinische Sprache Lesen, Schreiben und Verstehen, und war er ihr Oberschulmeister, Vater und Abt und nahm der Reichsverweser ihn zu einem Rath und Kanzler an."

Die Bonifaziusklöster waren im Unterrichtgeben sehr rührig [1]), wie allgemein bekannt ist.

Diese Lehrthätigkeit des hiesigen Klosters erhielt nach einigen Jahrzehnten durch den Herrscher Karl einen neuen Ansporn. Drei Jahre nach Gründung der hiesigen Abtei befahl derselbe der Geistlichkeit seines Reiches: „Nehmt nicht bloß Kinder von knechtischer Herkunft, sondern auch Söhne von Freien auf. Eröffnet Schulen für Knaben. An jedem Bischofssitze, sowie an jedem Kloster lehrt Psalmen und Gesänge, Rechnen und Grammatik. Sorgt für wohlverbesserte Andachtsbücher, damit nicht schlechte Bitten statt guter Gebete zu Gott aufsteigen."

Gewiß hat die hiesige Abtei es sich angelegen sein lassen, diesem Willen zu entsprechen; sie hätte sich sonst der fortwährenden kaiserlichen Huld und ihres großen anfänglichen Ansehens unmöglich zu erfreuen gehabt. Hatte die hiesige Klosterschule auch einen solchen Ruf nicht, wie die damals entstandenen gelehrten Schulen zu Tours, Reichenau, St. Gallen, Fuld und Mainz: es ist Ehre genug, daß eine Bildungsanstalt damals in unserer Gegend überhaupt existirte und zwar noch eher, als der Gründer aller christlichen Bildung in unserer Heimath, der hl. Burkard in Würzburg eine solche Anstalt errichten konnte.

Vielleicht erreichte die Neustadter Schule auch deßwegen keinen berühmten Flor, weil sie zu nahe an Würzburg lag und es bei den damals sehr dünn gesäeten Lehrkräften als Luxus erschien, an zwei

---

[1]) Bonifazius bemerkte in seinem 90. Brief, an Julred oder Pipin gerichtet, daß in seinen Klöstern Kinder und junge Leute unterrichtet würden.

so nahe aneinander liegenden Orten großartige Unterrichtsanstalten zu leiten.

Fast in allen Jahrhunderten begegnet uns diese Klosterschule. Am 11. August 1095 schenkte der Ritter Gerhard mit seiner Gemahlin Bertha seinen Hof zu Bütthard mit der Bestimmung, daß an einem von der Abtei zu bestimmenden Tage ein Frohnmahl an die Geistlichen sowie auch an die Schüler des hiesigen Klosters gespendet werden sollte. Wir treffen also um diese Zeit ein Knabenseminar. In einem Dokumente vom Jahre 1348 wird dem Custos des Klosters aufgetragen: „Es soll ewiglich in dem Münster brennen zwei Licht, neun Nachtlicht, den Priol und die Schule belichten und haben vier Leselicht (Lichter zum Lesen) in dem Chor." Zwei Diakonen, sowie zwei Subdiakonen nebst vier Schülern sollten von den klösterlichen Einkünften frei erhalten werden. Offenbar waren 8 Personen im Knaben- und ersten Jünglingsalter als Nachwuchs für die Erhaltung des hiesigen Klosterpersonals zu groß; denn dasselbe sollte nur aus einem Abt und zwölf Priestern bestehen. Wahrscheinlich wurden demnach auch Knaben und Jünglinge in der hiesigen Bildungsanstalt für andere Gegenden und Berufsarten erzogen und zwar ohne etwas zu bezahlen; andere mußten bezahlen.

In dem bemerkten Dokumente nimmt unter den verschiedenen Würdenträgern des Klosters der Schulmeister die dritte Stelle ein. Er ist dem Abte unterstellt und wird zur gewissenhaften Amtsverrichtung angewiesen, indem es heißt: „Der Abt soll halten einen Schulmeister, der der Schul warten soll, und nirget reiten soll mit einem Abte".

Die neueste Geschichtsforschung[1]) stellt daher das Zeugniß aus: „Die Klosterschule zu Neustadt erwarb sich ein großes Verdienst um Unterricht und Bildung".

Im Inventar von 1555 finden wir im Conventsbau die Schulstube; sie hatte eine tannene Schreibbank, einen Stuhl und ein Gießfaß nebst Behälter. Als Schülerknaben treffen wir: Peter Halberer von charlistath (Karlstadt), Nikolaus Muttig, Hennslin des Hofmanns Philipp zu St. Margarethen Sohn, Görlin (Georg) und Kaspar.

---

[1]) Bavaria, Unterfr. und Aschaffenb. S. 542.

Unter dem Fürstbischof Julius wurden jährlich 10 oder wenigstens 7 Jünglinge im Kloster ernährt und unterrichtet. Weil keiner davon in das Noviziat trat, sondern eine sonstige Berufsart nach erlangter Bildung sich wählte, wurde vom Fürstbischof festgesetzt, daß diese Schüler entfernt und statt ihrer Jünglinge aufgenommen werden sollten, die Liebe zum hl. Orden und gute Anlagen besäßen.

Bis zur Auflösung der Abtei waren mindestens vier Singknaben nothwendig, um bei den so oft stattfindenden musikalischen Aufführungen Diskant und Alt zu singen. Hatten ihre Stimmen gewechselt, so sorgte das Kloster für deren weiteres Fortkommen. Einer der letzten Diskantsänger war der erst vor einigen Jahren im höchsten Greisenalter als Frühmesser zu Sulzfeld a. M. verstorbene Benefiziat Johann Lochner aus Röttingen, früherer Pfarrer und Distriktsschulinspektor zu Eßfeld. Derselbe lebte von 1792—1796 im Kloster. Er erzählte mir noch im spätesten Alter, wie er mit väterlichem Wohlwollen behandelt wurde. P. Meinrad war sein Lehrer im Latein, P. Karl in Clavier und Musik, P. Johann im Gesang. Noch mehrere andere Jünglinge wurden gleichzeitig mit ihm gebildet.

Wenn in jedem Jahrzehnte nur 16 Knaben zu höheren Berufen befördert wurden, so waren derer in einem Jahrhundert schon mehr als anderthalb hundert Männer, die ihr Glück dem Kloster Neustadt verdankten.

Als bemerkenswerth soll aufgezeichnet werden, daß wir in dem kleinen Orte Floxbach i. J. 1545 bei nur 19 Ortsnachbarn schon einen klösterlichen Schulmeister finden Namens Jobst Loschert. In einem daselbst 1537 gehaltenen Dorfgerichte wird zuerst dieser Schulmeister Jobst Loschert, dann die drei Schöpfen und noch vier Nachbarn genannt.

Ein Kenner hält die Singschule der Klöster für gleichbedeutend mit den Knaben=Seminarien[1]. Mehrfach ist dokumentirt, daß eine solche Singschule hier bestanden hat. Bei der i. J. 1348 geschehenen theilweise neuen Einrichtung der klösterlichen Verhältnisse wurde festgesetzt: „Ein Singmeister soll in seinem Amte mit allem Nutzen verbleiben, und darin thun wie von Alters herkömmlich". Es

---

[1] P. Rupert Mittermüller, das Kloster Metten und seine Aebte Seite 141.

begegnen uns folgende Sangmeister: i. J. 1264 Albert, 1279 Heinrich, 1349 Konrad, 1361 Wortwin, der jedoch Schulmeister genannt wird.

Vielleicht liegt es in dem anbetungswürdigen Plane der göttlichen Vorsehung, daß das früher in Neustadt bestandene Knabenseminar in größerem Umfange wieder in's Leben tritt. Eine Stimme unserer Zeit spricht sich über die Errichtung eines selbständigen Knaben-seminars auf dem Lande also aus:

„Wir wissen es, daß es schon längst die Absicht unseres hochwürdigsten Herrn Bischofs war, ein bischöfliches Knabenseminar zu gründen, und daß dieß der sehnlichste Wunsch der gesammten Geistlichkeit des Bisthums ist, welcher insbesondere bei der 25jährigen Jubelfeier unseres Oberhirten recht lebhaft ausgesprochen wurde.   Zwar standen bisher manche große Hindernisse im Wege, aber wir sind sicher, bei gutem Willen und mit vereinten Kräften wird die Sache bald zu Stande kommen, wenn man nur vorerst von der dringenden Nothwendigkeit allgemein überzeugt ist.

Man wird zwar sagen, daß in unserm Bisthum schon zwei Knaben-seminare vorzugsweise zur Bildung und Erziehung von künftigen Priestern bestehen, nämlich in Aschaffenburg und in Münnerstadt. Aber beide sind keine Seminare im Sinne des hl. Conciliums von Trient; denn in keinem steht die Leitung, die Ernennung der Lehrer und die Aufnahme der Schüler dem Bischof zu. Beide sind mit Staatsanstalten verbunden, die Zöglinge besuchen deshalb die öffentlichen Schulen, wodurch der Hauptzweck eines bischöflichen Seminars nicht erreicht werden kann. In beiden Seminarien steht der Ein-tritt Jedem offen, und gerade dadurch ist die Möglichkeit gegeben, daß manche Unwürdige aufgenommen werden. Mancher junge Thunichtgut wird von seinen Eltern gleichsam zur Strafe da untergebracht, wo er freilich auch selten gebessert wird, aber oft viel Unheil anrichtet.

In ein bischöfliches Knabenseminar dürfen nur talentvolle und ganz brave Knaben aufgenommen werden, welche nicht erst gebessert zu werden brauchen; es darf da nur zwei Strafen geben, freundlich ernste Ermahnungen und bei deren Fruchtlosigkeit unverzügliche Entlassung. Auch der Besuch des öffentlichen Unterrichtes ist von großem Nachtheil. Der Geist, der in solchen Anstalten wenigstens für jetzt, vielleicht später nicht mehr, oft herrscht, sowie das Zusammenkommen mit den Stadtstudenten veranlaßt oft eine Menge von Unordnungen und Verdrießlichkeiten. Daher hat das hl. Concil von Trient sehr weise verordnet, daß es gesonderte und für sich bestehende Anstalten sein sollen, die ganz den kirchlichen Zwecken entsprechen. .... Die Nothwendigkeit, ein kirchliches Knabenseminar zu gründen, erhellt ferner aus dem mit Gewißheit bevorstehenden Priestermangel. Die gegenwärtigen Staatsgesetze machen solche Anstalten nicht unmöglich. . . .

Die größte Schwierigkeit bleibt immer die Beschaffung der Mittel; allein auch diese ist nicht so groß, als es den ersten Anschein hat. Nach den Beschlüssen des hl. Kirchenrathes von Trient ist der Bischof berechtigt, verschiedene Fonds dazu zu verwenden, und auch von seinen Geistlichen Beisteuer zu verlangen. Es dürfte gewiß nicht zu viel gefordert sein, und auch keinem Priester schwer fallen, jährlich ein Prozent seines Einkommens beizusteuern; dieses würde in runder Summe jährlich einen Beitrag von 6000 Gulden ergeben. Damit läßt sich schon etwas anfangen. Ist einmal das nöthige Gebäude vorhanden und das Inventar, so ist für die Hauptsache gesorgt, und dazu ist doch schon, wenn auch ein geringer Fond vorhanden. Der Bischof findet in seinem Klerus gewiß so viele tüchtige Kräfte, welche den Unterricht ertheilen und sich ihm gegen bescheidene Ansprüche gerne zur Verfügung stellen, da er ihnen später dasselbe bieten kann, was der Staat seinen geistlichen Professoren auch bietet, nämlich eine Pfarrei. Es ist nicht zu zweifeln, daß auch die Laien die Anstalt kräftigst unterstützen und mancherlei Geschenke und Vermächtnisse dafür bestimmen werden.

Freilich kommt es hiebei sehr auf den Ort an, wo ein solches Seminar gegründet wird und auf die Art und Weise, wie es geleitet wird. Nach der Bestimmung des bemerkten hl. Kirchenrathes sollen zwar diese Anstalten in der bischöflichen Residenzstadt gegründet werden, um unter unmittelbarer bischöflicher Aufsicht zu sein. Aber eine bindende Bestimmung ist dieß nicht; es bleibt den Bischöfen überlassen, einen passenden Ort zu wählen.

Wir würden in unsern Zeitverhältnissen unbedingt dafür stimmen, diese Anstalt in einer einfachen Landgemeinde zu errichten, in einer gesunden Gegend, nahe an der Eisenbahn und höchstens in der Nähe einer größeren Stadt.

Es wäre dieß von großem materiellen Vortheil, weil die nöthigen Gebäulichkeiten da leichter und wohlfeiler zu erhalten und einzurichten sind; dann weil das Leben da bedeutend billiger und der Aufenthalt viel gesünder und angenehmer ist; insbesondere aber, weil eine Menge von Gefahren und Versuchungen für die jungen Leute hier von selbst wegfällt. Die künftigen Priester würden da ihren einstigen Wirkungskreis leichter kennen lernen, sie hätten sich nicht erst an das Landleben zu gewöhnen, was Manchem nach so langem Aufenthalte in der Stadt nicht so leicht wird. Mit einem Worte, die jungen Leute würden in der reinen Landluft kräftiger an Geist und Körper, was für einen Priester ein wesentliches Erforderniß ist, wenn er seinen schweren Beruf gewissenhaft erfüllen will. Bei dem schnellen und leichten Verkehr mit der Eisenbahn kann der Bischof seine Aufsicht gerade so üben, wie in der Stadt"[1]).

Aehnlich äußert sich ein hochverdienter französischer Bischof, indem er von den Zöglingen in den Knabenseminarien redet. „Begreift Ihr denn nicht, daß dieses Alter vor Allem Lärm, freien Raum, Sonne, Bewegung bedarf? Man braucht sie nur zu sehen, um dies zu begreifen; es ist ihre Natur, es ist ihr Leben. Gebt ihnen also einen großen Hof, Gärten, Spaziergänge; andernfalls quält Ihr sie. Schafft die Mauern und Barrieren fort! Auf dem Lande, inmitten von Feldern und im Grünen sollten die Kinder erzogen werden"[2]).

Die hier für eine hochheilige Sache geforderten Eigenschaften dürften sich in Neustadt vorfinden oder vorfindlich machen lassen. Mehr als irgend ein anderer etwas tauglicher Platz liegt derselbe so ziemlich in der Mitte der Diözese, von der Eisenbahn nur zwei Wegstunden, und wenn einmal die Gemünden-Lohr-Wertheimer Bahn errichtet ist, nur fünfviertel Bahnstunden von Würzburg entfernt. Die durch den Mainstrom steil abgeschnittenen hohen Spessartberge, durchbrochen von einem in das Mainthal sich einmündenden Seitenthal, worin der Ort Neustadt sich bis an das Mainufer hinausdehnt, spenden in der Niederung jene angenehme milde, auf den steilen ganz nahen Höhen jene herzstärkende reine Berg-Luft, wie man es selten vereinigt findet. Wie abstoßend und unerquicklich sind die kahlen Kalkberge, die Münnerstadt einschließen, gegen die Ueppigkeit des Pflanzenwuchses, welcher auf dem hiesigen Sandboden überall gedeiht! Und noch der gute Lebensstoff in den tiefen unterirdischen Gängen dieser Sandsteinfelsen, in dem klaren, reichlichen und guten Kristall! „Höher als Alles, ruft Pindar aus, preiß' ich das Wasser." Das Wasser ist die Mutter und nothwendige Bedingung alles organischen Lebens. Wohl keine Substanz tritt in so vielerlei Berührung mit dem menschlichen Leben, als das Wasser. Daher wird es auch von allen Völkern hochgeschätzt. Die Alten verehrten in ihren hl. Quellen

---

[1]) Katholisches Sonntagsblatt für Stadt und Land, Würzburg 1866 Nr. 10.
[2]) Dupanloup, B. v. Orleans, das Kind. 1859. S. 355.

den großen Geist, der ihnen dieses köstliche Lebenselement schenkte. „Ist hier auch gutes Wasser vorhanden", fragen diejenigen, die sich irgendwo neu ansiedeln wollen. Unveränderlich wie das Felsengebirg ist dieses Lebenselement hier vorhanden, indem es bei der höchsten Wärme wie Kälte beim Ausflusse aus der Röhre, es sind lauter Springbrunnen im Orte, stets 8 Grad Wärme hat.

Doch fast hätte die Absicht des großen Karl den hiesigen Ort zu einer passenden Bildungsschule der künftigen Seelsorger unmöglich gemacht. Der Gründer wollte ja hier eine „Stadt" schaffen; eine solche aber ist nach den jetzigen Zeitverhältnissen für eine solche Anstalt keineswegs förderlich. Aber gerade diese Absicht des königlichen Grün= ders ist durchaus nicht erreicht worden. Neustadts Einwohner sind Taglöhner, Handwerker und Kleinbegüterte. Sie leben nach dem Grundsatze: „Arbeit ist mein Leben". Ihre mühselige Arbeit in der hiesigen stillen Gegend würde die geistige Arbeit der Studenten nie stören, sondern im Gegentheile dieselbe nur ermuntern.

Möchte daher unter der Fürbitte unserer Ortspatronen, des hl. Burkard, Megingaud und Karl, der alten Sangmeister und Ge= nossen das uralte Knabenseminar wieder zum neuen, den Zeitanfor= derungen entsprechenden Leben auferstehen, und das Wort des Dichters Wahrheit werden:

„Das Alte stürzt; es ändert sich die Zeit,
Doch neues Leben blüht aus den Ruinen."

VI.

Cäcilie.

Für unser Franken war die erste Kunstausstellung zu Einsiedel und Vorlach; es war eine permanente d. h. bleibende und auch eine großartige. Sie bestand zunächst nur aus einem einzigen Gegenstande, dem kleinen Tragaltare unseres ersten Missionärs. Dieses Kunstwerk enthielt aber den Schöpfer und Erhalter alles wahr= haft Guten und Schönen, den lebendigen Gottmenschen Jesus Christus, verhüllt in Brods= und Weinsgestalt. Aus diesem Tragaltare wuchs wie aus dem Keime unserer Eichel der mächtige Stamm der christlichen Kunst empor, der den vielen Abzweigungen in Franken Trieb, Leben und Fruchtbarkeit spendete.

Ueber diesem englischen Tragaltare bildete sich zunächst eine passende Einfassung, wohl aus hundertjährigen Eichstämmen des Spessarts. Das Sparrwerk des Dachstuhls war mit Schindeln und Holzrinde bedeckt; nur das Fundament, worauf die Hochwände der Balken ruhten, war mit dauerhaftem Steinmaterial gegründet. Nicht blos unsere ersten brittischen Missionäre liebten diesen schönen Holzbau, man baute im ersten Jahrtausend überhaupt gern von Holz. So treffen wir unter Ludwig dem Frommen einen solchen Basilikenbau von Holz zu Michelstadt im Odenwalde. Die Dombrände in Würz= burg weisen uns gleichfalls auf einen derartigen Holzbau. St. Stephan zu Mainz erstand unter dem berühmten Willigis als Holzbau. Jedoch begegnen uns in der nämlichen Periode die Wohnungen Gottes auch als Steinbauten, so zu Obermühlheim nun Seligenstadt im Maingau. Auch der Kaiserpalast an der fränkischen Saale war aus Stein, wohl auch das hiesige königliche Jagd= und Maierhaus. Ob nun die unter Megingaud hier errichtete Wohnung Gottes von dem einen oder dem andern Material hergestellt war, wissen wir nicht; wir müssen ver= muthen, daß dieser Bau ein nobler war, dessen Einweihung der Herrscher Karl mit seiner Gegenwart beehrte.

Unrichtig möchte demnach die Behauptung des um Kunst und kirchliches Leben besorgten, leider zu bald gestorbenen Gelehrten Niedermayer sein, welcher in seiner Kunstgeschichte von Würzburg nur den Holzbau für die ersten Kirchen gelten lassen will.

St. Burkard, Megingaud und die Ihrigen waren es, welche das todte Material von Holz und Stein gleichsam in eine lebendige Form zum Tempel des Allerhöchsten mit aller ihnen möglichen Kunst um= bildeten. Sie fertigten die Risse; sie führten sie aus; sie waren die Steinmetzen, Zimmerleute, Schmiede.

In einer Urkunde v. J. 1348 kommt noch ein eigener Baumeister im Klosterpersonale vor. Derselbe hatte Kelche, Bücher und verschie= dene Ornamente im Convente anzuschaffen, sowie die nothwendigen Bauten zu unterhalten. Wenn ein Bau mehr als 3 Pfund Heller d. i. 7½ fl. kostete, mußte der Abt und Convent zuvor seine Ge=

nehmigung ertheilen. Nach dem Tode eines Priesters sollte dessen
Stelle ein ganzes Jahr lang unbesetzt bleiben und die Erübrigung
hievon an das Bauamt fließen.

Der letzte Prälat Johann Weigand war täglich Stunden lang
bei Errichtung des letzten Klosterbaues, als 1793—95 das Spital zur
Wohnung der Klosterdienstboten und des Jägers umgebaut wurde.
Er erschien in schwarzer Clerik mit der schweren goldenen Kette am
Halse; ein goldenes Kreuz war daran befestigt, welches auf der Brust
lag. War er auch nicht mehr der mit eigener Hand thätige erste
Benedictiner, so glich er doch demselben durch das geistige Interesse
an Kunstbauten.

Ein Wort darüber zu verlieren, wie diese verschiedenen vom ersten
bis zum letzten Ordensmann hier und den sonstigen klösterlichen Besitzungen aufgeführten Bauwerke den Gesetzen des Schönen und Guten
entsprachen, ist theils schwer, weil die Schöpfungen früherer Zeit verschwunden sind, theils überflüssig, weil die Klöster bekanntermassen so
wohnlich und schön bauten. Wir finden in den abgebrochenen Mauern
häufig die porösen Tuffsteine zum Einsaugen der Flüssigkeit eingesetzt;
man kommt heutzutage darauf zurück, indem man zu dem Zwecke
künstlich durchlöcherte Steine einsetzt. — Manches einfache Fußgestell
eines Ofens trägt zierliche Kunst, indem an der sorgfältigen Arbeit
die Jahreszahl des Heiles und das Wappen des Abtes steht.

Daß die Bildhauerkunst auch geübt wurde, wird unwidersprechlich sein.

Ein kleines Ueberbleibsel von der Pflege der Malerkunst fand sich
in dem wenigstens dreihundert Jahre alten Bilde der hiesigen Klosterstiftung. Es war ohne eigenen Rahmen in die Wand des Abteisaales
eingelassen und konnte deßhalb bei dem tragischen Brande vor einigen
Jahren mit den Porträten der Aebte, die im letzten Augenblicke glücklich gerettet wurden, nicht herausgenommen werden. Es kletterte einer
von den muthigen Männern, welche in dem brennenden Münster ein-
drangen, auf den Schultern der andern stehend, an dieses Bild; unglücklicherweise hatte jedoch keiner von uns ein Messer bei sich, um
Stücke davon abzuschneiden. Daß die Kirche früher mit Kalkgemälden
und sonstigen Zierrathen der Malerkunst geschmückt war, beweisen die
theilweise beim jüngsten Einlegen der Mauer zu Tage getretenen Reste.

An ben Bogen ber Säulen waren mit Bleiftift Skizzen von Heiligen-
gemälden aufgetragen, so die hl. Barbara mit dem Kelche in der
Hand, ein Glaubensbote zu seiner Arbeit schreitend.

Es ift bekannt, daß die alten Deutschen, wie auch jetzt noch ber
gemüthliche Deutsche, große Vorliebe für den Gesang hatten. Karl b. Gr.
ließ schon die uralten Lieder, in welchen bie Thaten der großen
Helden Germaniens besungen wurden, sammeln und aufzeichnen. Leider
hat sein Nachfolger Ludwig diese ältesten Gesangsdenkmäler verbrennen
lassen, weil sie ihm heidnisch erschienen. Die brittischen Missionäre,
die so gerne auf das Gegebene Neues und Besseres aufbauten, hätten
sich nie hiezu verstanden. Sie bemühten sich nur, eine bessere Form
und einen besseren Inhalt ben vom Heidenthum Uebergetretenen in
dem Gesange zu reichen.

Ein Beispiel, mit welcher Liebe beren Ordensnachfolger die
Tonkunst pflegten, soll in Folgendem angeführt werden.

Gleichzeitig mit Mozart lebte in der hiefigen Abtei der Mönch
und Prior Namens Peregrin Pögel, welcher damals als Komponift
von Kirchenmusik Ruf hatte. Als Mozart gerade einmal in Frankfurt
war, lernte er Kompositionen dieses Geistlichen kennen und wurde
beßhalb von dem Wunsche beseelt, die persönliche Bekanntschaft desselben zu machen. Hiebei erfuhr er, daß bald in der Abtei das
Hauptfest „Benedicti" gefeiert würde, bei welcher Gelegenheit jedenfalls einige der hauptsächlichsten Werke Pögels zur Aufführung kommen
würden.

Am genannten Festtage strömte von allen Seiten das Volk in
das Kloster, um sich der Andacht hinzugeben und die herrliche berühmte Neustadter Kirchenmusik zu hören. Wer nur einigermassen
leiblich ein Instrument bearbeiten konnte, fand sich zur Verstärkung
des Orchesters ein, um darnach auch noch an den Freuden des reich-
besetzten Klostertisches theilnehmen zu können. Der Pater stand an
seinem Pulte, die Partitur vor sich, den Direktionsstab in der Hand;
da naht ein Mann von unscheinbarem Aeußeren und mit demüthiger
Miene, der ihn also anredet: „Haltens zu Gnaden, Hochwürden,
i bin a e Musikant". Pögel, in der Meinung, es mit einem her-
gekommenen fremden Musikanten zu thun zu haben, weift ihn an die
zweite Violine, ohne sich weiter um ihn zu interessiren. Das Kyrie

begann und unser Unbekannter bearbeitete so schrecklich sein Instrument, daß er die zweite Violine und dadurch beinahe das ganze Orchester auseinander brachte. Als das Kyrie beendigt war, rief ihm Pögel im ernsten Zorne zu, er solle die Geige weglegen und zu Niemand sagen, er sei ein Musikant oder habe in Neustadt mitgespielt. Ruhig erwiderte unser Mann: „Verzeihnet, i bin g'wohnt, erste Geige zu spielen, wenns Hochwürden erlauben, so will i bei Ihnen aus der Partitur geigen". Erstaunt hierüber, daß ein Geiger, der die zweite Violine an seinem Pulte nicht handhaben könne, die erste Violine aus der Partitur spielen wolle, ließ sich Pögel versuchshalber und weil die Zeit drängte, darauf ein, jedoch mit dem strengen Beisatze: „Wenn ich Ihm sage, hör' Er auf, so legt Er die Geige weg und stellt sich hinter; Er kann da seinen Rosenkranz beten".

Das Gloria begann und hatte im Verlaufe eine große Fuge. Unser Mann spielte aber so sicher alle einzelnen Einsätze der Sing= stimmen und Instrumente mit, als könne er die ganze Partitur aus= wendig. Das ganze Musikstück erhob sich zu einem hohen Schwunge. Unser Musikdirektor wußte seinem Staunen keine Worte zu geben, erinnerte sich aber, von der Anwesenheit Mozarts in Frankfurt gehört zu haben; er wandte sich deshalb gleich nach Beendigung des Gloria mit den Worten an den Unbekannten:

„Sie sind Mozart",

worauf dieser mit einem herzlichen Händedruck erwiderte: „Ja, Hoch= würden, Sie haben's errathen, und Sie sind der Komponist Pögel".

Nun war der Jubel allgemein; Jeder schätzte sich glücklich, mit Mozart gespielt zu haben. Mozart löste dann den Organisten ab und setzte auch durch dieses Spiel Alles in Staunen. Drei Tage dauerte hierauf der Aufenthalt des Meisters in der Abtei, und unver= geßlich blieb Allen die Liebenswürdigkeit des Größten unter Deutsch= lands Komponisten.

Dr. Saffenreuter von Würzburg hat diesen Vorgang in seinen Eichenkränzen besungen.

Die Neustadter Alten erzählen, daß Mozart und P. Peregrin einander Stückchen aufgegeben, keiner aber dem andern etwas schuldig geblieben sei. Doch einmal habe der Fremde nicht nachgekönnt. Der Pater machte es ihm nämlich vor im Pfeifen, wie bei uns der Postillon sein Hörnchen bläst. Der Fremde sollte es niederschreiben, konnte aber nicht. Offenbar machen hier die Leute eine Verwechslung, da jeder nur etwas geübte Musiker so etwas zu Noten bringen kann, und gar ein Mozart! Er hat ja in der Sixtinischen Kapelle jene verschlossenen, vielseitigst gegliederten Noten des Miserere erlauscht und schon nach drei Tagen zum Staunen von Rom in vollkommenster Uebereinstimmung mit dem Jedermann unzugänglichen Originale aufgeführt!

Als dieser P. Peregrin die mit so vielen Registern versehene Orgel in der großen Wallfahrtskirche zu Wallbürn bei einem feierlichen Amte spielen wollte, stellten sich mehrere dienstbare Geister auf beiden Seiten an ihn, um die Register zu ziehen. Er wies sie zurück und besorgte das Kunstwerk allein. Als dieselben ihm die Orgelstimme umdrehen wollten, legte er sie ganz bei Seite und spielte ohne allen Apparat, ohne alle Vorlage, bloß nach seinem Geiste in bester Harmonie mit den übrigen Musikkräften. Die Wallbürner nannten ihn deßhalb den Neustadter Musik-Hexenmeister. Es war ihm leicht, ohne Vorlage zu arbeiten, weil er dieselbe wie mehrere andere Kompositionen selbst herausgegeben hatte.

Bei aller musikalischer Virtuosität war der Künstler ein sehr frommer Ordensmann. Er besuchte regelmäßig den Chor und begleitete mehrere Jahre hindurch das wichtigste Klosteramt, das Priorat. In den letzten Lebensjahren war er blind, verrichtete jedoch noch hiebei das Erlösungsopfer. Er starb eines sehr erbaulichen Todes den 15. November 1788, allgemein von den Seinen geliebt und bedauert. Seine Heimath ist das Musikland Böhmen, woselbst er zu Sanbau am 1. März 1711 geboren wurde.

Es sind jetzt noch folgende Kunstgegenstände hier vorhanden:

1. Die Fahne von Karl dem Großen. Gegenwärtig hat dieselbe die Gestalt einer Schärpe in der Länge von 11 Fuß und 15 Zoll Breite. Sie war mit dem Mantel der hl. Gertraud in die fürstliche Schatzkammer nach Heubach gekommen, und wurde von da i. J. 1841 unserem letzten karolinischen Stammhalter Dechant Kraus von Pflochsbach zur Aufbewahrung in der hiesigen Kirchenschatzkammer übergeben.

Beim erſten Anblicke bemerkt auch der Nichtkundige, daß die jetzige Form nicht die urſprüngliche iſt. Es befindet ſich auf dem gelben Seidenſtoff ein mächtiger ſchwarzer Adler mit rothen Augen und rothen Füßen. Seine Flügel ſind zwei Schuh lang, die Schwanz= feder natürlich noch etwas weiter geſtreckt. Während jetzt der Leib des Adlers durchſchnitten und die beiden Stücke der Länge nach aneinander geſetzt ſind, ſo war früher der ganze Adler vorgeſtellt. Der Kopf iſt nicht mehr vollſtändig vorhanden, ſondern nur die Zunge und ein Auge.

Eine Menge von Drachen mit weit aufgeſperrten Rachen, Sphinxe und ſonſtige Unthiere ſind auf dem gelben Grund zum Theil mit Silberfäden, ſowie auch ein kleiner Adler eingeſtickt und verſchiedene Arabesken eingewebt. An einem Ende befinden ſich zwei Schlangen. Verſchiedene von Goldfäden gebildete Perlenhülſen ſind noch ſichtbar, die Perlen ſelbſt ſind nicht mehr da.

Weil im vorigen Jahrhundert der Geſchichtſchreiber Eckhart ſo viele Einwendungen gegen die Aechtheit dieſer Fahne erhoben hat, ſo gaben vielleicht die Benedictiner beim erſten Sturme etwas nach und nannten ſie von da an Leibbinde oder Schärpe ihres Stifters.

Nach einem Inventar v. J. 1561 waren unter andern Koſtbar= keiten in der Sakriſtei aufbewahrt: „zwei ſtegreipf, ſo Kaiſer Caroli magnj geweſen ſeindt". Dieſe Stegreife des Stiftes, welche manchmal auch als goldene bezeichnet werden, worüber aber zur Zeit keine Documente vorliegen, ſind gegenwärtig nicht mehr vorhanden. Die= ſelben wurden wahrſcheinlich mit andern Kleinobien auf die Feſtung Marienberg zur größeren Sicherheit abgeliefert und daſelbſt von den Schweden ſpäter genommen; oder wenn ſie in Neuſtadt zurückgeblieben ſind, hier von denſelben angeeignet.

2. Der Mantel der hl. Gertraub. Er iſt 4 Fuß hoch und mißt in der unterſten Breite faſt 14 Fuß. Der durch das Alter der Zeit, ähnlich wie am h. Rocke der Mutter Gottes zu Aachen, gräulich gewordene an vielen Stellen noch ſehr gut erhaltene Seidenſtoff iſt mit den liebenswürdigſten ſternartigen und ovalen Arabesken geſchmückt, und zwar ſind dieſe kunſtvollen Muſter, wie wir ſagen, nicht wie bei den bemerkten Thieren auf der Fahne eingeſtickt, ſondern beſtens ein= gewebt. Am vorderen Rande des Mantels ſind gleichfalls mit Gold=

und Silberfäden verschiedene Buchstaben eingewebt, wovon jedoch zur Zeit nur noch gegen 25 vorhanden sind. Mehr als zwei Dritttheile hat die letzte Zeit ganz nutzlos und frivol vergeudet, während die vielen früheren Jahrhunderte trotz der verschiedenen Stürme sorgfältig diese Kostbarkeit aufbewahrt haben. Die eingewebten Worte lauten auf Deutsch:

„Berbertha ließ mich (dieses Kleid) machen zu Ehren und zur Zierde ihrer Tochter. Das unserem Verdienste gebührende Lob werde durch die Anschauung Gottes" [1]).

J. J. 1609 erhielt der Herzog Wilhelm von Pfalz-Neuburg bei seiner Durchreise durch Neustadt und i. J. 1677 die römische Kaiserin Eleonora Stücke von diesem Mantel, welche durch moderne neue ersetzt wurden.

Der Schriftsteller Surius mit Andern gibt über die hl. Gertraud und ihre Verehrung zu Kloster Neustadt Folgendes:

„Der Heyligen Gertrubis Bestigia oder Fußtappen wie sie auf den Knyen, Händten vndt dem Angesicht liegent gebettet, auf St. Michaels Berg, hart am Kloster Neustadt am Main gelegen, werdten noch auf den heutigen Tag außerhalb deß Chors der St. Michaels Kirch daselbsten vntern freyen himmell offentlich gezeiget vnd gesehen also frisch vndt scheinbarlich, alß wenn solche heutiges Tags mit Fleiß also formiret. Vndt ist sich höchlich zu Verwundtern, daß in so viel hundert Jahren vndt von ihren lebzeiten ahn solche durch Kein Vngestümmigkeit, Hagel, Kiesel, Wasser, Schnee vnd vnntere widerwärtigkeit haben können verwüstet werdten. Sie seindt Jedermann nach der läng groß gericht, wer sich darein stellt, vndt man hat durch gewisse Erfahrung, daß Viel, so daselbst gebettet, in ihren nöth erhört sein wordten. Deßgleich wird in wohlgemeldt Kaiserlichem Kloster Ihr mantel, den sie vmbgetragen, bewahret, welcher von reinem Köstlichen Seidenwerk gleich dem Damastigen gewürket vnd mit etlich güldtnen Buchstaben vmb den rant besetzet, so zusammengefügt heissen: Berbortha... Vnd wann er den gebehrenten umbgegeben, oder auf sie gedeckt wird, hilfft ihne Gott der Allmechtige durch ihre Fürbitt zum frölichen anblick ihrer Geburth."

---

[1] Berbertha jussit me fieri ad honorem et decorem filiae suae. Deum visu merito laus assit debita nostro. Es sind zusammen 83 Buchstaben. Deum steht wohl für Deorum.

Wahrscheinlich hat die Gemahlin von Pipin Namens Berbertha ihrer Tochter Gertraud diesen seidenen Mantel bei einer feierlichen Gelegenheit, und die feierlichste war wohl deren Eintritt in das Kloster, verehrt. Die Sarazenen haben ihn wohl gefertigt.

Die in den Boden eingedrückten Fußstapfen sind nicht mehr zu sehen; dagegen wächst kein Gras auf dem Platze.

Klösterliche Aufzeichnungen melden, daß ein Voit von Rieneck Namens Andreas mit seinem Knechte zweimal die Fußstapfen der Heiligen in der Nachtszeit zerstörte, daß jedoch dieselben morgens wieder wie früher vorhanden waren. Er wagte einen dritten Versuch; da kam aber aus dem heiteren und ruhigen Himmel ein solcher Sturmwind hervor, daß er meinte, die bösen Geister wollten ihn davon schleppen. Schnell ließ er seine Grabinstrumente liegen und eilte davon. Später machte er hievon ein offenes Geständniß.

Die Pfarrei Pleichach pilgerte jährlich am Pfingstmontag zur Verehrung der hl. Gertraud hieher, indem sie zu Schiff herunterfuhr. Weil aber i. J. 1749 einige Excesse dabei vorkamen, so wurde diese Prozession von da an nicht mehr hieher geleitet, sondern nach einem noch vorhandenen gedruckten Zettel früh um ¹/₂6 Uhr auf den Nicolausberg zu Würzburg „zur größeren Ehre Gottes, seiner hl. Mutter und der hl. Gertrubis". Längst ist aber diese Neuerung auch wieder vollständig verschwunden.

Dagegen lebt noch zu Neustadt und für die ganze Umgegend die vertrauensvolle Verehrung dieser hl. Patronin. An ihrem Festtage, den 17. März ertönt ihre herzliche Lobpreisung in dem alten Gertrudenliede, das wir als eine alte Kunstreliquie auch noch mittheilen müssen. Wahrscheinlich ist dasselbe erst vor einigen Jahrhunderten in die jetzige Form gebracht, aber wohl nach einem viel älteren Texte umgearbeitet worden.

Spurlos giengen an diesem Gertraubencultus die vor einigen Jahren in dem historischen Vereinsarchive veröffentlichten maßlosen und unwahren Verdächtigungen vorüber, als ob unsere Heilige nichts weiter wäre als die allbekannte, phantastische „Hullenfrau". Ebensowenig nahmen auch jene Frauen von Würzburg hievon Notiz, welche bei der 25jährigen Jubiläumsfeier des Papstes Pius IX. zu Rom

ihre Huldigungsschrift dem Statthalter des Herrn überreicht haben.
In dieser Weiheschrift ist unsere hl. Patronin nebst anderen um die
erste Verbreitung des Christenthums hochverdiente Frauen in bild-
licher Darstellung eingezeichnet; nämlich folgende: die hl. Adelheid
von Kitzingen, Bilhildis von Veitshöchheim, Gertraud von Neustadt
a. M., Lioba von Bischofsheim und Thekla von Ochsenfurt.

Lobgesang
zu Ehren der hl. Jungfrau Gertraud.

1.

O höchstes Gut, Herr Jesu Christ,
Zu deiner Braut erwählet ist
Sankt Gertraud, Jungfrau rein!
Verleihe uns zu ehren
Sankt Gertraud Jungfrau rein,
Verleihe uns zu ehren,
Das Lob und Preis zu mehren,
Sankt Gertraud Jungfrau rein.

2.

So fangen wir zu preisen an
Und rufen dich von Herzen an
Sankt Gertraud Jungfrau rein.
Dich Jesus hat erwählet,
Sankt Gertraud Jungfrau rein,
Dich Jesus hat erwählet,
Den Jungfrau'n zugezählet,
Sankt Gertraud Jungfrau rein [1]).

3.

Dein Vater Fürst Pipinus war,
Dein' Mutter war Berbertha klar;
Kaiser Karl ehrt deine Jugend,
Du glänzest voll der Tugend.

4.

Die Ehr' und Ehe hielt'st für eine Last,
Den Jungfrau'nkranz bewahret hast;
Zu Carlburg Ruh' hast g'funden,
Zu Neustadt bet'st viele Stunden.

5.

Hier sieht man die Fußstapfen dein
Auf Michelsberg gedrücket ein;
Dir quillt ein Brunn in Oeden,
Dein Mantel hilft in Nöthen.

6.

Du zeigest, daß du heilig bist,
Von Gott groß Gnad dir geben ist;
Dein Fürbitt zu Gott sende,
All' Uebel von uns wende.

7.

All' Frommen steh' in Aengsten bei,
Die Sünder mach' all' schuldenfrei;
Mit Gnad wollst uns bereichen,
Daß wir von Sünd abweichen.

8.

Bewahr die ganze Christenheit
In Segen, Fried' und Einigkeit;
Den christlich Glaub' ausbreite,
All' Ketzerei ausreute.

---

[1]) Die in jeder Strophe mehrmals und zwar in dem 3., 5. und 8. Verse vorkommenden Worte, sowie der dem 4. gleiche 6. Vers wird im Folgenden der Kürze
wegen weggelassen.

9.	10.
Beschirm' das liebe Vaterland,	Ehr' sei Gott Vater und dem Sohn'
Jeden beglück' in seinem Stand;	Sammt heiligen Geist in höchstem Thron';
Pest, Theurung, Feind abwende,	Hilf, daß wir selig sterben,
Zu lieben Gott ohn' Ende.	Das Himmelreich erwerben.

3. In einem byzantinischen Doppelbogen vor dem Chore der Abteikirche sind auf der Gartenmauer vier Steine mit seltsamen Gebilden eingemauert. Der eine stellt einen Centauren mit gespanntem Bogen vor, auslaufend in eine Pferdsgestalt; der andere einen Caputzenmann, in der Rechten den Speer, in der Linken die Rosette haltend, im untern Leib einen Hund vorstellend. Die beiden andern Steine zeigen Seeungethüme vor, das eine mit weit aufgesperrtem Rachen. Jedes Bild ist gegen zwei Fuß lang.

Heffner-Alteneck erklärte in einem Privatschreiben an mich vom J. 1858, daß diese Steine wohl noch aus der carolinischen Zeit stammen; Sighart hält sie in einem späteren Schreiben für jünger und glaubt, daß dieselben den Sternenkreis oder die menschlichen Leidenschaften vorstellen sollten, und daß diese Gebilde ursprünglich das Kirchenportal verzierten. Erst im Anfange des vorigen Jahrhunderts wurden diese Steine an dem jetzigen Platze auf der Gartenmauer aufgestellt.

Die hiesigen alten Leute gaben die Versicherung, daß in diesen Ungethümen ausgedrückt werden sollte, wie die hiesige Gegend ehedem beschaffen war. Die Menschen wären Halbwilde gewesen; an dem Platze, wo jetzt Neustadt steht, hätte sich ein weiter Sumpf ausgebreitet, woran die beiden Seethiere erinnerten. Dieser Zustand sei aber geändert worden, als Karl der Große zu Ehren der Mutter Gottes und des hl. Martin das hiesige Kloster errichtete, wie in den großen unterhalb eingemauerten Steinen zu ersehen. Allerdings weist auch unser alter ursprünglicher Name „Rorlaha" auf ein Wasser hin, welches mit Rohr verwachsen war; Rohrwasser. Allein wir brauchen diese Ortssage nicht gerade festzuhalten, um diese Bilder zu erklären; wir finden ja an alten Kirchen häufig derlei Abbildungen von Ungethümen und Thiermenschen; es soll der Unterschied zwischen draus und drin, Gotteswohnung und Weltgetümmel lebhaft dargestellt werden.

Aehnliches treffen wir in Würzburg an der Marienkapelle und namentlich am Dom zu Speyer. Keineswegs dürfen wir mit Lützow: „Die Meisterwerke der Kirchenbaukunst" S. 123 "derlei Gestaltungen nur als überquellende Phantasie ansehen; es ist vielmehr hierin jenes inhaltsschwere Wort des Völkerapostels ausgesprochen: „Ich fühle ein doppeltes Gesetz in mir".

Vielleicht soll der Mann mit seiner übergezogenen Capuße den Ordensmann uns darstellen, sein Speer den großen Weltkampf und die Rose in der Linken die Gottes= und Nächstenliebe, wornach er strebt; der Hund aber, worauf seine übrige Gestalt ausläuft, die menschliche Natur mit ihren thierischen Eigenschaften, welche und zwar hier dieses Gottes=Geschöpfes Schnelligkeit und Furchtlosigkeit er zu höherem Dienste bändigt. Eine ähnliche Aufgabe kann jeder Christen= mensch sich hievon ablesen; beßgleichen auch von dem Centauren, da jeder Erbenbürger ein festes Ziel und' zwar rasch, wie das schnell= laufende Pferd, verfolgen muß.

Wahrscheinlich stammt aus der carolinischen Bauzeit das Bild des Kranken am Schwemmteiche, den der Herr heilt, sowie ein sehr interessanter Schlußstein, welcher wahrscheinlich im Gewölbe der ersten hiesigen Kirche befestigt war. Ersterer ist jüngst dem historischen Vereine mit einigen Säulenstücken und Steinen, welche mit schönstem gothischen Blattwerk verziert waren, überlassen worden.

Dagegen sind noch an der hiesigen Klosterscheune die Bilder des hl. Martin und des bittenden Bettlers mit lahmen emporgehobenen Fuß und angelehnt an eine Krücke, sowie am Pfarrhaus zwei uralte Fenster, nach innen sehr breit, nach außen ganz schmal vorhanden. Wahrscheinlich gehörten diese beiden sehr hoch angebrachten Fensterlein, wie die Benedictinertradition meldet, der unter Karl d. Gr. hier ein= geweihten Kirche an. Sie war später Begräbnißstätte der hiesigen Geistlichen; unter Julius einige Zeit Pfarrkirche und hieß der Peter= münster.

4. Im bemerkten Doppelbogen sehen wir unten vier größere Steine, jeder gut drei Fuß hoch. Die ehrwürdigste der Gestalten ist sitzend auf einem Throne abgebildet, das Haupt mit einer Krone geschmückt, das Kind ruht auf ihrem Schooß, den Finger erhebend. Die Inschrift lautet: „Maria patrona, die Patronin Maria". Ihr

zur Rechten steht das Bild des hl. Bischofs Martin, ihr zur Linken
der Herrscher Karl mit Scepter. Dessen Inschrift heißt „S. Karolus.
rex . fundator . hujus . monasterii.   Der hl. König Karl, Gründer
dieses Klosters". Diese drei Heiligenbilder werden von den genannten
Kunstverständigen ihrer Entstehung nach ins 12. Jahrhundert gesetzt.
Sie standen wohl am Kirchenportal.

Das nächste Heiligenbild, etwas größer, aus anderem Stein und
namentlich in der Gewandung schon viel zierlicher gebildet, stammt
wohl aus dem 14. Jahrhundert und führt die Inschrift: „sancta Ger-
trudis, dotatrix ora pro me.   Heilige Stifterin Gertraud bitte für
mich".   Der unter diesem Bilde knieende Abt mit sehr sorgfältig ge-
legtem Haupthaar und den einfach gekrümmten Stab soll wohl jenen
Ordensprälaten vorstellen, welcher dieses Bild der Schutzpatronin
Gertraud fertigen ließ.

5. Sighart nennt den Taufstein „im schönen Neustadt nach
dem Altenstädtener in Oberbayern den interessantesten im ganzen
Bayernland".

Während unsere jetzigen Taufsteine nach unten sich ganz aus-
runden, ist diese Reliquie unten gerade so breit wie oben.   Sie stellt
nicht ganz einen Kreis vor, sondern, jedoch nur schwach, eine Ovale
von fast drei Schuh in der Ausdehnung nach der Breite, die Höhe
beträgt zwei Fuß; in der Mitte ist der Stein etwas ausgebaucht.

Im Inventar von 1555 finden wir diesen Taufstein mit einem
barcheten Umhang versehen noch im Gebrauch.   Als im folgenden
Jahrhundert die Abteikirche umgebaut, und auf dem Berge die Michels-
kapelle zur Pfarrkirche eingerichtet wurde, wurde dieses ehrwürdige
Kirchenstück in den Conventsgarten zwischen den nördlichen Thurm
und das Kreuzschiff ausgesetzt, woselbst es i. J. 1848 erst aufgefunden
und später in der Abteikirche wieder aufgestellt wurde. Ein sprechendes
Bild von der schrecklichen Zurücksetzung der Kunst, welche seit drei
Jahrhunderten unser Vaterland verunstaltet hat!   Hiebei giengen die
Bildnisse von mehreren Aposteln zu Schaden, wenn dieselben nicht
durch Glück noch weiter aufgefunden werden.   Gottlob ist jedoch noch
soviel vorhanden, daß unsere Aufmerksamkeit daraus das Ganze leicht
sich vorstellen kann.   Das Ganze bestand aus einem einzigen Stein.

Auf der Außenseite ist Christus mit den zwölf Sendboten in erhabener Arbeit abgebildet. Der Herr steht tief in den Wellen des Jordan, über ihm schwebt der hl. Geist in Taubengestalt. Zu seiner Rechten steht der Täufer, welcher etwas hingewandt zum Herrn über ihn seine rechte Hand ausbreitet; er hat das Spruchband: „ego non sum din, ich bin nicht würdig". Zur rechten Seite des Täufers erblicken wir den Petrus mit dem Spruchbande: „credo in dc, ich glaube an Gott"; auf der linken Seite des Meisters den Matthias mit den Worten: „et vit. e. a. und ein ewiges Leben. Amen"; dann Thatheus: „carnis r. Auferstehung des Fleisches"; Simon: „remissionem p. Ablaß der Sünden"; Mathäus: „sanctam ecm. eine heilige Kirche"; Bartholomäus: „credo in s. s. ich glaube an den hl. Geist"; Philippus: „inde ventur. von dannen er kommen wird". Wir sehen noch das zerbrochene Bildniß des hl. Thomas.

Eine jede Figur ist anderthalb Fuß hoch. Der Heiligenschein schwebt sehr lebhaft über jedem Haupte der Sendboten. Jeder Jünger steht unter einem Bogen, welcher mit dem nächsten verbunden ist. Auf diesem Bogen lesen wir seinen Namen.

Unrichtig ist die Angabe von Sighart S. 192, als ob diese Säulenarkaden mit Blätterkapitälen verbunden wären. Hiedurch wäre das Alter unserer Reliquie aus der romanischen Zeit in die spätere Gothik versetzt; wenn auch nicht geradezu in Abrede gestellt werden soll, daß wir auch hie und da in der romanischen Bauzeit derlei Verzierungen treffen.

Bei dieser Gelegenheit müssen noch folgende irrthümliche Angaben bezüglich des hiesigen Klosters berichtigt werden.

S. 41 wird bemerkt, daß i. J. 841 die Basilika zu Neustadt geweiht worden wäre; dies widerspricht den sonstigen Notizen; es ist vielmehr die Kirche von Ochsenfurt da geweiht worden.

S. 84 ist nicht das Jahr 793, sondern vielmehr 784 als Einweihungsjahr der hiesigen Kirche anzunehmen. Die beiden Kirchenfürsten Lullus und Willibald lebten ja damals nicht mehr, welche bei dem Kirchweihfeste zu Rorlach anwesend waren.

Unrichtig ist auch, als ob die hiesige Kirche nur einen einzigen Thurm habe. (Die dem geehrten Autor von mir mitgegebene Zeichnung gab Anlaß zu dieser verkehrten Annahme.)

S. 175; ein auf Säulchen ruhender Altar ist in Neustadt nicht vorhanden.

Der Apostel des Herrn erhebt zwei Finger der Rechten mahnend und segnend; mit der Linken hält jeder über dem Glaubensherzen fest sein Spruchband, womit er die Erde mit dem Himmel verbinden will.

„Je länger ich an diesem antiken Steine zeichne, sprach Professor B. Bittinger von Ulm, desto mehr staune ich über dies Meisterwerk alter Kunst."

Die Zeichnung dieses Taufsteines sowie der vorhin erwähnten Bilder vor dem Kirchenchor hat das Nationalmuseum in München verlangt und erhalten; den Taufstein aber nimmermehr; er wird eine Zierde und Predigt in unserer neuen Pfarrkirche werden.

6. Die eigentliche Gothik hat hier nichts von Belang geschaffen, wenigstens läßt sich hierüber nichts Gewisses mehr vorzeigen; vielleicht war die in der Blüthe der Spitzbogenzeit zu Einsiedel errichtete Kapelle ihr Werk. Dagegen war die sogenannte Nachgothik unter Julius um so thätiger; die Kirche wurde 1616—20 umgebaut und der ganze Klosterbau errichtet. Noch stehen die fünf Fuß breiten und fast zweimal so hohen Doppelfenster an dem Kreuzgarten. Ihre Füllungen oder Maßverzierungen stellen uns zwar keineswegs jene zarten Bildungen der Vorzeit dar, wie wir sie in Amorbach, Aschaffenburg und sonst anstaunen, zeigen aber deutlich das Streben, auch schon diesen einfachen Garten durch die Kunst zu verherrlichen. Es erscheint dieser 110' lange Kreuzgarten schon selbst als ein Kunstwerk, um denselben führt im Quadrat ein 15' breiter Gang, daran und darüber ist der vielzellige Münster mit der Kirche gegen Norden errichtet; der ganze Quadratbau ist auf drei Seiten von Klostergärten eingeschlossen vor den Fluthen des lieben Mainstromes.

Leider mußten vor einigen Jahren die ebenso dauerhaft als zweckmäßig eingerichteten Springbrunnen in diesen Gärten zerstört werden. Noch trauern die Alten über das Eingehen des prächtigen Johannesbrunnens. „Wir hängen jetzt euern Johannes", sagten die Frivolen, als beim Vespergeläute das an einem Strange hängende steinerne Bild abgenommen wurde, „jetzt läutet ihr ihm aus; später köpfen wir ihn". Schon früher mußte der kunstvolle Oelberg vor dem Kircheneingang auswandern in das Gogelsgut unterhalb Frankfurt, woselbst die Säulen und Pfeiler desselben eine Gartenanlage vor dem Main bilden.

Dieser Oelberg hatte sieben Säulen auf jeder Seite des Eingangs; sie waren sieben Schuh hoch, mit zierlichen alten Kapitälern geschmückt und durch Bogen miteinander verbunden.

7. In dem Wohnhause Gottes feierte die hiesige Klosterkunst ihre höchsten Triumphe. Bei dem sonstigen Reichthum der verschiedenen Klosterdocumente fehlt leider eine Urkunde darüber, wann die hiesige Abteikirche errichtet wurde. Kenner setzen nach dem Charakter des ganzen Baues die Zeit in den Anfang des 12. Jahrhunderts.

Am Dienstag den 26. Mai 1857 Abends 5 Uhr sollte dieser Gottesbau vernichtet werden. Ein Blitzstrahl fiel bei nicht sehr heftigem Gewitter herab, theilte sich oberhalb der Thürme und sandte in jeden derselben den Donnerkeil. Im südlichen Thurme entzündete derselbe das Gebälke beim Eindringen in die oberste, sowie beim Ausfahren aus der untersten Gaupe. Leicht war es uns, dieses unterste Feuer sogleich zu löschen, aber unmöglich, zum obersten ganz kleinen Feuer durch das eng ineinander liegende hohe Gebälke zu bringen. Nach kurzer Zeit brannte im nördlichen Thurme die Helmstange und das Feuer verbreitete sich schnell abwärts. Handspritzen waren leider nicht vorhanden; die angekommenen großen Feuerspritzen konnten unmöglich die in Flammen stehenden hohen Thürme erreichen. Ein Sturmwind wälzte diese Thurmflammen über den Chor, sowie das Kreuz- und Hauptschiff, aus welchem die im Speicher aufgestellte Mannschaft nur mit Noth zur rechten Zeit noch fliehen konnte. Das nördliche Nebenschiff wurde von mir durch die Waldzeller Spritze, welche da zum erstenmal ins Feuer kam, bis Nachts 1 Uhr erhalten, der Schlauchführer mußte jetzt zum „Ab" kommandirt werden, weil das Feuer von allen Seiten durch den Sturm herbeigeführt wurde. Um 11 Uhr war der mit der Kirche ein Viereck bildende Conventsbau noch unversehrt. Obgleich jetzt sieben Spritzen mit zahlreicher Mannschaft arbeiteten, so loderte doch eine halbe Stunde darauf der ganze großartige Bau beim heftigen Wind in hellen Flammen auf. Leider mußten die an dem großen Saale aufgestellten Bücher und Papiere eingeäschert werden. Es wurde der Auftrag gegeben: „Laßt die Schunken verbrennen"; während altes Gerümpel herausgetragen wurde. Mir war die Benutzung und Durchforschung dieser Documente zuvor

beßwegen verweigert worden, weil darin Rechte enthalten seien, deren
Kenntniß mir nicht gestattet werde!

Der Chor wurde vom Feuer verschont, weil wir durch das Chor-
fenster einsteigend die bereits brennende Communicantenbank löschten,
damit die Flamme nicht die Chorstühle und den Altar erfassen konnte.
Das Gewölbe über dem Chor war so stark, daß es vollständig aus-
hielt, obgleich die schweren Balken darauf verbrannten und auch die
von den Thürmen fallenden Balken nun die Gluth schürten. Ebenso
widerstand auch das Gewölbe des Kreuzschiffes. Sighart macht in
seiner Kunstgeschichte S. 93 hieraus eine interessante Anwendung auf
den mittelalterlichen Brand des Speyrer Domes.

Alle Mühe wurde angewendet, um die lieben sieben Glocken aus-
zuheben. Allein vergebens. Sie mußten alle ihr Marterblut in den
Flammen tropfenweis vergießen. Dieser Glockenschmelz wog 26 Ztr.,
die vorhandenen Stücke 24 Ztr. Am meisten ist der Verlust der
zweitgrößten Glocke mit der Jahrzahl 1289 zu bedauern. Sie war
nur um 40 Jahre jünger als die älteste in unserer Diöcese, nämlich
die Katharinenglocke zu St. Burkard in Würzburg. In unserm
Bayernlande wird nach den gegenwärtigen Forschungen als die älteste
Glocke die zu Iggersbach in Niederbayern angegeben, sie trägt die
Jahreszahl 1144. Wahrscheinlich wurde sie in der Werkstätte des
Klosters Niederaltaich gearbeitet, welches in früherer Zeit mit dem
hiesigen Kloster eng verbunden war. Diese Glocke hatte die Form
eines Bienenkorbes. Abweichend von der jetzigen Form war die unsrige
sehr länglich gebaut. Nach Schätzung von Claus in Heidingsfeld wog sie
24 Ztr. „Bis nach Paris, äußerte mancher Kenner, habe ich eine
so wohlgeordnete Harmonie der Töne nicht getroffen". Vorzüglich
anmuthig war das Festgeläute der drei größten; es war eine hoch-
festliche Musik. Das Geläute von Fritzlar glich dem unsrigen.

Wer beschreibt die große Wehmuth der Gläubigen von hier und
der Umgegend bei der Einäscherung ihrer Heiligthümer! Wer zählte
die Thränen beim ersten Gottesdienste am folgenden Pfingstfeste auf
dem Michaelsberge?

Oberbaurath Hübsch von Carlsruhe, der glückliche Wiederhersteller
des Speyrer Doms, fällte auf unserer Brandstätte das Urtheil: „Alle
Verhältnisse des romanischen Baues sind gediegen; das Schadhafte

kann leicht ausgebessert werden; was wir mit Aufbietung unserer jetzigen Baukräfte leisten, ist nicht so gut wie das hier noch Vorhandene".

Ewiger Dank dem Himmel und Seiner Durchlaucht dem katholischen Herrn Fürsten Carl von Löwenstein-Wertheim-Rosenberg für die Restauration der ausgebrannten Kirche! „Unersetzbar, schrieb mir Sighart, wäre ihr Untergang gewesen, höchst lehrreich für die ganze Kunstgeschichte ist ihre Anlage."

Weil jedoch erst nach einigen Jahren die Arbeiten begannen und unterdessen keine Nothdächer aufgerichtet waren, so mußten die Mauern des Mittelschiffes eingelegt werden. Dadurch entstanden aber die früher wegen Erhöhung des Bodens ziemlich über das Fußwerk bedeckten Säulen aus ihrer gezwungenen Vertiefung. Die Umfassungsmauern blieben, mußten jedoch um mehrere Fuß erhöht werden. Der Chor, erst unter Julius vergrößert, wurde, weil er nicht dem Baustil vollständig entsprach, fast um die Hälfte eingekürzt.

Die Länge der Kirche hat 158'; nämlich der Chor 38', das Querschiff 27', und die Mittelschiffe 93'. Die Breite des Chores hat 30', des Querschiffes 82', der drei Schiffe zusammen 61'. Vom Fußboden bis zur Decke sind 52', bis zu den Frontspitzen der Thürme 100', die ganze Höhe der Thürme mißt 140'; dieselbe Höhe hatten auch die früheren Thürme, die jedoch in dem steinernen Theil ein Stockwerk niedriger waren. Merkwürdig finden es die Kenner, daß die Arkadenbogen im Mittelschiff sichtbar als Bauglieder hervortreten.

Der Kostenpunkt für den ganzen nach dem Plane von Hübsch ausgeführten Kirchenbau beträgt bis jetzt über 70,000 fl. und bis zur würdigen inneren Einrichtung wohl gegen 100,000 fl. Die fürstliche Standesherrschaft hat nur die Pflicht, eine passende Pfarrkirche herzustellen und zu unterhalten.

Aus jedem Gulden dieses wahrhaft fürstlichen Mehraufwandes wächst die heilige Pflicht für die hiesigen Burkardiner sowie die Gläubigen von hier und der Umgegend, treu die reichlichen Zinsen zu sammeln und zu einem sicheren Seelen- und Lebenskapital anzulegen.

Bewunderungswürdig ist die Zierde und Kraft der mittelalterlichen Baukunst. Genau schichtenweise erheben sich die fast gleichlangen, handsamen, weil nur einen halben Fuß dicken Steine; sorgfältig sind die Fugen mit Mörtel in Hohlkehlen überstrichen. Die Juliuszeit nimmt beliebige Bausteine, groß und klein bunt durcheinander; das an den Findlingen anhängende Moos ist mitunter noch sichtbar, ja sogar da und dort eine Vertiefung, welche nicht vollständig ausgespeist ist; es verbindet jedoch die damalige Meisterkunst dieses Material noch wie durch eisernen Kitt. Mit starken Winden mußten die hohen Chor-mauern umgestürzt werden! Sie lagen tief in die Erde einschlagend zu Stücken von oft 6 Fuß lang und breit noch ganz unversehrt auf dem Boden; man hätte sie von Neuem als Mauern aufstellen können. Der Himmel segne die jüngste von einem schlichten hiesigen Maurer, dem Bürgermeister Johann Brönner aufgeführte Steinarbeit und gebe ihr den Halt der früheren.

Glänzende Eigenschaften charakterisiren den Gottesbau. Die mehr-bemerkte Kunstgeschichte stellt denselben vor als „eine großartige Basilika“. Diese unsere Königskirche enthält eigentlich fünf Tempel-räume; den des höhenreichen, mit acht anmuthigsten Doppelfenstern und mächtiger neuer Portal-Rosette geschmückten Langschiffes; den des massiven Kreuzschiffes, erleuchtet nördlich durch die von früher stam-mende, südlich durch eine neue so liebenswürdige Rosette; ferner den des Chores mit dem Allerheiligsten, von zwei Gewölben gleichsam wie von ausgebreiteten Baldachinen überdeckt und von dem Lichte dreier zarter Fenster erhellt; angewachsen gleichsam sind noch die niedlichen Tempelräume der beiden Nebenschiffe. Jede dieser fünf Räumlichkeiten würde oder müßte für sich allein einer kleinen Land-gemeinde ausreichen. Das Wort eines gefeierten Redners sollte aber Geltung erhalten: „Den Reichen dieser Erde mögen einfache Gottes-häuser genügen, aber dem Volke Gottes baut eure Kathedralen, damit es im Hause des Herrn für die Armuth des seinen entschädigt werde“.

Diese Großartigkeit der Abteikirche wirkt einerseits durch die Einfachheit und Zartheit in der Behandlung aller Verhältnisse, anderseits durch die wohlangebrachte natürliche Zierde. Wie eine Musik erfreut und erfrischt dich der angenehme in ganz Deutschland nur sehr selten vorkommende Wechsel der Säulen und Pfeiler, welche das Langschiff tragen; gleichsam als die zwölf Sendboten und vier Evangelisten stehen sie da in angemessener dreifacher Mannshöhe,

acht zu deiner Rechten, acht zu deiner Linken; um Irdisches mit Hoch-
himmlischem, dich selbst mit dem unsichtbar in Brodsgestalt Anwesenden
zu verbinden.

Diese Absicht, mit dem Allerhöchsten zu vereinigen, ohne den sonst
jedes Herz unruhig ist, tritt recht markirt überall hervor; der Bau ist
durch und durch ein Charakter. Wie die Kleidung und Physiognomie bei
einem Menschenbilde den inneren Menschengehalt vollständig ausspricht,
so offenbart schon die Außenkirchenzier den ganzen Charakter des
Baues, das Hochaufstrebende und die Bewältigung des ganzen Ma-
terials für eine einzige Idee. Jenes Zeichen, dem so oft widersprochen
wird, bis es glänzend an des Himmels Wolken zum letztenmal im
Jammerthal erscheint, florirt nicht blos, wie wir es zu sehen gewohnt
sind, auf den Thürmen, sondern auch in den verschiedensten sinnreichen
Formen an den Giebeln und Frontspitzen; trägt doch der ganze Gottes-
bau die Gestalt des gekreuzigten Gottes; die Farbe seiner
Büßergestalt spiegelt sich in der blauen Farbe der Schiefersteine, die
Einheit seines göttlichen Wesens und Wirkens in der gedrungenen
Einheit dieser seiner menschlichen Schöpfung, wunderschön durch das
Band der Halbkreise wie Blumen zu einem Strauße zusammen und
über den irdischen Tisch emporgehalten.

„Aber die Symmetrie ist doch stark beleidigt.“ Aergert euch nicht
so sehr, müssen wir diesen Achselzuckern zurufen; es wäre ein Leichtes
gewesen, dieser Göttin der Zeit ein Opfer zu bringen. So aber ist
der nördliche Thurm in den unteren Stockwerken fast ohne alle Zierde,
während der südliche die anmuthigen Doppelfenster besitzt. Das nördliche Nebenschiff hat seine fast übergroßen vier Schaufenster, aus
der Zeit des Julius; das südliche Nebenschiff wird nur durch ganz
kleine mittelalterliche romanische Fenster beleuchtet. Es wäre aber
ein unglücklicher Gedanke gewesen, wenn die Gleichmacherei als oberstes
Gesetz gegolten hätte. Die Armuth des Thurmes gegen Norden erhebt
erst recht den Reichthum seines Collegen. Die sechs kleinen Fensterlein
im südlichen Nebenschiffe sind lebendige Zeugen früheren Baulebens.
Die Vermächtnisse von vielen Generationen dürfen nicht der Gleichmacherei geopfert werden.

Der Himmel segne das bevorstehende Fest der Kircheinweihung! Es wird ein großartiges Jubelfest werden nicht blos für zwei

brave Gemeinden, welche ein halbes Menschenalter lang darnach sich gesehnt und durch Entbehrungen und Gebete verschiedene Opfer zur Erreichung des hohen Zweckes gebracht haben, sondern auch für die lieben ein und zwanzig Gemeinden mit 20,000 Seelen in nächster Umgebung von zwei Stunden, nicht minder auch für weitere Kreise, welche das Ueberirdische und Großartige im Gewande der Kunst dankbar zu ehren wissen.

VII.

Sophie.

Im Jahre 788 erließ Karl, der Gründer eines neuen Reiches, wenn nicht einer neuen Welt, zur Neugestaltung des geistigen Gebietes folgendes Rundschreiben an die Bischöfe und Aebte.

„Wir haben mit unsern Getreuen erkannt, daß es von großem Nutzen ist, wenn die Bisthümer und Klöster außer dem regelrechten Leben und der Erhaltung der Religion auch den Wissenschaften und dem Eifer des Lehrens obliegen. Wer durch ein gutes Leben Gott wohlgefällig sein will, möge nicht vernachlässigen, ihm auch durch gute Rede wohlgefällig zu werden. Denn es steht geschrieben: „Nach deinen Worten sollst du gerechtfertigt oder verdammt werden". Obschon Handlen besser ist als Wissen, muß man doch erst wissen, bevor man handelt. Wir haben oft aus Klöstern Schreiben erhalten, worin die Meinung gut, die Rede aber roh war. Daher sind wir besorgt, die Leute, die nicht richtig zu schreiben verstehen, möchten auch die hl. Schriften nicht richtig auszulegen vermögen. Und doch wissen wir Alle nur zu gut, daß Irrthum in den Worten gefährlich, Irrthum in Betreff des Sinnes aber noch viel gefährlicher ist. Daher ermahnen wir euch, das Studium der Wissenschaften mit dem größten Eifer zu betreiben, damit ihr die Geheimnisse der hl. Schrift leichter und richtiger zu erforschen vermöget, und Männer aufzustellen, welche Fähigkeit und Willen zum Lernen sowie Lust zum Lehren besitzen". .

Unstreitig war der mehrgenannte erste englische Gründer ein für seine Zeit wissenschaftlich gebildeter Mann; das Nämliche gilt von seinem ehrwürdigen Nachfolger.

Schade,' daß die von Eckhart herausgegebenen 40 Homilien des hl. Burkard zu wenig bekannt und auch nur theilweise im Druck veröffentlicht sind; ebenso schade, daß auch dessen Briefe, die über die wichtigsten menschlichen und religiösen Verhältnisse damaliger Zeit Aufschluß geben, noch ungedruckt im Staube der Bibliotheken liegen.

Das bemerkte Homilien= oder Predigtbuch des Heiligen ist z. B. in der Universitätsbibliothek zu Würzburg in Nr. 35 aufbewahrt. Es trägt am Schlusse den Namensbuchstaben des Heiligen, ein einfaches B; ein Späterer hat den Buchstaben ⌐, d. i. Heil. beigesetzt. Bischof Megingaud hat wohl das am Schlusse beigefügte Gebetchen verfaßt: „Der allmächtige Gott gebe mir und auch allen Denen, welche meine Leidensgeschichte lesen, die ewige Belohnung; ihm sei Ehre, Kraft, Lob und Herrlichkeit auf ewige Zeiten. Amen."

Noch ein anderes Handbuch bewahrt die Universitätsbibliothek in Nr. 123, welches ihm gleichfalls zu verdanken ist und dessen Pergamente die Homilien des hl. Papstes Gregor enthalten. Ein drittes Manuscript mit Nr. 68 schließt mit den Buchstaben N. V. G. T. Z. B., welche von Kennern also ausgelegt werden: Burkard hat für die Tugend geeifert, und ihr zu Liebe diese Abhandlungen aufgezeichnet [1]).

Sechs Handschriften aus der nämlichen Zeit werden gleichfalls unserm Heiligen zugeeignet [2]). Dieselben enthalten die Lektionen und Evangelien, welche bei der Kirche zu Rom im Laufe des Jahres damals gebraucht wurden; eine Uebersetzung der Erklärung des Origenes über das Buch Numeri; die letzten vier Bücher der Moral des Papstes Gregor d. Gr.; zwei Bücher über die Pflichten der Geistlichen vom hl. Isidor, Bischof in Spanien; eine Erklärung des Origines über das hohe Lied; eine Sammlung der alten Kirchenstrafen, sowie einige Legenden. Den geschäftigen Mönchen unter Megingaud verdanken wir eine Sammlung von Sentenzen der älteren hl. Väter, sowie von Wundergeschichten [3]).

---

[1]) Oegg, Xorographie von Würzburg 1803 Bd. I. S. 414, giebt diese Buchstaben also: Notavit V. Virtutis O. Gratia T. Tractatus Z. Zelosus B. Burchardus. Wohl hat ein Burkardusschüler nach dem Tode des Heiligen zum Andenken an den Urheber dieser Predigten über die Tugenden und Laster die bemerkten Buchstaben eingesetzt.

[2]) Derselbe S. 417, 420, 423, 426, 428, 431.

[3]) Derselbe S. 422.

Allgemein wird angenommen, daß unter dem hl. Meßingaud eine förmliche höhere geistliche Bildungsanstalt hier bestand. Die fünfzig zu ihrem Vater geflüchteten Mönche haben gewiß nicht ihr Leben vergeudet, sondern bei der plötzlichen Enthebung von ihrem Wirkungskreise in wissenschaftlichen Bestrebungen Ruhe gesucht und gefunden.

Daß dieses höhere geistige Streben mit den ersten englischen Gründern nicht ausgestorben ist, beweist der Umstand, daß nach ihnen noch mehrere höchst angesehene und verdienstvolle Männer in dem Kloster gebildet wurden und, wie oben erwähnt, darin wirkten.

Am 13. Juli 1741 hielten die hiesigen Benedictiner eine öffentliche theologische Defension ab; es waren P. Ignaz Lurz, P. Maurus Burckard, P. Placibus Stürmer, P. Erwin Schnell und Fr. Heinrich Neuner. Den Vorsitz führte der Lektor der Theologie P. Roman Sartor. Die Druckschrift behandelte das unerforschliche Geheimniß der göttlichen Vorsehung und enthielt noch sonstige verschiedene Lehrsätze [1].

Der unter den genannten Vertheidigern bemerkte P. Placibus Stürmer, zu Kronungen am 13. Juli 1716 geb., Novizenmeister und Prior gab mehrere theologische Schriften in den Druck [2]. Dieser Geistliche war auch vorzüglich an der hiesigen Buchdruckerei beschäftigt.

---

[1] Inscrutabile Providentiae divinae mysterium; — cum thesibus. . . .

[2] 1. Breves quaedam reflexiones ad responsa Billuardi in causa physicae praedeterminationis authore Placido Stürmer Cronungensi O. S. P. B. presbytero anno periodi Jul. 6479. Fuldae.

2. Anonymi O. S. Bened. Dogma Scholasticorum de unitate in Trinitate. . . . Parisiis 1760.

3. Dogma Scholasticorum de unitate in Trinitate collatum cum celleberrimorum Ecclesiae patrum Athanasii . . . . . Accedit responsio ad oppositas dissertationes et objectiones quorundam theologiae professorum e Soc. Jesu. Authore Placido Bernardo Stürmer. Venetiis 1772.

4. Dissertatio de fato et statu theologiae in Scholis catholicorum, subnectuntur . . . . . reflexiones ad Billuartum . . . . . Authore Theophilo alethino. O. S. P. B.

5. Dissertatio apologetica . . . . contra objecta opusculo de Trinitate . . . . anno period. Julianae 6503.

Haec dissertatio scripta fuit contra P. Bernardinum Bauer O. Cister. in Ebrach.

Oberthür nennt ihn in seinem Taschenbuche 1798 für die Geschichte des Frankenlandes S. 65—71 einen aufgeklärten, frommen und gelehrten Anachoreten; er bedauert nur, daß ihm kein weiterer Wirkungskreis verliehen war. Er preist mit warmen Worten sein Verdienst um die theologische Wissenschaft, daß er zunächst in einem der schwersten Geheimnisse unserer Religion, nämlich dem der allerheiligsten Dreieinigkeit Licht geschaffen und dadurch eine Schwierigkeit gehoben habe, mit der die Theologen sonst noch lange hätten kämpfen müssen. „Seine Zelle, fährt er weiter fort, glich mehr einer Bibliothek als einem Wohnzimmer und nur da konnte man ihn in den Stunden, über die ein Mönch frei verfügen darf, beschäftigt mit einer literarischen Arbeit antreffen. Die schöne Schrift des gelehrten Benedictiners Mabillon über die klösterlichen Studien empfahl er bringend seinen jüngeren Ordensbrüdern; er wiederholte bei jeder Gelegenheit den Wunsch, welchen jener äußerte, daß doch die Studien die Hauptbeschäftigung der Klöster sein möchten. So sehr er den Studien ergeben war, so genau erfüllte er die Pflichten eines Ordensmannes.... Seine Klosterbrüder erzählten mir mit Verwunderung, wie ängstlich er sein Brevier gebetet und doch gegen seine Novizen so liberal, sie gar nicht auf dem alten strengen Klosterpedantismus gebildet, sondern mehr zur wahren Frömmigkeit eines Christen und zum Studieren angeleitet habe. Seine Tugend hatte noch den Charakter der Aechtheit, daß er immer in Gesellschaft sehr munter war, und mit edlem Gefühle der Dankbarkeit gegen den Geber alles Guten gerne sich an der Quelle der Heiterkeit, Munterkeit und gesellschaftlichen Freuden für den Erdenpilger, nämlich an einem guten Gläschen guten Weines zuweilen laben mochte, den er, wenn er ihn bewährt fand, vinum theologicum (geistlichen Wein) nannte. Seine Schrift über die allerheiligste Dreifaltigkeit gab er auf eigene Kosten heraus; er schickte sie an seine Bekannten, die ihm durch ein Gegengeschenk größtentheils seine Auslagen ersetzten. Mit einem Buche in der Hand starb er am 24. April 1794 im 78. Lebensjahre, wovon er 59 im Kloster zugebracht hatte.“ Gewiß stand dieser Mann der Wissenschaft nicht allein. Abt Bernard verfaßte die Geschichte der Abtei.

Im Jahre 1615 sehen wir einen Neustadter Novizen in Rom, um an der apostolischen Urquelle frisches Wissen für sich und die Seinen zu schöpfen.

Durch den Novizenmeister des Klosters mußte vor Allem der wissenschaftliche Geist den Jünglingen eingepflanzt werden. Wir sehen deßhalb die größte Sorgfalt des Klosters aufgewendet, um einen tüchtigen Mann zu dieser Stelle zu erhalten. Er brauchte keinen Chor zu besuchen, um ungestört seinem hohen Amte sich zu weihen. War die Abtei selbst nicht mit einer tüchtigen Kraft versehen, welche die nothwendigen Eigenschaften des Lehramtes besaß, so wurde eine solche von einem anderen Kloster berufen; so i. J. 1697 P. Isidor Oggoleus aus dem Schottenkloster zu Würzburg; 1733—38 P. Ignaz Brendan vom Kloster Schwarzach. Manchmal wurde ein Conventual, um dies Amt mit Erfolg und Würde begleiten zu können, erst auf eine höhere Bildungsanstalt geschickt; so i. J. 1720 der hiesige P. Bernard Kandler. Er hatte bereits hier seine Klosterstudien vollendet und schon ein Jahr die Priesterweihe empfangen; er unterzog sich nun noch drei Jahre den theologischen Studien an der Universität zu Würzburg, und übernahm jetzt erst die Heranbildung der jungen Geistlichen. Manchmal finden wir auch einen Neustadter Novizen in ein auswärtiges Kloster zu den Studien beordert, wahrscheinlich weil an dem hiesigen Orte keine geeignete Lehr- und Lebenskraft für den Jungen sich vorfand; vielleicht auch in der klugen Berechnung, daß dieser einzige Jüngling im Umgange mit mehreren für seine Lebensbahn sich besser ausbilde. Es wirft dieß gewiß keine Schattenseite auf den wissenschaftlichen Culturstand des Klosters; wir erkennen vielmehr daraus dessen eiferiges Bestreben, aus den jungen Geistern etwas zu machen. Manchmal konnte die Abtei einen geeigneten wissenschaftlichen Mann an andere Klöster senden; so wurde i. J. 1712 der hiesige Conventual P. Gottfried Krieg als Novizenmeister und öffentlicher Lehrer der Theologie in das berühmte Kloster Fuld berufen, wo er mit solcher Auszeichnung sein Amt versah, daß er auf Kosten des dortigen gefürsteten Abtes Adelbert von Schleiffreß am 20. Juni 1713 unter großer Feierlichkeit von dem damaligen Dekan der theologischen Fakultät zu Würzburg, dem Jesuiten Stephan Ponung, zum Doktor der Theologie erhoben wurde. Hie und da finden wir auch einen Jüngling von einem fremden Kloster an der hiesigen wissenschaftlichen Anstalt. Der letzte mag Freiherr von Kempf aus dem Kloster Fuld gewesen sein. Er war nach Aufhebung der Klöster langjähriger General-Vikar in Fuld, ein

Mann voll Thatkraft, unermüdlich in Vertheidigung der kirchlichen Gerechtsamen. Er erzählte noch in spätesten Tagen mit Liebe und Dankbarkeit von seinem Aufenthalte im hiesigen Kloster.

Im Jahre 1250 wirkte ein gewisser Priester aus dem berühmten Kloster Hirschau in der hiesigen Culturstätte. Leider finden wir in den Urkunden außer seinem Namen Konrad über die Art seines Wirkens nichts Näheres. Vermuthen dürfen wir, daß auch die hl. Wissenschaften durch diesen Mann und vielleicht noch mehrere andere seines Geistes nicht leer für das hiesige Kloster ausgiengen.

Beurkundet ist dieses wissenschaftliche Streben durch eine Klostervisitation v. J. 1756. Dieselbe nennt „Neustadt eine Pflanz-stätte der Tugenden und der Weisheit, einen fruchtbaren Baum, gepflanzt am Ufer des lieblichen Mains"[1]).

Auch möchte dieser wissenschaftliche Klostergeist durch die Neustadter Klosterbibliothek documentirt sein.

Wo in Franken stand wohl die erste Büchersammlung, von den Alten mit dem bezeichnenden Namen Armarium d. h. Waffensammlung oder Fechtschule genannt? Zu Einsiedel, zu Rorlach. Ein Heiliger hat alle zum Bestehen auf dem Kampfplatze nothwendigen Rappiere, Helme, Visiere und Bandagen theils selbst fabrizirt und zum Gebrauche an diesen Stellen niedergelegt, theils von fremden Gegenden hergeholt. Rom war ihm nicht zu entlegen; er nahm sich von da in guten Schriften Waffen für die fränkische Arena mit; das liebe Heimathland England war ihm nicht entfremdet; er ließ sich auch von da mit guter Waffen-Montur durch Schriften versehen. Die noch erhaltenen Briefe des hl. Bonifazius und seiner Schüler bezeugen die Vermittlung dieser geistigen Waffen. Leicht dürfen wir uns vorstellen, daß die bisher erwähnten Schriften des Heiligen nur einen geringen Theil seiner geistigen Schätze ausmachen; ebenso leicht, daß sein Nachfolger dieselben zu erhalten und zu vermehren bestrebt war. Brach doch zwischen ihm und dem dritten Bischof Bernwelf gerade wegen der Bücher ein förmlicher Streit aus. Ein Mönch

---

[1]) Seminarium virtutum et doctrinae; arbor fructificans in ripa Moeni amoeni plantatus.

hat hierüber ein eigenes Buch verfertigt. Dasselbe ist leider verloren gegangen, so daß wir über das Einzelne keine genaue Kenntniß besitzen. Nur überzeugt uns diese vorgekommene Mißhelligkeit von der hohen Werthschätzung, welche bei dem ersten Aufblühen der geistigen Bildung die Neustadter Klostervorstände auf Büchersammlungen gelegt haben. Gewiß haben die Klosterbrüder an jener verdienstvollen Arbeit des Mönchthums Theil genommen, die Werke der Alten abzuschreiben. Für das berühmte Kloster Fuld finden wir dieses ausdrücklich aufgezeichnet; Neustadt wird mit seinem Nachbarn treu harmonirt haben.

Nach den gegenwärtig vorhandenen Urkunden gibt die Klosterbibliothek erst im Mittelalter ein Lebenszeichen von sich. Der oben bemerkte, vor dem Jahre 1282 geschehene Ueberfall des Klosters durch den Schirmvogt zeigt uns eine Klosterbibliothek gleichsam in drei Theilen. Den einen Theil finden wir in der Sakristei aufgestellt; es waren hier die Kirchenbücher, vielleicht auch die Todtenbücher aller verstorbenen Conventualen und Gutthäter, wie wir es später eingerichtet sehen; der andere Theil der Bücher war im Münster zum Gebrauche der Gottgeweihten, und der dritte Theil in der Abtswohnung, weil auch der Klostervorstand nicht ohne diese geistigen Waffen leben konnte.

Im Jahre 1558 erscheint die Sammlung in bedeutendem Umfange. Zehn, oder wie das hiesige Kloster klagte, sechszehn Pferde konnten ja nur einen kleinen Theil dieser Schriften-Sammlungen, wie oben dargestellt, in das Schloß nach Würzburg schleppen. Im Inventar v. J. 1555 sind 175 Bücher „klein und groß, alt und neu" als im Convent aufgestellt angegeben. In der Zelle des Priors werden gleichfalls „etliche Bücher, klein und groß", verzeichnet nebst einem „Hängeleuchter". Weil bis auf die Zeiten unter dem letzten Abte die Zellen der Geistlichen nicht geheizt waren, so scheinen diese in dem bemerkten Nebenzimmer des Priors Gelegenheit zum Bücherstudium gehabt zu haben. Noch treffen wir in einem gemalten Stüblein, sowie im Refectorium Bücher, so daß wir die ganze Zahl derselben jedenfalls auf mehrere Hundert rechnen dürfen. Deshalb verlangte die bischöfliche Visitation, daß ein Catalog über sämmtliche Werke angefertigt werden sollte. In derselben Zeit war auch das Propstei-Haus zu Retzbach mit 24 Büchern, klein und groß, versehen.

Bei Aufhebung der Abtei blieb die ansehnliche, in der letzten Zeit insbesondere durch den Abt Placidus Reich vermehrte Bibliothek noch einige Jahre hier; es wurde Vieles verschleudert. Der jüngst-verstorbene Gerichtsarzt Dr. Spegg von Rothenfels erzählte unter Anderem: Er habe eine noch nie gesehene prachtvolle Ausgabe des Hippokrates in sechs Foliobänden darin bemerkt und den Antrag ge-stellt, dieses Werk kaufen zu dürfen. Als er aber nach sechs Monaten sich wieder darnach umgesehen, sei es verschwunden gewesen. Herzlich leid that es einem, i. J. 1848 diese Neustadter Werke, versehen mit den Neustadter Wappen und Inschriften, an den Metzgerläden zu Wertheim in Haufen aufgethürmt zu erblicken; sie waren verkauft worden. Sie sind wohl jetzt Alle vertilgt, oder an Plätzen aufbewahrt, wo Niemand sie sucht und benützt.

Die Ueberreste in beiläufig 400 Bänden sind im Schlosse zu Kleinheubach gegenwärtig aufgestellt.

Gott gebe es, daß dieselben ihrem wissenschaftlichen Zwecke wieder an dem hiesigen Orte, vermehrt durch neuere Werke, geweiht werden! Bereits hat die Geistlichkeit des Landkapitels Rothenfels sich zu einem jährlichen Geldbeitrage für Anschaffung einer Kapitelsbibliothek ver-willigt. Der um den jüngsten Aufschwung des kirchlichen Lebens hochverdiente Beho Weber findet für den Landgeistlichen eine große Calamität in dem Mangel von Landbibliotheken. Die Säcularisation hat diese auf den einzelnen Bezirken vertheilten geistigen Waffen zer-stört. Eine Wiedersammlung derselben an dem ersten Bibliothek-Orte wird für die umwohnenden Geistlichen sowie sonstigen Personen, die sich um wissenschaftliche Gegenstände interessiren, von großem Nutzen sein.

Vergessen wir hiebei den großen Vortheil nicht, welchen dieses Kloster wie auch andere früher in wissenschaftlicher Hinsicht gewährte. Es enthielt Männer, die nicht bloß in Theologie, sondern auch in sonstigen Fächern des Wissens Meister waren. Wie gut würden wir heutigen Tages fahren, wenn wir nur in einem jeden Dekanate einen einzigen Geistlichen hätten, der auch in andern Fächern, z. B. in der jetzt so wichtigen Rechtskenntniß vollständig zu Hause wäre! Neustadt hatte Rechtsgelehrte, Theologen, Seelsorger und Männer des Wissens.

VIII.

Charitas.

Aber eines der schönsten Kinder unserer Neustadter Karolina ist und bleibt ihre Charitas; im Alter fast gleich der ehrwürdigen Mutter, in Thätigkeit wetteifernd mit der vielbeschäftigten Matrone, vom Vater vor den übrigen Kindern eigens bevorzugt. Der Stifter hat ja in seinem Diplome schon diesen liebenswürdigen Namen der Tochter dadurch genannt, daß er verordnete, das Stiftungsgut solle für diese seine Charitas sowie zum Unterhalte der Mönche auf ewige Zeiten wachsen und zunehmen. Karl setzte einen Ruhm darein, sich als den ersten Pfleger der Armen zu bezeichnen.

Etwas Außerordentliches hat Karl durch diese anempfohlene Armenfürsorge in der hiesigen Gegend nicht gleichsam von Neuem geschaffen. War doch die Gastfreiheit nach dem Begriffe des Tacitus schon bei unsern noch heidnischen Voreltern eine vorzügliche Tugend. „Kein Volk hält soviel auf gesellige Mahle und auf Gastfreundschaft; es gilt für unerlaubt, irgend einem Sterblichen das Hausdach zu verwehren...; es ist Brauch, dem fortgehenden Gastfreund zu geben, was er verlangt; etwas entgegen zu verlangen, ist ebenso leicht. Die Deutschen lieben die Geschenke; sie bilden sich auf das Hingegebene nichts ein, und betrachten sich nicht als Schuldner für das Empfangene...“ Diese Liebe war auch bei den damaligen Verhältnissen ein wahres unabweisliches Bedürfniß. Das Verdienst des Heiligen besteht in Vervollkommnung dieser deutschen Tugend, in Ausdehnung derselben nicht blos auf Freunde, sondern auf alle Nothleidende, und in Aufstellung tüchtiger Kräfte, die an diesem Werke der Armen arbeiten sollten. Der hl. Stifter war fern von der modernen Armenfürsorge aus dem gefüllten Dintenfasse für das vielschichtige Papier; vertrauensvoll gab er die ganze Angelegenheit nur ohne weitere Bestimmungen in die Hand der Abtei.

War doch schon sein Vater als Alleinherrscher des neuen großen Reiches vorzüglich darauf bedacht, das harte Schicksal der niederen Klasse durch weise Gesetze zu verbessern. Noch kurz vor seinem Scheiden

vermachte dieser König Pipin bedeutende Güter an Kirchen und Arme.
Namentlich suchte er im Gegensatze zu seinem Vater Karl Martell
das für die Armen bestimmte Kirchengut wieder dem gestifteten Zwecke
gemäß für diese Söhne Christi zu verwenden [1]. Doch dessen Enkel
Karl der Große brach am vollständigsten mit dem früheren Systeme
des „Hammers", welches uns ganz an das Unwesen der im neuen
deutschen Reiche vorkommenden übelberüchtigten Militärdotation erinnert.

Daher treffen wir in dem seinem Ursprunge nach ziemlich gleich=
zeitigen Kloster Fuld, dessen Gebiet nach einer Urkunde damaliger
Zeit an das Kloster Neustadtische angrenzte, ganz die nämliche zarte
Rücksichtnahme auf unsern vierten Stand. In der Urkunde v. J. 766
wird das Dorf Autmundistat (Umstadt im Hessischen bei Aschaffenburg)
an dies Kloster mit seinem ganzen Inbegriffe übergeben „zum Unter=
halte der daselbst dienenden Mönche, zur Fürsorge für die Bedürfnisse
der Kirche und auch zur Unterstützung der Armen". Es soll
diesen Dreien zum Segen gereichen; die Mönche sollen mit desto größerer
Freude für das königliche Haus und „unser nachkommendes Geschlecht"
Tag und Nacht die Barmherzigkeit des Herrn eifrigst anflehen.

Wir dürfen uns schon in den ersten Zeiten ein Armenspital
hier denken. Denn bereits auf dem ersten deutschen National=Concil
auf der fränkischen Salzburg i. J. 742 war angeordnet worden, daß
die Mönche und Dienerinen Christi nach der Regel des hl. Benedict
besondere Pfleghäuser, Xenodochien, einrichten und leiten sollten. Das
Concil zu Aachen bestimmte i. J. 816, daß alle Stifte und Klöster
neben der Kirche einen besonderen Aufenthaltsort für arme und ge=
brechliche Leute unterhalten sollten.

Einen besonderen Zuwachs erhielt das Armengut i. J. 1095 am
11. August unter dem Abte Adelger. Die wichtige Urkunde hierüber
soll hier mitgetheilt werden [2].

„Im Namen der höchsten und ungetheilten Dreieinigkeit.

Kund sei allen Christgläubigen, daß ich Gerhard und meine Frau Bertha
an den Ort Neustadt zum Altar der hl. Gottesmutter Maria aus Liebe zu
meinem Gott, zur Wiedervergeltung mit der ewigen Erbschaft, für das Heil

---

[1] Jahrbücher des fränkischen Reiches unter König Pippin von Oelsner S. 301 u. 418.
[2] Copia S. 43 im kgl. Archiv zu Würzburg.

meiner Seele, der Seele meiner Gemahlin, meines Bruders Gabinus, meines Vaters Radebodon, meiner Mutter Guda, sowie für das Heil der Seelen des Falger, Bernold, Erenbert und Gerold alle Güter und Rechte auf dem Hofgute in den Dörfern Buthenried und Daches [1]) übergeben habe, und zwar alles Eigenthum auf unsern Tennen daselbst, in den Häusern, Gebäulichkeiten, Leibeigenen, Wiesen, Weiden, Wäldern, Einkünften, überhaupt in allem beweglichen und unbeweglichen Eigenthum, wie ich bisher das Hofgut besessen habe. . . . .

Ich bestimme, daß mein auf den Altar der hl. Maria gelegtes Hofgut dem Spitale, welches in Neuenstadt eingerichtet ist, bestimmt sein, und daß davon zum Heile der obenerwähnten Seelen alle Tage drei Armen ganz und vollständig verköstigt werden sollen. Was übrig bleibt, soll im Namen Christi an alle noch weiter kommende Armen ausgetheilt werden.

An einem Tage im Jahre, welchen die Brüder selbst auszuwählen haben, soll im Kloster das Seelenbegängniß für das Wohl der Eingangsgenannten mit Vigilien, Gebeten und Almosen feierlich gehalten werden. An diesem Tage ist den Brüdern von unserm Hofgute folgende Liebesgabe zu verabfolgen: ein Malter Waizen, ein Malter Korn, zwei Sickel zum Ankaufe von Fischen und jedem ein halber Krug Wein und reines Bier [2]); den Schülern aber, sowie den Dienern ein kleines Schwein.

Sollte je ein Abt oder Klosterschirmvogt oder sonst Jemand an den erwähnten Gütern eine Minderung vornehmen oder damit gegen den Nutzen des Klosters schalten und diese meine Armenschenkung brechen oder ganz vernichten, so sei er von der Kirche ausgeschlossen, der Zorn und Fluch des allmächtigen Gottes und der hl. Mutter Christi Maria laste auf ihm, er habe keinen Antheil an dem Reiche Gottes." Es sind 17 Personen, theils aus dem Grafenstande, theils Freigeborene als Zeugen unterschrieben.

Weil dieses Hofgut zu entlegen war, veräußerte die Abtei im J. 1428 dasselbe an Hans von Dottenheim zu Messelhausen um

---

[1]) Ein seit dem Schwedenkrieg ausgegangener Ort bei Bütthart (Butbenried); gegenwärtig nennt sich noch die Markung daselbst Dächsen. Die in der jüngsten Zeit geschehene Auslegung des Namens auf den Ort Sächsenheim bei Schweinfurt ist nicht stichhaltig.

[2]) Integra cerevisia zum Unterschiede von Dünnbier oder „Hausel". Man hatte also damals schon zwei Sorten von Bier. Die Geistlichen des Klosters durften damals noch kein Fleisch essen, wie es die Regel des hl. Benedict festsetzte. Liest man aber cerevisiae, so heißt es „und ein ganzer Krug Bier".

265 Gulden und erwarb sich sogleich um 300 Gulden den andern
Theil des jetzt noch bestehenden Klosterhofes mit dem Zehnt in dem
Dorfe Waldzell. Es ruht somit, weil das Kloster 35 Gulden noch
von seinem Eigenthum auf den Ankauf des neuen ganz nahe gelegenen
Armengutes verwendet hat, auf dem größten Theile des Zeller Zehntes
und Freihofs die bemerkte Stiftung für die Armen und Klosterschüler.

Hiezu kam noch eine Armenstiftung. J. J. 1164 errichtete nämlich
der Abt Berebard folgendes Testament [1]:

„Im Namen der heiligen ungetheilten Dreieinigkeit.
Berebard von Gottes Gnaden Abt von Neustadt.

Unser Leben ist kurz; nach dem Tode können wir nichts Gutes mehr
thun; wir müssen uns daher bestreben, vor dem Tode gute Thaten zu verrichten, um in denselben ewig fortzuleben. Daher sollen alle Gegenwärtigen
und Zukünftigen wissen, welche Bestimmung ich mit dem Hofgute getroffen
habe, das ich in Waldzell erworben habe. . . .

Aus dem Ertrage desselben soll wegen der Liebe unserer hl. Gottesmutter
und zu ihrer beständigen Verehrung am Feste Maria Verkündigung 1½ Malter
Waizen und 1 Malter Roggen, 1 Eimer Wein, sowie 4 Unzien für Fische
und 5 Groschen für Pfeffer für die Armen und Wittwen aufgewendet
werden; an dem Jahrestage meines Todes jährlich ebensoviel. Um alle Gelegenheit zur Abminderung dieser Spende bei Theuerung auf ewig abzuschneiden, so habe ich eine Fuhr Gültwein für das Kloster bestimmt, welchen der
Cellarius von dem andern Wein im Keller genau absondern soll. Wenn nun
an der bemerkten frommen Armenspende etwas abgehen sollte, so soll der
Cellarius, so gut er kann, in der Furcht des Herrn, wie es für die Armen
gerade am nützlichsten ist, von diesem Weine aufwenden, jedoch so, daß die
Brüder an ihrem gestifteten Frohmahl keinen Schaden leiden.

Sollte Jemand diese Bestimmung vernichten oder beschädigen, oder dem
Kloster auf irgend eine Weise entziehen, so sei er im Bann, und wenn er
nicht in sich geht, soll er beladen sein mit dem Zorne und der Rache der
Gottesmutter sowie aller Heiligen.“

Das Armengut vergrößerte sich noch ferner durch den Abt Conrad
von Gelnhausen, welcher i. J. 1251 einige Güter [2] in Steinfeld, Eussen-
heim, Karbach und Mergenbrunn (Mariabrunn) mit der Bestimmung
kaufte, daß die Renten hievon zur Aufbesserung der Pfründen für die

---

[1] Copia S. 51.   [2] Copia S. 30.

Brüder, bann dem Kirchenfonde, sowie auch für das hiesige Kranken-
haus und die Fremdenbewirthung verwendet werden sollten.
Der Bischof beschwor in seiner Bestätigungs-Urkunde Jedermann, an
diesen Bestimmungen für die einzelnen Zwecke des Klosters keine
Aenderung vorzunehmen.

Wir treffen um diese Zeit einen eigenen Spitalverwalter,
Namens Conrad; er nahm nach dem Abte und Prior die erste
Stelle ein. Für so wichtig hielt man den Armen-Dienst!

Ein Jahrhundert später erscheint ein „Siechenmeister", von
dem die Urkunde sagt: „er soll bleiben bei seinem Ampt als von alter
Herkommen ist. Wenn einer von den Herren (mit Tod) abgeht, der
zwei Bette gehabt hat, der soll eins und das böste (schlechtestes oder
bestes?) davon mit zweyen Leylachen in die Sichemenaten der sichen
zu nutzen abgeben. Das sol der Sichmeister behalten und bewaren
und alle Jar in der Rechnung bewißen". Wir treffen also schon im
J. 1340 förmliche Armenrechnungen des Klosters.

Der Platz dieses Spitals oder „Spitels" war wenigstens in den
letzten, vielleicht schon in den ersten Jahrhunderten an der Grenze
auf der nördlichen Seite der Klosterbesitzes. Der letzte Abt ließ den
kleineren Bau abbrechen und auf derselben Stelle einen viel geräu-
migeren aufführen, worin die nicht mehr zum Dienste tauglichen
Dienstboten der Abtei sowie auch der Klosterjäger wohnen sollte.
Es ist jetzt darin die Pfarrwohnung.

Das Spital hatte damals seine eigenen Gärten, Wiesen und
Aecker. Dem Abte wurde eigends zur Pflicht gemacht, „die Gots-
gabe" auszutheilen. Jedoch durfte der Abt, der sonst alle Klosterämter besetzte, durchaus nicht den Spitalmeister aufstellen, wahrscheinlich damit nicht zwischen ihm und seinem Erkorenen irgend ein
Einverständniß zum Nachtheile der Armen Christi stattfinden könnte.
Denn „Vorsicht schadet nicht". „Wer glaubt, daß er stehe, der sehe
zu, daß er nicht falle". Besser noch, wenn Andere zur rechten Zeit
vorsehen.

Es war vielmehr die Aufstellung dieses Spitalmeisters dem Convente übertragen. Interessant ist die Art und Weise, wie bei der
Wahl zu Werke gegangen wurde. Wenn nämlich die Stimmen der
einzelnen Conventualen bei der Wahl des Spitalmeisters sich nicht

auf eine einzige Person vereinigten, so mußte blos der Prior, Kellner
und Kustos den Spitalmeister kiesen. Brachten auch diese Drei binnen
acht Tagen die Wahl nicht zu Stande, so sollten sie „wasser und
brot essen, als lang, bis sie einen herrn gekoren, der sie nutz duchte
sin, vnd wer die zwei gefallen, der drit soll ine volgen".

Durch diese Wahl-Gewaltthätigkeit suchte die um die Armen
besorgte Mutter das Interesse ihrer lieben Kinder in erster Linie gegen
diejenigen zu schützen, welche hiezu berufen waren, nämlich die hiesigen
Ordensgeistlichen, und ihren Schwächen einen festen Riegel vorzusetzen.

Eine weitere Eigenthümlichkeit erblicken wir in der mittelalterlichen Anordnung, daß der Siechengarten den ganzen Tag über „offen"
stehen sollte. In andern Gegenden wurden diese Unglücklichen weit
von den Grenzen der Stadt untergebracht; in Miltenberg z. B. eine
gute Viertelstunde außerhalb der damaligen Stadtmauer an dem Platze,
der jetzt noch das „Siechhaus" genannt wird unweit des leider nieder-
gerissenen Galgens. Es mußten ja diese mit ansteckenden Krankheiten
Behafteten sogar Schellen tragen, um die Entgegenkommenden vor
ihrem Ansteckungsgift zu warnen. Fast möchte man der Neustadter
Karolina eine außerordentliche Humanität in Behandlung dieser Armen
nachreden, weil dieselben ganz freien Verkehr hatten. Wahrscheinlich
klärt sich die Sache jedoch dahin auf, daß in jener Zeit diese Siechen
nicht mehr mit diesen inficirenden Krankheiten behaftet waren und
deßhalb auch mit Jedermann und Jedermann wieder mit ihnen ver-
kehren durfte.

Wie das Kloster gegen den Raubritter Ludwig von Rieneck sich
für Erhaltung des Armengutes angenommen, ist oben erwähnt
worden. Wir sehen aus der vor dem Kaiser Rudolph angebrachten
Klagschrift, daß das Kloster noch im vollen Bewußtsein war, wozu
der Stifter das Stück Waldsassenland abgetreten hat; nämlich für die
Armen und die Gottgeweihten. Allerdings nennen die Conventualen nicht mehr in dieser Klagschrift die Armen zuerst, sondern
vielmehr ihre Mitbrüder im Kloster. Diese waren ja auch zunächst
am meisten verletzt und blutig geschlagen; die Armen Christi standen
hinter ihnen. Auch werden, man möchte meinen, gegen den Stiftungsbrief noch außer den Armen andere in ihrem Rechte Verletzten
aufgeführt, nämlich die Gäste, jedoch keineswegs gegen die kaiserliche

Gesinnung des Stifters und der Gutthäter, wozu auch die beiden Aebte Bererbard und Conrad gehören.

Während die Klosterannalen manche Schattenseite des hiesigen klösterlichen Lebens darstellen, findet sich in diesem Punkte der Austheilung der Gottesgabe nur ein einziger Fall der Vernachlässigung. Dieser muß lediglich bloß als Ausnahme gelten und nach dem allgemeinen Sprichworte nur die Regel bestärken, daß das Kloster für die Armen pflichtmäßig gesorgt hat.

Der Abt Heinrich von Jestetten war es nämlich, welcher die Gottesgabe nicht mehr vollständig wie früher austheilen ließ, sondern vielmehr mit sonstigem Klostervermögen verpraßte. Das Kloster beschwerte sich gegen diese Unbill; die bischöflichen Visitatoren schritten ein; der unwürdige Vorstand mußte aus dem kaiserlichen Armeninstitute im Jahre 1561 abziehen.

Ueberblicken wir die einzelnen Menschenklassen, denen die Neustadter Charitas in den letzten Klosterzeiten Gutes gethan hat.

1. Die Studenten führte die lateinische Straße hieher[1]). Jeder durfte drei oder nach anderen Berichten fünf Tage hier bleiben. Das jetzige weitläufige Rentamtsgebäude war ihr Absteigquartier. Manche Vögel, denen die Gegend ähnlich gut gefiel wie den deutschen Kaisern nach ihren vorhandenen Diplomen, und die gute Behandlung vielleicht noch besser, wechselten in Rothenfels nach dem Abschiede von hier ihr Gefieder und flogen nach einigen Stunden wieder hieher recht fremd thuend zurück. Der Pater Fremdenmeister sagte da oftmals: „Ich meine, wir kennten einander schon lange; der Zimmerer Schoppen ist bald getrunken gewesen". Der lose Vogel, auf das neue Gefieder seiner gewechselten Kleider greifend, versicherte hoch und theuer, daß er (mit diesen Kleidern, die ja im Leben den Mann also auch den Studenten-Mann machen) noch nie in der ehrwürdigen Abtei gewesen

---

[1]) Ihre Anrede und oftmals auch die Conversation war nach dem Brauche des vorigen Jahrhunderts in lateinischer Sprache, daher der gewöhnliche Ausdruck: „die lateinische Straße". Arme Geistliche sowie Studenten erhielten Geldunterstützung, die jetzt noch in den Rechnungen verzeichnet sind; 1672 bekamen zwei arme Studenten von Gemünden und Haßfurt 4 Malter Korn, um an einem Studienort ihr sicheres Brod zu haben.

sei. Nach kurzem Wiederbesuch mußten natürlich die Musensöhne scheiden; vielleicht hatten schon andere ihre Stelle eingenommen. Verschwendung lag dem Kloster fern.

Wie wohlthätig wäre für den Studenten und insbesondere für den hinter ihm mit banger Sorge stehenden Staat und die Kirche eine ähnliche Gastfreundschaft in jetziger Zeit? In der langen Vacanz muß ein wissenschaftlicher Sinn erlahmen; in der Regel gehen den armen Eltern die Mittel ab, dem lieben Sohne ein Reisegeld zum Besuche fremder Gegenden und Leute zu gewähren. Wir finden in unsern alten Rechnungen Geldreichnisse an diese Studenten. Haben aber die Eltern glücklicherweise solche Mittel: wer bürgt ihnen für gute Behandlung der mit ihrem Schweiße aufgezogenen Theueren? Daher kommt es, daß der Student nach der Verwüstung dieser lateinischen Straße gegenwärtig wie der Sperling auf dem Dache einen großen Theil der Ferien hindurch vereinsamt und vertrauert. Wer aber nicht vertrauert, ist kein tüchtiger Student mehr, sondern gefällt sich im nutzlosen „Zeitvertreiben" oder gefühllosen „Zeittodtschlagen".

2. Die Schuljugend von Neustadt und Erlach erschien an jedem Mittwochen und Freitag im Klosterhof und betete drei Vaterunser. Jedes Kind erhielt ein viertels Laibchen gutes Kornbrod, der Lehrer sein Weißbrod. Erst der letzte Prälat änderte diese Brodspende, indem er gegen 6 Malter Korn jährlich in die Armenkassen liefern ließ. Bevor die mit dieser Ablösung unzufriedenen Gemeinden wieder auf das alte Herkommen bringen konnten, war die Aufhebung des Klosters eingetreten. Das fürstliche Rentamt giebt gegenwärtig in jede der genannten Armenkassen jährlich 2 fl. 30 kr.!

3. Die Arbeiter von Neustadt und Erlach bekamen stete Arbeitsgelegenheit und jene bekannte gute Klosterkost. Bei der Hungersnoth in den siebziger Jahren des vorigen Jahrhunderts ließ die Abtei die auf der Pflochsbacher Markung stehenden hohen Mainuferbauten vornehmen und eine Fahrbrücke versenken, um den Unbeschäftigten guten Verdienst zu geben, und um sie nicht durch nothgedrungenes Bettlen zu entsittlichen. Konnte der Arbeiter im strengsten Winter im Spessartwald nichts verdienen, so wurde ihm in den Klosterkellern, auf den Speichern, oder wo immer Arbeitsgelegenheit gegeben. Brauchte

er Geld, so erhielt er reichlichen Vorschuß gegen noch zu leistende Arbeit. Drückte ihn eine Beschwerde, so war ohne langes Dulden oder gar ohne unsere moderne weitschichtige Federfuchserei ihm sogleich Abhilfe bereitet. So reichte einer der letzten Speisemeister nicht mehr an dem Taglöhnertische die, guten Klosterklöße, wovon jeder so dick war, als ihn die zwei Fäuste der kräftigen Scheithauer kaum umspannen konnten. Statt dessen erhielten die Arbeiter Portionen Fleisch, natürlich von weit geringerem Umfange. Sie konnten nun nicht mehr sich selbst sättigen und den Ueberrest der Familie heimbringen. Weil der Speisemeister von seiner Fleischsättigung nicht mehr abstehen wollte, beschwerten sie sich beim Prälaten; sogleich wurden wieder die Klöße gereicht. Gegen eine kleine Vergütung von ein paar Kreuzern konnte der Arbeiter für Festtage oder Familienfeste oder Familienbedürfnisse weißes Brod, Wein oder sonstige Kost kaufen, oder um einen einzigen Kreuzer jederzeit drei große Klöße; diese reichten für seine ganze Familie. „Die Leute wurden bei der Arbeit nicht so abgeschunden wie jetzt. Am Samstag Nachmittag legte jeder draußen mit dem Glockengeläute um halb zwei Uhr die Arbeit nieder; wir verrichteten nun am Sonnabend nur kleine Hausarbeiten. Beim Mähen giengen wir erst in die Kirche und erhielten doch noch vom Kloster unsern Gulden."

Natürlich waren früher diese Löhne geringer. Vor gerade zweihundert Jahren wurden gezahlt täglich: 3 kr. zum Eintragen der Besserung in den Weinberg; 1½ kr. zum Einführen und Einladen des Holzes; nicht ganz 3 kr. beim Heumachen, kaum die Hälfte beim Ohmetmachen. Auf der Kohlwiese und Lattstatt sind 125 Tage für Heumachen zu 5 fl. 15 kr. und ein ähnlicher Betrag für Ohmetmachen auf 221 Tag gerechnet. Die Steinmarker Mähber erhielten für das Heumähen auf genannten Wiesen 6 fl., also nicht ganz 6 kr. für einen ganzen Morgen. Einregistrirt muß werden, daß diese Leute Protestanten waren und zwei Stunden von hier wohnten.

Der Arbeiter verdiente sich aber auch noch seine gute Kost, und brauchte mit den wenigen Kreuzern keine hohen Preise der Lebensmittel zu bezahlen. Der Laib Brod kostete nur 4 kr., die Maas geringer Wein 1 kr., sehr guter 2 kr. Die Hochfürstliche Wg. Kammer kaufte 800 Reif Holz auf dem Stamme zu nur 160 fl., also den Reif zu 12 kr.

4. Die **Kleinbegüterten** durften auf dem Herrnfelde Kartoffel, Rüben, Bohnen, Erbsen u. dgl. ausbauen; das Kloster stellte den Pflug und die Aussaat; die Kleinbegüterten besorgten alle weiteren Arbeiten und erhielten vom ganzen Erträgnisse die Hälfte mit größeren oder kleineren Nebenvortheilen. Man nannte sie deßhalb in den alten Urkunden „Nachgebauern", weil sie in das Herrenfeld namentlich nach Benützung des Getreidebaues wieder nachbauen durften. Daher kommt unser Wort **Nachbar** aus diesem Worte Nachbauer. Freilich hat sich die Bedeutung dieses Wortes sehr geändert; während es früher den Unbemittelten bezeichnete, ist es jetzt ein Ehrenwort. Das Ohmet auf den ausgedehnten Wiesen wurde um den dritten Haufen hingegeben. Fehlte im Frühjahre der kleinen Feldwirthschaft die nothwendige **Aussaat** zum Anbau, so wurde sie um eine geringe **Gegenarbeit** oder oft blos um gute Worte verabfolgt. Das Brachfeld durfte Jeder frei für sich anbauen und Alles einärnten.

5. Die **Armen** wurden täglich mit dem gespeist, was die Mäßigkeit der Mönche an der Tafel oder im Lebensbedarf überhaupt übrig ließ. An jedem Mittwochen und Freitag wurde im Klosterhof ihnen Brod ausgetheilt. Der ganze Ertrag des Frühmeßgutes zu 40 Malter Getraid war für den Fall ihnen bestimmt, wenn die Meßstiftung der Voite von Rieneck nicht mehr gehalten würde. In Nothfällen wurde eigens für diese Armen gekocht.

6. Die **Kranken** erfreuten sich der besonderen Rücksichtnahme. „Es bleibt das Verdienst der Benedictiner in jenen Zeiten der scheußlichsten Krankheiten um das Wohl der leidenden Menschheit für immer denkwürdig." Daß die hiesigen Benedictiner eifrige Schützer und Pfleger von Badeanstalten waren, zeigen die alten Inventarien, welche den Nachweis geben, daß das Kloster Jahrhunderte lang bis auf die neueste Zeit ein eigenes Badehaus zu Würzburg (im großen Villmuth, jetzt Baukgasse II. Distr. Nr. 292) besessen und gehandhabt hat, sowie daß auch ein solches in Neustadt vorhanden war. Das Inventar vom J. 1555 weist darin auf: „2 messingene Wannen mit zinnernen Deckeln; eine kupferne Wanne; ein messingenes Becklein; fünf Küfflein von Messing; fünf Badgelten von Holz; ein großer Wasserzuber." War auch diese Badestube zunächst nur für den eigenen Klosterbedarf eingerichtet, so darf man doch annehmen, daß namentlich bei bringender

Noth auch sonstige Kranken überhaupt an den Wohlthaten derselben Antheil nehmen durften, zumal da wir dieselbe nicht im eigentlichen Münster, sondern beim „Gasthaus zum neuen Stab" treffen. Wie jetzt durch Gebrauch des kalten Wassers so ausgezeichnete Kuren bewerkstelligt werden, so haben früher schon unsere Gottgeweihten hier und in Würzburg um die leidende Menschheit sich verdient gemacht und manche andere Wohlhabenden zu gleicher Liebesthätigkeit durch ihr Beispiel angeregt.

7. Die Gäste wurden mit besonderer Aufmerksamkeit behandelt. Die Abtei war wohl keinen Tag ohne Gast. Die reisenden Handwerksbursche erhielten schon von neun Uhr an warme Speisen. Die höchsten Standespersonen sprachen in den alten Zeiten, in welchen noch keine oder wenigstens keine so gut wie jetzt eingerichteten Gasthäuser in unserem Vaterlande vorhanden waren, das klösterliche Gastrecht an. Die oft bemerkte Urkunde vom Jahre 1348 bestimmt hierüber:

„Auch sprechen wir, das ein Abt alle gastung halten sol on hoffarte, vnd königsreis gewohnlichen geben soll."

Weil die deutschen Könige kein eigenes Reichseinkommen hatten, nahmen sie bei ihren nothwendigen Reisen mit ihren zahlreichen Gefolgen in den Klöstern Einkehr. Sie hatten hiezu eine eigene Berechtigung, das Jus Metatus, das Recht freien Einlagers. Die gewöhnlichen Reisenkosten des deutschen Königs sollte nach damaliger Uebereinkunft zwischen Abt und Convent blos der Abt allein tragen. Noch im sechszehnten Jahrhundert findet sich in den Klostergebäuden eine eigene Fürstenkammer, die wohl zum Aufenthaltsorte hoher oder höchster Herrschaften diente. Am 15. Juni 1702 verweilte der päpstliche Legat Weihbischof Horaz von Cöln in der Abtei.

Besonders gern sprachen die Würzburger Gäste hier zu. Waren ja auch stets Conventualen aus dieser Stadt im hiesigen Priesterverein. Wenn sonstige Gäste dieselben zur Rede stellten, warum sie Neustadt so oft besuchten, sagten sie oftmals zu ihrer Rechtfertigung: „Brod, Wein, Fleisch haben wir besser droben, aber (aus den unerquicklichen Kalkbergen) kein so gutes Wasser; nur das Wasser verführt uns herunter". Viele waren wohl auf dem Main heruntergefahren. „Aber, bemerkte der letzte Conventual

Franz Kraus oftmals, seit einem halben Jahrhundert sprudelt der
nämliche helle Kristall noch in Neustadt, und doch lassen sich daselbst
die Würzburger Gäste nicht mehr sehen. Sie hatten wohl mehr als
die bloße Wasserabsicht". Allerdings; sie hatten die Absicht der
Geselligkeit, des Ausruhens gleichsam in einem geistlichen
Wirthshause, der Stärkung für Leib und Seel in wohlthätiger Bergluft und schöner Gegend.

Der Fürstbischof Peter Philipp hielt in der Fastenzeit 1681 hier
seine achttägigen geistlichen Uebungen. Am 29. August 1679 stattete
ihm hier der Mainzer Erzbischof seinen Besuch ab. Von Podagra
zurückgehalten konnte er erst am 16. September von Neustadt aus
nach Aschaffenburg zur Erwiederung dieses Besuches seines Metropoliten reisen.

Im Sommer 1541 verweilte hier unser berühmter fränkischer
Geschichtschreiber Lorenz Fries.

Zu diesen Gästen gehörten auch die Jagdgäste, welche ja in
unserem dichten Walde ihre Herzenslust vollständig befriedigen konnten.
Sogar in das Gebiet der Sagen ist ihr hiesiges Leben übergegangen.
Ein Klostergeistlicher, so erzählt die Mähre, gieng an einem Festtage
von Rothenfels, woselbst er die hl. Geheimnisse gefeiert hatte, in
später Nachtzeit mainaufwärts. In der Mitte des Wegs, da wo der
Gaibach aus dem Spessart über den Weg in den Main fließt, bemerkte er auf dem Boden vom jenseitigen Frankengebiete herüberkom-
mend das ganze Ungethüm der wilden Jagd, den Hufschlag der
feurigen Rosse, den Spornstreich der Reiter, Hundsgebelle, Jagdrufe
und dergl. Im folgenden Jahre am nämlichen Festtage nahm er dies
wieder wahr. Da erinnerte er sich, daß die Jagdliebhaber namentlich
aus Würzburg an diesem hehren Festtag im Spessart früher gejagt
hatten, und er glaubte deßhalb, daß dieser Frevel durch ihr Bannen
zur Fortsetzung ihrer frevelhaften Handlungen gestraft werde. Die
Leute haben immer noch eine große Scheu vor diesem Platze; auffallend ist es, daß aus dem engen nur kurzen Thale in der Nachtzeit
eine schneidende Bergluft hervortritt, während eine halbe Stunde
mainaufwärts das viel längere Thal, an dessen Mündung Neustadt
liegt, eine solche Erscheinung keineswegs darbietet. Gewiß kann nicht
in Abrede gestellt werden, daß die gutmüthige Abtei mancherlei Miß-

ſtände beim freundlichen Gewähr ihrer Wohlthaten nicht verhindern konnte, noch vielweniger aber in den dem Fürſtbiſchof zum Lehen ge- gebenen Revieren.

Der im J. 1816 eingeparkte fürſtliche Speſſart lieferte in neueſter Zeit jährlich gegen 40 Stück Wildſchweine und 30 Stück Hirſche. Noch vor 60 Jahren waren jene berühmten Wolfslöcher zu ſehen, nämlich tiefe Löcher im Erdboden, worauf ein mäckerndes Schaf an- gebunden wurde, um die gierigen Unthiere herbeizulocken. In den alten Kloſterinventarien trifft man vor 300 Jahren noch Wolfshäute.

Wir dürfen eine eigene Art von Gäſten nicht vergeſſen, die Seelen-Jäger. Während der franzöſiſchen Revolution hielten ſich zwei aus dem Vaterland vertriebene Geiſtliche, ich weiß nicht mehr recht, ob aus einem Orden oder Weltprieſter, lange Zeit in der Abtei auf. Einer davon wollte durchaus predigen und verkündete auch das Wort Gottes zu Waldzell, nachdem er vorſorglich wegen der unge- wohnten deutſchen Sprache zuvor ſein Manuſcript von einem vertrauten Mönche hatte durchſehen laſſen. Eine außerordentliche Wohlthat hatten hierin Mönche und Kleriker aus weiter Ferne. Wir treffen darum Conventualen von Bamberg, Würzburg und Fuld in den weiten Hallen der Stiftung. Die Neuſtadter werden gewiß dieſe Ehre er- wiedert und hiedurch einen ungemein großen Nutzen, eine Auffriſchung der körperlichen und geiſtigen Kräfte oftmals ſich verſchafft haben.

Die nämliche Gaſtfreundſchaft finden wir auch auswärts geübt. So gewiß bei unſern Eremiten zu Einſiedel. Es ſpricht hiefür unſere Urkunde bei Verpachtung des dortigen Kloſterhofes, als die bisherigen geiſtlichen Bewohner daſelbſt wieder zu dem hieſigen Mutterkloſter zurückkehrten. Dem neuen Hofbauer wurde nämlich die Verpflichtung auferlegt, in ſeiner Behauſung eine eigene Kemnate (Kammer) frei- zuhalten und den ankommenden Herren die anſtändige Atzung zu geben. Vielleicht iſt gerade aus Rückſicht auf dieſe Ausgaben das bisher durch die Geiſtlichen gewiß im beſten Stande gehaltene ausgedehnte Gut um den geringen Pacht von nur jährlich vier Gulden hingegeben. Freilich ſollte der Hofbauer auch den nach Einſiedel kommenden Jägern ſowie dem Kloſtergeſinde die nothwendige Verköſtigung gewähren.

8. Die Pflichtigen des Kloſters wurden milde behandelt. Wer in Neuſtadt vom Kloſter ein Gut hatte, mußte in der Aernte einen

Tag schneiden und noch einen sonstigen Tag arbeiten. Wie wenig! Wer
in Pflochs- oder Sendelbach ein Lehen hatte, mußte auf dem Klosterhof zu
Pflochsbach einen halben Tag Haber schneiden, die Sendelbacher bekamen noch Essen und Trinken dazu und durften einen „Bock" Haber
(ganz kleine Bürde) unter dem Arm mit heimnehmen. „Wer in Sendelbach ein Gefährde hat, oder wenn zwei oder vier eins haben, die
sollen auf dem Hofe in Pflochsbach im Lenzen einen halben Tag und
im Herbst wieder einen halben Tag zackern. Man soll ihnen und
ihrem Vieh reichen, was von Alters Herkommen ist." Bei Aufhebung
des Klosters mußten die Hofbauern auf den vormals klösterlichen Freihöfen sogleich einen dreimal höheren Pacht zahlen. Weil diese Bauern
von der Abtei nicht so hart mit Abgaben beschwert waren, brauchten
sie auch gegen Dienstboten und Handwerker nicht zu knausern.
Hielten sie sich gut, so wurde auch für ihre Kinder wieder gesorgt.

Mit ähnlicher Milde wurden die Gefälle von sonstigen Pflichtigen
erhoben, oft nur so viel, daß das Recht nicht schlafen gieng. So
auch der von den Kaisern dem Kloster geschenkte Mainzoll. In den
alten Tarifen sind die einzelnen Gebühren bemerkt. Z. B.:

Ein Schelch mit Obst, Nüssen zollt 1 Schilling.

Ein Faß Wein 2 Heller.

Eine Tonne Häring 4 Heller.

Ein Mühlstein, der dahier eingeladen wird, 1 Pfund.

So ein Jud vorübergeht, 3 Würfel (?) oder 2 Heller, so er
aber auf dem Wasser fährt 30 Heller.

Von einer Jüdin jung oder alt 30 Heller.

Oftmals ist diesem Zolltarif beigesetzt: „Stet gnad dabey".
Und gleichsam mit Frakturbuchstaben ist dem Tarife vorgesetzt: „An
allen Zöllen ist Gnade besser als Recht".

Diese Milde war wohl auch bei der Rug oft am rechten Platz.
Wir werden in dem Abschnitte von der Bodenkultur über die großen
Strafen der Rug staunen. „Von Vieh oder Gäns soll jeder Fuß
einen Dehn zur Buß geben; die Buß soll der Gemeind sein; auch soll
dem das sein gezahlt werden, dem der Schad geschehen ist."

9. Besondere Landesnoth steigerte die Thätigkeit der Neustadter Charitas. So hat das Stift für die beim Rückzuge der Franzosen durch Brand verunglückten Hochstiftsunterthanen fünfzig Gulden

Beisteuer i. J. 1796 gespendet; nur das überreiche Kloster Ebrach hat einen höheren Beitrag durch fünfundfünfzig Gulden geleistet. Die bischöfliche Visitation fand i. J. 1756 den Vorrath von nur 391 Mlt. Korn, 14 Mlt. Waizen und 265 Mlt. Haber „für eine solche Stiftung viel zu gering“, weil der Klosterspeicher für etwaige Landesnoth stets gefüllt sein sollte.

10. Die eigenen Leute wurden von der Charitas am wenigsten vergessen. Sie sollten das Leben, versteht sich das wahrhaft mensch=liche und christliche Leben, so recht genießen, und sie genossen es. Es ist ja dumm zu glauben, daß es in den Zellen trübselig aussah. Wo Gottesfurcht, Thätigkeit und Nächstenliebe herrscht, da kann kein Trübsinn hausen. Das Buch Sirach lehrt im 26. K. 4. V.: „Der Mensch, dessen Herz rein ist, sei er arm oder reich, hat alle Zeit ein fröhliches Angesicht“. Die schönsten Spaziergänge gewährten der See=garten am Michelsberge, der Abteigarten neben dem Klosterbau und der Conventsgarten nördlich davon. Jeder Conventual hatte im Con=ventsgarten sein eigenes mit Buchs zierlich umgränztes Gärtchen, welches je nachdem mit den schönsten Blumen bestellt war. Mancher Geistliche verwendete große Summen Geldes darauf, um ausgezeich=nete Spielarten von Blumen zu pflanzen. Oben an diesem Garten war eine Kegelbahn angebracht; im Kloster diente ein Billard dazu, Körper und Geist zu erholen. Wer sich von der fixen Idee heilen will, als hätten die Klöster das Leben nicht genossen, der ge=nieße von dem Rundell beim Laubgange aus die liebenswürdiḡ saftige Schöpfung Gottes in der Sommerszeit, oder von der Anhöhe des Michelsberges die Aussicht aus das liebliche Thal des Mains, dessen sanfte Wellen so zutraulich vorüberwallen.

In den letzten Klosterzeiten erhielt ein Pater den Auftrag, den Klosterzehent in Karbach einzunehmen. Er entgegnete jedoch dem Abte: „Hochwürden Gnaden möchten wissen, daß ich mit der noth=wendigen weltlichen Kleidung für dieses Geschäft nicht versehen bin; möchten Sie daher einen Andern schicken“. Der Abt erwiederte aber: „Du wirst wissen, jedes Aemtle hat ä Schlämble, geh’ Du nur hin“. Der Zehentpater ließ nun sogleich die Tennrisse dreschen und Sonstiges zu Geld machen. Er schaffte sich hievon tüchtige oder etwas zu pro=pere Montur an. Als er sich beim Heimkommen dem Abte wieder vorstellte, äußerte dieser verwundert: „Ich kenn' Dich ja fast nicht mehr, Du kommst ja daher wie ein Kavalier". „Aber, war die Antwort, Hochwürden Gnaden haben ja gesagt, jedes Aemtle hat ja ä Schlämble". Der Abt erwiederte: „das ist kein Schlämble, sondern eine Schlambel; zu stark". Zweifelsohne nahm der Abt diese Kleidung nicht weg.

An dem seelenvergnügten Leben der Conventualen nahmen die auswärtigen Geistlichen Antheil. Mancher war Tage, oft Wochen lang im Kloster. Auch protestantische Pfarrer stellten sich fleißig ein. „Ich muß meine Kinder mitbringen, sprach einer, damit sie im Kloster Toleranz lernen". „Als es noch Klöster gab, sagte ein Anderer, da hatt' ich gute Tage. Da trank ich guten Kalmuth in Triesenstein, da aß ich gutes Brod in Holzkirchen, da erfreute ich mich an rothem und schwarzem Wildpret in Neustadt".

Natürlich nahmen an dieser Milbthätigkeit auch die armen Klöster Antheil. Nach den Rechnungen v. J. 1672 und 1673, welche vom Klosterbrande zufällig noch gerettet wurden, erhielten die Kapuziner zu Lohr damals jährlich 6 Mlt. Korn und 4 Eimer Wein, die Reuerer zu Würzburg 2 Mlt. Korn, die Franziskaner zu Salmünster 1 Eimer Wein. Wir dürfen für gewiß annehmen, daß ähnliche Reichnisse diesen und anderen Anstalten auch in sonstigen Jahren verabfolgt wurden. Dem Pfarrer von Rothenfels wurden damals 2 Eimer Wein zu seiner Haushaltung verehrt; als jährlicher Verbrauch für „fremde Herrn- und Gäst-Pferd" sind 10 Mlt. Haber verrechnet. Besonders hatte sich die Propstei Retzbach dieses Zuschusses vom Mutterkloster zu erfreuen. Bei den französischen Truppenzügen hätte sie unmöglich sonst bestehen können.

Für das gute Verhältniß zwischen der Abtei und den Weltpriestern spricht unter vielem Anderen auch die folgende Thatsache. Der Domherr und Truchseß Martin von Würzburg händigte i. J. 1474 dem Kloster hundert Gulden ein mit der Bestimmung, daß das Kloster jährlich fünf Gulden an den Dechant, das Capitel und die Procuratoren zu Karlstadt auszahle. Bei den jährlichen Capitelsversammlungen solle ein Todtenamt für den Stifter gefeiert und unter die anwesenden Geistlichen bemerkte fünf Gulden vertheilt werden. Wahrscheinlich war die Verwaltung dieses Stiftungsgeldes durch die hiesige Anstalt später nicht mehr nothwendig; ausdrücklich hatte sich dieselbe die Rückzahlung der übergebenen frommen Gabe vorbehalten. J. J. 1549 wurde das Capital der Capitelskasse ausgehändigt. Wir sehen hieraus die gewissenhafte Besorgung gemachter Stiftungen; zugleich auch die Thatsache, daß die jährlichen Versammlungen der Geistlichkeit eines Capitels schon vor vierhundert Jahren in Uebung waren.

Ein eigener Brauch, den wir schon im ersten Beginn bei dem gleichalterigen Kloster Fuld treffen, und der in dem hiesigen Kloster bis zur Aufhebung beobachtet wurde, sollte diese bezeichnete zehnfache Thätigkeit der guten Karlstochter darstellen. Starb nämlich ein Conventual, so wurde einen Monat lang der von ihm früher eingenommene Platz am Tische wie früher gedeckt und mit allen Speisen versehen. Dieselben wurden hernach wieder abgetragen und Armen oder Kranken eingehändigt.

Gewiß sollte dieser Brauch beurkunden, wie dieser Mann in seinem Leben auf mannigfache Weise die Nächstenliebe geübt hat, so will er es auch noch, so gut er es mit Irdischem kann, nach seinem Tode thun; er rechnet dabei auf dankbare Anerkennung durch die Fürbitte für ihn. Daher wurde einen Monat lang täglich zu seinem Grabe gewallt von den Priestern und dem Volk.

Gott gebe es, daß in dem neuen oder vielmehr uralten Benedictiner-Spital die vielhundertjährige Charitas wieder ihr pflichtmäßiges Wirken in thätiger Nächstenliebe dem Bedürfnisse der Zeit entsprechend aufnimmt und ihre zehn Gebote Gottes hält! Durch Beherbergung der Studenten in der langen Ferienzeit würde sie sich mit verhältnißmäßigem kleinem Aufwand große Verdienste erwerben. Was könnte diese Charitas leisten für die Nothjahre, für die Arbeiter, Kinder, Taubstummen, in Kriegs- und Friedenszeiten!

Ein kleines Lebenszeichen gab das Benedictiner-Spital in dem letzten preußischen Bruderkriege, indem nach der Schlacht zu Helmstadt aus dem dortigen Elende bayerische zum Theil sehr schwer verwundete Soldaten des 1. kgl. Infanterie-Regimentes abgeholt und 4—6 Wochen darin, sowie theilweise in zwei Privathäusern verpflegt wurden, nämlich:

Johann Saller von Gögging, B. Kehlheim.
Georg Höfelsauer von Margarethenthan, B. Rothenburg, Niederbayern.
Bonifaz Huber von Eggelhamm, B. Pfarrkirchen.

Michael Pichler von Amerang, B. Wasserburg.

Joh. Phil. Häfele von Oberwiesen, B. Kirchheimbolanden.

Phil. Pfasmann von Bechingen, B. Landau, † 19. August 1866, protestantischer Konfession, hier begraben.

Doch wir dürfen nicht länger bei dieser „Mutter der schönen Liebe" verweilen. Wir finden in ihr dargestellt, was die alte ehrwürdige Urkunde von der treuen Hausfrau aufzeichnet; so sagen die Sprüchwörter im 31. K. 19. V.: „Sie legt ihre Hand an große Dinge und ihre Finger umfassen die Spindel". Beim Scheiden ist es unsere Pflicht, ihr ein herzliches „Vergelts Gott" zuzurufen für jeden der zehn zu Liebeswerken ausgespannten Finger, desgleichen aber auch ihrem sorgsamen kaiserlichen Vater Karl, der schon in die Wiege seiner Tochter diese Armenliebe gelegt hat. Er wünscht nichts mehr, als daß sein „Stiftungsgut zur Ernährung der Armen und zum Unterhalte der Mönche, die hier Gott dienen, für ewige Zeiten wachse und zunehme". Diesen Armen ist seine erste und den Geistlichen erst die zweite Sorgfalt gewidmet.

Im französisch-deutschen Kriege wurden folgende verwundete und erkrankte Soldaten in dieser Anstalt verpflegt: Franz Knecht von Pflaumheim, Joachim Heidenfelder von Neustadt am Main, wie die nächsten: Michael Wolf, Joseph Grün und Michael Schwab; vom 22. April bis 1. Juli 1871 der erkrankte Kaplan Febor Pohl von Würzburg, † 12. Januar 1872. In Allem waren es diesmal 290 Verpflegungstage.

„Der verstorbene Soldat Morhard von hier, so klagte mir weinend eine besorgte Mutter von Großostheim, war der brävste Bursch im ganzen Orte, der treueste Kamerad meines Sohnes; ich gäbe doch Alles darum, wenn er nicht gestorben wäre". „Und ich bin Schuld an seinem Tode, mußte ich wehmüthig entgegnen. Ich hätte ihn gern aus dem Lazarethe zu Speyer mit den andern Verwundeten mitgenommen, allein meine Mittel ließen es nicht zu. Ich sehe und höre ihn noch bitten: „nehmen Sie mich auch mit". Als ich es ihm abschlagen mußte, sagte er: „nach einigen Wochen komme ich vielleicht doch heim": allein nach vier Wochen wurde der Fuß abgenommen, worauf nach einigen Tagen der Tod erfolgte. Der Soldat Heidenfelder hatte ganz die nämliche Wunde und ist der festen Ueberzeugung, daß auch Morhard bei gleicher Verpflegung und nützlicher Kur ebenso sicher geheilt worden wäre".

Die seit Jahren betriebenen Verhandlungen wegen zweckmäßiger Wiedereinrichtung des Benedictinerspitals sehen einem ehrenvollen und nützlichen Ausgange entgegen, damit zur Wahrheit werde:

> Neustadt altes Gotteshaus
> Hängt die Spitelfahne aus.

IX.

Georg.

Mit Grund dürfen wir annehmen, daß unser mehrgenanntes Jagdhaus Norlach mit einer kleinen Maierei versehen war. Dieselbe in gutem Stand zu erhalten, war jedenfalls das Bestreben der neuen geistlichen Eigenthümer. Ja wir dürfen vermuthen, daß sie diese Maierei noch möglich vervollkommneten; denn dieselbe mußte ihnen ja den ersten Lebensunterhalt gewähren. Bald legten sie auch ihre Hand an, um an geeigneten Stellen ihres Stiftungsgutes den Boden urbar zu machen oder die Culturen möglich zu verbessern.

Außer dieser Sorge für den täglichen Lebensunterhalt sowie für Gewinnung der nothwendigsten Mittel zur Ausführung religiöser Bestrebungen hatten die ersten Mönche noch besondere Motive zur Bebauung der Erbschollen.

Vor Allem wollten und konnten sich dieselben nicht in Widerspruch mit ihrem hl. Stifter setzen. Es ist aber aus der Geschichte bekannt, welche große Angelegenheit sich der ofterwähnte Herrscher aus der guten Bebauung des Bodens machte. Wenn man seine Verordnungen über Bestellung der königlichen Landgüter liest, fühlt man, daß die Lehrer der Landwirtschaft mit Recht ihn zu den Schriftstellern ihres Faches zählen. Seine Verfügungen im Allgemeinen wie im Einzelnen charakterisiren den gewaltigen Herrscher als einen Landwirth in vollkommenem Sinne des Wortes. Die gute Pflege des Bodens hob zugleich das Gewerbwesen und den Handel. Wollte wohl die Stiftung diesen Bestrebungen des Reichsvorstandes sich entgegensetzen? War sie nicht vielmehr durch die Pflicht der Dankbarkeit und Ehrfurcht dazu verbunden, ihre Oekonomie der der königlichen Höfe gleich zu stellen oder sie zu übertreffen?

Die ersten Mönche hatten aber bei ihrer Bodenpflege noch ein eigenthümliches wahrhaft edles Interesse. Wir wissen, daß der Apostel der Deutschen nach Auftrag des hl. Stuhles die Freuden des Mahles in größerer Gesellschaft dazu benützte, um Seelen zu gewinnen, denen sonst nicht leicht beizukommen war; namentlich galt dieses für die heidnischchristlichen Priester damaliger Zeit. Ebenso suchten auch die hiesigen Mönche durch ihren Ackerbau das Christenthum an den Mann zu bringen. Wer ihre Predigt nicht annehmen wollte, oder durch ihr Beispiel eher abgestoßen als angezogen wurde: der sollte durch den Anblick ihres Wohlstandes, des irdischen göttlichen Segens, der über ihre Landwirthschaft ausgebreitet lag, für das Christenthum gewonnen werden. Der englische Bischof Daniel hatte schon i. J. 724 dem hl. Bonifazius den Rathschlag ertheilt, die Ländereien gut zu bestellen. Er solle dann die Heiden darauf aufmerksam machen, daß die wahren Verehrer Gottes fruchtbare Länder sowie an Wein und Oel ergiebige und mit sonstigen Schätzen in Ueberfluß gesegnete Gegenden besitzen, während den Heiden nur von Kälte starrende Länder nebst ihren todten Göttern übrig gelassen blieben. Auf den ersten Ansiedelungen der englischen Mönche ist für manche Orte ein blühender Stand der Bodenpflege ausdrücklich in der Geschichte dokumentirt, wie in einem Landgute bei Mainz.

Wir dürfen uns demnach schon in den ersten Zeiten eine ganz tüchtige Pflege des bisher fast ganz vernachlässigten Urbodens vorstellen, einen geistlichen Musterhof zu Neustadt; bald zu Nieder-lohr, Marienbrunn, Michelrieth. Daß die beiden letzten Namen auf einen geistlichen Ursprung weisen, ist klar. Um diese Klosterhöfe bildeten sich Ansiedelungen und Orte.

Daß diese Thätigkeit im Mittelalter nicht erloschen ist, bezeugen uns die beim Kaiser Rudolph eingebrachten Klagen wegen gewaltsamen Eindringens in die Werkstätten der Brüder. Ob damals noch die Geistlichen mit eigener Hand den Pflug führten und die Feldarbeit im Schweiße des Angesichtes besorgten, ob sie eine große Zahl von Laienbrüdern zur Besorgung der Bodenpflege hatten, erhellt aus den damaligen Dokumenten keineswegs. Bezeugt ist nur, daß die Schüler des hl. Bonifazius wie Paulus mit eigener Hand ihr Brod verdienten. Abt Guido Bach erklärte Anfangs des vorigen Jahrhunderts der bischöflichen Visitation, daß schon seit hundert Jahren keine Laienbrüder mehr im hiesigen Kloster dem Herrn gedient hätten. Auch nach dieser Zeit finden wir keine Laienbrüder mehr. Es lag jedoch im Interesse der geistlichen Stiftung, die Oekonomie auf ihren selbstbebauten oder zu Lehen gegebenen Gütern möglich zu fördern. Durch gute Mustergüter war der gemeine Mann zu guter Bestellung seines Bodens animirt. Dies brachte dem Kloster, sofern es Zehntherr war, wieder einen Vortheil durch größeren Zehntertrag.

Im Jahre 1361 verlieh Abt Gottfried fünfviertel Morgen Weinberg zu Retzbach an die dortige Elisabeth von Michsen um die jährliche ewige Gült von sieben Schilling-Pfennig. Bei dieser Verleihung ist die große landwirthschaftliche Sorgfalt des Klosters bezeugt; es ist nämlich bedingt, daß die ehrbare Frau oder ihre Erben dieses Stück Weinberg alle Jahr und zwar mit zwei Fuder Dünger und vier Fuder Erde bessern müssen; ferner, daß der Weinberg im rechten Baue mit Heppen, Hacken und Hauen gehalten werden sollte. So oft dies nicht geschähe, sollte eine Buße von vierzig Pfennig an den Abt geleistet werden.

J. J. 1364 verwilligte sich die Abtei dahin, an der Pfarrei zu Retzbach auch einen Frühmesser anzustellen, damit die Häckersleute vor ihrer Arbeit die hl. Messe besuchen konnten, „ob in Gott die gnad gibt, daß sie dorzu wolten gehn". Die ehrbare Frau Kunigunde Eslin, Wittwe des Peter Esel von Nürnberg, damals in Schweinfurt ansässig, gab zu dieser Frühmesse neun Morgen Weinberge. Wir sehen hieraus, daß es der Abtei nicht blos um Bodencultur überhaupt, sondern auch um christliche Bodencultur zu thun war.

Nachdem im Bauernkrieg die Bücher über Rechte und Pflichten der Abtei verbrannt worden waren, bemühte sich der fleißige Abt Konrad Lieb in Vereinigung mit den Schöffen diese Urkunden wieder herzustellen. In den Flurrechten ist unter Anderm folgende Bestimmung enthalten:

„Wer Etwas vom rauhen Felde des Klosters räutet, braucht von einem Morgen nur 1 Schilling-Pfennig und den Zehnt als jähr-liche Abgabe zu entrichten. Würde es aber wieder veröben, so soll es in die Gemeinde fallen."

In andern Gegenden unseres Vaterlandes treffen wir keineswegs einen solchen Vorschub zur Bodenkultur. Wir staunen über die un-sägliche Anmassung von Grundherrn, welche gleichsam in der Voll-gewalt des Bodenbesitzes schwelgen, und bedauern um so mehr, wenn wir Kirchenfürsten diesen Standpunkt einnehmen sehen. So kommt in den alten Weisthümern für die Gemeinden am Rhein oftmals der nachfolgende Ausdruck vor: „Die Schöffen erkennen den Bischof zu Cöln für unsern gnädigen Herrn und wir erkennen ihn auch für einen Grundherrn und Gewaltherrn von der Erden bis in den Himmel und wieder von dem Himmel biß uff die erdt" [1]. Es fehlt noch, daß diesen Grund- und Gewalt-Herrn auch von den Geschworenen jedes Sandkörnlein bis hinab zu unsern Gegenfüßlern als rechtlich zugesprochen wird. Recht wohlthuend ist die Wahrneh-mung, daß Karls Tochter niemals so versessen auf die Erdschollen gewesen ist.

Gewiß ist hiedurch der Fleiß zur Cultur des Bodens mög-lichst angespornt worden. Trotzdem hat die hiesige Markung in be-bautem Felde zu Klosters-Zeiten keine große Ausdehnung gewonnen; denn es langte. Nach der Auflösung waren die Leute gezwungen, ihre fast bis ans Ort reichenden Holzschläge im Süden zu Baufeld umzuarbeiten und andere Holzschläge zu verkaufen; ein Dritttheil der verarmten Einwohnerschaft wanderte nach Amerika. Diesen „unseren abwesenden Brüdern" hiemit meinen herzlichen Gruß, auf baldiges Wiedersehen! Die jetzige Einwohnerzahl beträgt nur noch 600 Seelen.

Der Abt verlieh an brave Leute Freigüter. Diese Güter sollten frei sein von jeder Beschwerung, Atzung, Beet, Steuer, Frohn. Nur wenn eine Brandschatzung im Orte angelegt wurde, sollten diese Güter einen Beitrag wie die übrigen Güter in der Gemeinde leisten. Bei

---

[1] Grimms Weisthümer 2. Bd. S. 673. Das Weisthum gilt für die Gemeinde Storzheim i. J. 1622. Ganz gleichlautende Bestimmungen finden sich noch für viele Gemeinden im Cölnischen und Trierischen.

jedem Gerichte hatte der Klosterschultheiß zu fragen, ob diese Güter bebaut sind. Wer seine Güter nicht baute, mußte an den Abt an jedem Gerichtstage acht Heller Buße zahlen. Jedenfalls wurde auch bei fortgesetzter Vernachlässigung einem solchen unnützen Knechte das unbenützte Bodentalent entzogen und einer fleißigen Hand übergeben. Dreimal im Jahre war Gericht, nämlich am Montag nach Ostern, am Montag nach Wallburgis und nach Michelstag; ferner noch Aftergericht, so oft es Noth sei bei „Sonnenschein oder Mondschein".

Diese Liebe zur guten Bebauung des Erbbodens möchte auch durch das Wappen des Abtes Georg Ehehalt dargestellt sein. Die Aebte nach ihm führten folgendes Wappen. In der Mitte desselben finden sich zwei Felder, das eine enthält den Buchstaben N mit darauf eingesetztem Kreuzchen, das christliche Neustadt anzeigend; das andere Feld stellt den Familiennamen des jedesmaligen Abtes vor; ein Schwert z. B. den Familiennamen Krieg; ein Füllhorn den Namen Reich. Um diese beiden Felder erheben sich die Insignien des Abtes, ein Bischofsstab und Infel. Bemerkter Abt Georg führt jedoch auf seinem Porträte blos eine Pflugschaar mit einem rothen Kreuze aus vier Sternen, umgeben von einem pflugschaarähnlichen Kranze, der mit vier weißen Sternen geschmückt ist. Es soll offenbar hiemit das griechische Wort Georg, Landbebauer, dargestellt werden für diesen einzelnen Mann und zugleich aber auch für das Bestreben des ganzen Priestervereins.

Wollen wir uns nicht das Einzelne dieser landwirthschaftlichen Leistungen ansehen?

Ich will nicht zeichnen unsern Abt, der die Körner säete, während die Brüder sie eineggten oder die Furchen legten; ebensowenig, wie er mit den Seinen die Karlswaldung lichtete, um das liebe tägliche Brod dem Boden abzuringen. Was der dankbare Römer [1]) von seiner Göttin Ceres nach vielen Jahrhunderten noch rühmte, dürfen wir auf unsere alten Klöstervorstände anwenden:

Burkard „zuerst hat die Menschen das Land mit Eisen zu kehren
Angeführt, da bereits Haagäpfel und nährende Eicheln
Fehlten im heiligen Wald".

---

[1]) Virgil's Landbau I. v. 147.

Unsere Benedictiner haben die „Ehre des Pfluges auf dem göttlichen Felbe" [1]), die der Römer besingt, für sich selbst und Andere
beschützt; sie haben gesorgt,

		Daß nicht „öde das Feld die entführten Pfleger betrauert
		Und zum starrenden Schwert umschmilzt die gebogene Sichel" [2]).

Gewiß waren dies für die Unsrigen grüne Zeiten, als sie auf der
grünen Gottesflur den Boden cultivirten. Fast möchte ich sonst die uralte
Bezeichnung der Erlacher Aecker als „Herrnfeld" und weiter mainauf-
und -abwärts als „Pfaffenäcker" eine lügenhafte nennen, wenn nicht unsere
Besitzer durch ihren Pflug und Karst, durch ihre Hauen und Messer
ähnlich wie jetzt noch die Trappisten und ehebem ein heiliger Bernard
die Erbscholle bebaut und die Probukte der göttlichen Allmacht liebend
gepflegt hätten. Gewiß war diese Arbeit in Gottes freier Natur
unter den lichtvollen Strahlen der welterhaltenden Sonne eine ganz
natürliche Stärkung für Körper, Herz und Geist; süß noch jetzt in
der bankbaren Erinnerung, welche uns gleichsam einen guten Nach-
geschmack von diesem eblen Leben gibt. Wir treffen deßhalb auch eine
doppelte Kleidung bei den Dienern Gottes; nämlich eine warme aus
schwarzer Wolle für den Winter, und eine leichte aus schwarzer Leinwand für den Sommer. Eine solche landwirthschaftliche Thätigkeit
erscheint uns gewiß weit nobler, als faules, hinbrütendes Leben, nur
thätig im genauen Zeitungslesen oder in dem oft ganze Nachmittage
verschlingenden Spiel mit Karten oder in sonstiger Verschlemmung
unseres besten Talentes, welches der Allbarmherzige uns hier anvertraut hat durch das kostbare Gnabengeschenk der Zeit!

Besuchen wir die Culturen der Unsrigen auf den einzelnen Höfen.
Gern stehe ich zu Diensten, oder vielmehr, es steht bazu bereit der
reichliche Wald vieler Urkunden-Blätter, welche hierüber uns Aufschluß gewähren. In der folgenden kleinen Uebersicht werden die vier
ersten Zahlen uns Nachricht über die Ausbehnung dieser Güter und
die andern Zahlen über den Ertrag in uub um das Jahr 1614 uns
gewähren. Bei der gegenwärtigen Werthschätzung der Landwirthschaft
wird manchem Leser eine eingehende Darstellung über frühere Boden-
bewirthschaftung willkommen sein.

---

[1]) Virgil's Landbau I. v. 603 und 168.		[2]) Desgl. v. 504 und 505.

Namen.	Anzahl der Morgen.				Pachtertrag in Malter Getreid.			
	Aeder.	Wiesen.	Gär-ten.	Gehölz.	Korn.	Waiz.	Haber	Erbf.
Ansbach	334	32	3	11	30	—	14	$\frac{1}{2}$
Einsiedel	91	100	3	—	5	—	3	—
Hafenlohr	121	34	1	12	22	—	12	1
Kronungen . . .	287	24	—	—	14	8	4	2
St. Margaretha . .	90	60	4	67	5	—	9	—
Pflochsbach . . .	34	37	1	42	6	—	5	—
Waldzell	280	20	3	31	45	8	6	1
Zusammen	1237	307	15	163	127	16	43	$4\frac{1}{2}$

Staunen müssen wir zunächst über die geringe Pachtsumme für einen Morgen Feld zu beiläufig nur ein Achtel Malter Korn oder nach früherem Geldwerthe 22 Kreuzer, nach jetzigem Werthe dieser Abgabe in Korn 2¼ Gulden, während jetzt der Betrag ein ungemein größerer ist. Allein wir müssen auch denken an die schweren Fesseln, in welchen vor Alters die liebe Landwirthschaft lag, und dürfen den Umstand nicht vergessen, daß wir vor den Pforten oder eigentlich im Convente eines Klosters stehen; da gilt das Wort: „Leben und leben lassen". Nur freuen können wir uns über die kluge Einrichtung, daß um unsere Karolina rund im Kreise sieben tüchtige Kinder stehen, wovon sechs ganz in der Nähe von einer bis anderthalb Stunden Unterhalten wir uns einige Augenblicke mit diesen ihren Söhnen auf den klösterlichen Freihöfen.

Zuvor aber von einigen Gebräuchen beim Güter=Kauf oder Verkauf.

Wenn irgend ein Grundstück einem neuen Besitzer durch Kauf übergeben wurde, so geschah statt unserer gegenwärtigen weitläufigen und kostspieligen Notariatsverbriefung die Uebergabe „mit Mund, Hand und Halm"; mit Mund, indem die beiden Parteien eben wie jetzt noch, damals aber immer vor Zeugen über den Kauf redeten; mit Hand, indem sie sie sich, wie auch jetzt noch bei geringeren Ver=käufen die rechte Hand darauf gaben; mit Halm, durch Ueberreichung einer Aehre, eines Fruchthalmes, welche den Bodenertrag bezeichnete.

11*

Bei einem Verkauf von Wald finden wir natürlicher Weise statt des Halmes eine Gerte oder Ruthe. Das sinnige Mittelalter wollte auf diese äußerliche Weise gleichsam mit drei Fesseln ein wichtiges Kaufgeschäft dauerhaft machen. Wir finden diesen Gebrauch in den Neustadter Urkunden v. J. 1300—1513.

Ein anderer Gebrauch legt ein offenes Zeugniß über die famose Untugend unserer Voreltern in vielem Trinken ab. Der Edelknecht Klupfelstein von Dottenheim vertauschte i. J. 1357 die dem Kloster lehnbare Mühle unterhalb Birkenfeld, jetzt Weidenmühle genannt, gegen seine Güter zu Wonrode, die er an die Abtei übergab. Bei diesem Tausche wurde nun festgesetzt, daß die Abtei wieder ihre Mühle als Eigenthum besitzen sollte, wenn diese Edelmannsgüter irgendwie bestritten würden. Würde aber der Edelmann diese Mühle nicht sogleich herausgeben, so sollten die zwei vorher schon aufgestellten Bürgen, die „bescheiden Lute" Eberhard von Gemünden und der Edelknecht Gernot von Dottenheimb mit einem Knecht oder Pferd in einem offenen Wirthshaus zu Karlstadt auf seinen und seiner Erben Schaden also lang zechen, bis der Herr Abt Gottfried entweder wieder diese Mühle oder die zugesicherten Wonrober Güter ungekürzt von diesem Edelknecht erhalten hätte. Wir finden einige Jahrhunderte lang ähnliche Drohungen ausgesprochen; in der Regel ist auch das Wirthshaus benannt, in welchem dem nicht worthaltenden Verkäufer eine Zeche angehängt werden sollte. Nirgends findet sich aber ein Akt darüber, daß die Abtei es für nothwendig fand, derlei Drohungen in Vollzug zu setzen. Natürlich wurde auch nie eine solche Drohung gegen die Abtei ausgesprochen; sie leistete diese „Warandia" oder Währung (Versicherung der Wahrheit) durch ihre Würden und die allgemein anerkannte Thatsache ihrer Ehrlichkeit.

Rathsam ist jedoch, daß unsere weltregierenden Zeitungsleser diesen ländlichen Ausflug nicht mitmachen. Eine solche Störung eurer gewiß hochverdienstlichen und oft vielleicht der einzigen mit Affekt betriebenen Tagesarbeit könnte ja dem rechten Lauf des Weltrades verderblich werden! Wer wird sich in unserm Geistesjahrhundert mit „Schollenbauerei" abgeben? Wird aber zumal für Geistliche, die unter dem erbbebauenden Landvolk zu leben und mindestens in unverdrossener rüstiger Garten- sowie sonstiger passender Landarbeit Antheil zu nehmen das hohe Glück und den ernsten Beruf haben, dieses Nachsehen über den Stand früherer Bodenkultur gar so schädlich sein? Ich bezweifle es. Unserer Gotteskirche ist und war Grundbesitz nicht so gar schädlich, vielmehr nothwendig oder mindestens sehr nützlich. Möchte das gewürdigt werden, bevor es zu spät ist. Und nun „auf's Land".

. Aus merklicher Nothdurft sah sich Hansen's von Dottenheim zu Zellingen hinterlassene Wittwe Namens Margaretha und ihr Sohn Hans veranlaßt, i. J. 1475 die Hälfte von ihrem Hofe zu Ausbach um 330 fl. an das hiesige Kloster zu verkaufen. Derselbe wurde alsbald um jährliche fünfzehn Malter Korn, sieben Malter Haber und zwei Malter Erbes verliehen. Nach einiger Zeit wurde auch der andere Theil des Dottenheimischen Hofes erworben mit verschiedenen darauf haftenden Zinsen, Gerechtigkeiten und Freiheiten. Das Kloster brauchte hiefür in Geld nichts zu zahlen, mußte aber eine bedeutende Gült von achtzehn und ein halb Malter Korn, die darauf lag, übernehmen. Einen besonderen Gutthäter erhielt das Kloster in Ad. Joh. Martin, Zentgraf in Rothenfels, welcher i. J. 1501 diese Korngülte, die mit hundert Gulden verpfändet war, durch Zahlung dieser Geldsumme ablöste und sich einen feierlichen Jahrtag dafür stiftete. An seinem Begräbnißtage „soll die Pfründe der Geistlichen gebessert werden mit einem Gericht Fische und einem Viertel des besten Weines aus dem Keller, auf daß die Begängniß desto williger und fleißiger gehalten wird". J. J. 1521 war die Abgabe dieses Hofes dreißig Mltr. Korn, vierzehn Mltr. Haber und ein halb Mltr. Erbsen. Wir sehen daraus, daß die Abgabe ein ganzes Jahrhundert sich gleich blieb; häufig finden wir hier wie sonst auch die nämliche Familie noch im Besitze. Es wurde jedoch i. J. 1615 das Anerbieten gemacht, noch zwölf Mltr. Korn und elf Mltr. Haber mehr zu leisten. Die bischöflich: Revision befahl, diese höhere Gült anzunehmen, oder einen Sackbauern auf dem Hof zu halten; den Anspruch wegen Holz auf der Kanzlei zu Würzburg aufzusuchen, einstweilen den Hofbauern ein Benanntes in Holz fest zu machen und zugleich etwas Vieh im Hof zum Ueberwintern einzudingen. Unter einem Sackbauern verstand man jenen Hofbauern, welcher die verschiedenen Früchte der Felder einerntete, damit die Kosten der Haushaltung bestritt und die restirende Frucht dem Kloster ablieferte.

Gegenwärtig ist der Hof verpachtet um 2200 fl., der Hof zu Waldzell um 1500 fl., der zu Hafenlohr um 1250 fl.; der Morgen Feld also um beiläufig sechs Gulden, aber ohne Einrechnung des Wohnungsgenusses auf diesen ansehnlichen Oekonomiegütern. Unsere armen Taglöhner im Mainthale, welche ohne Feld nicht leben können, bezahlen das Pachtfeld fast mit dem doppelten Geldbetrag und haben natürlich den großen Vortheil nicht, welchen freie Wohnung noch gewährt.

Der Hofbauer zu Einsiedel erbot sich i. J. 1615, noch ein Malter Korn und drei Malter Haber nebst fünfzehn Gulden in Geld mehr zu liefern. Er hielt sich folgenden Viehstand: zwölf Zugochsen, zwölf Kühe, acht Kälber, zwei Stiere, vierhundert Schafe und zweiundzwanzig Schweine. Von Fremden hatte er sechzig Stück Schweine in die Eicheln eingeschlagen und den schuldigen Dehn (kleine Abgabe) davon gegeben. Der Hofbauer war schuldig, Rinder, Schweine, Schafe und wildes Gestüt, welches vom Kloster dahin eingeschlagen wurde, mit dem seinen unter Dachung zu erhalten und sechs Stiere auf seine eigenen Kosten für das Kloster auszuwintern. Er erbot sich, auch noch sechs Kühe auszuwintern, sowie zehn Stück großes Vieh und alles Geltvieh, welches ihm auf den Hof eingeschlagen würde, in der Sommerszeit auf seine Kosten zu erhalten und zu hüten. Auch machte er sich verbindlich, jährlich sechzig Pfund Butter abzuliefern, drei Fastnachtshühner und hundert Eier, besonders aber die „Azt" für alle diejenigen zu leisten, die von des Klosters wegen auf die Einsiedel kamen. Der Hof hatte die Gerechtigkeit, im fürstbischöflichen Spessart sich zu beholzen. Später wurde dieses Recht auf den Bezug von jährlich 27½ Klafter alteichenes und 12½ Klafter Buchenholz nebst 1500 Wellen festgesetzt, desgleichen auch für den Hof zu Hafenlohr.

Wir treffen den Hof zu Niederlohr, oder später wohl wegen der vielen Häfner daselbst Hafenlohr genannt, über hundert Jahre mit der nämlichen Gült, wie wir sie für das Jahr 1614 angemerkt haben. Der Hofbauer hatte auch Theil am Kleinzehnt von Heu, Kraut, Flachs, Hanf, Obst und Rüben. Der lebendige Zehnt gehörte dem Kloster. Man konnte den zu zwei Drittel zustehenden Heuzehnt jährlich auf gut neun Fuder anschlagen. Auch mußte der Hofbauer das Zuchtvieh für die Gemeinde halten.

Ursprünglich war die Abtei durch den Eintritt des Mönches Starkfried bald nach dem ersten Beginne mit reichlichen Einkünften im Schweinfurter Gau begabt worden. Der beste Theil davon war der ansehnliche Hof zu Kronungen. Derselbe findet sich in der Juliuszeit nicht im Besitze eines Gülthofbauern, welcher ein festgesetztes, unter allen Umständen gültiges Reichniß in Getreide abzuliefern hatte, sondern in den Händen eines Sackbauern. Dieser gab nach bester Meinung von dem ganzen Einkommen Einiges an Getreide ab. Für manche Leser möchte der Haushalt für das Jahr 1614 Interesse gewähren. Es war der Ertrag:

96 Mlt. Korn,

11 Mlt. Weizen,

42 Mlt. Haber,

2 Mlt. Erbsen,
2¹/₂ Mlt. Gerste.

Davon giengen ab in Korn:

24 Mlt. für den Hofbauern und sein Gesinde als Dienstkorn,

18 Mlt. für Besamung der Felder,

16 Mlt. unstät, oder 48 fl. auf Erhaltung des Bauereigeschirres, für Schmied, Sattler, Wagner ꝛc.,

11 Mlt. unstät, oder 33 fl. für Erntekosten,

10 Mlt. unstät, für das Schlachtvieh des Bauern.

In Weizen giengen ab: 1¹/₂ Mlt. für Aussaat, 1¹/₂ Mlt. für den Haushalt. In Haber: 11¹/₂ Mlt. für die Aussaat, 1¹/₂ Mlt. für die Haushaltung, 25¹/₂ Mlt. für die Pferde. In Erbsen: 1¹/₂ Mlt. für die Aussaat, ³/₄ Mlt. für die Haushaltung. In Gerste giengen ab: ¹/₂ Mlt. für die Aussaat, ¹/₄ Mlt. für die Haushaltung.

Die bemerkte restirende Frucht zu Geld angeschlagen stellte sich die Geld=einnahme also:

51 fl. für 17   Mlt. Korn à 3 fl.,
32 „   „ 8   „   Weizen à 4 fl.,
7   „   „ 3³/₄   „   Haber à 2 fl.,
3   „   „ 1¹/₄   „   Erbsen à fast 3 fl.,
4   „   „ 1³/₄   „   Gersten à 2³/₇ fl.,
_____
97 fl. für 31¹/₂ Mlt. Getreid.

Der Hofbauer erhielt für sich und seine Familie, nämlich Weib, Ober-knecht, Unterknecht, Jungen, Maid und Mädlein noch als Besoldung 56 fl., so daß sich das reine Einkommen des Hofes nur auf 41 fl. stellte. Ein Mann von Karleburg erbot sich aber, den Hof um eine höhere jährliche Gülte zu übernehmen, wodurch dem Kloster eine jährliche Mehreinnahme von 120 fl. erwachsen wäre. Im vorigen Jahrhundert finden wir den Ertrag bedeutend erhöht, nämlich auf 558 fl., ja sogar l. J. 1794 auf 670 fl. Die Abtei beschloß, den sehr entlegenen Hof an den Grafen von Ingelheim um 40000 fl. nebst 200 Dukaten Schlüsselgeld wieder zu veräußern. Es gehörten zu diesem Freihofe nicht bloß 311 Morgen, theils Artfeld, theils Wiesen, sondern auch der große und kleine Zehnt, das Besthaupt und der Handlohn auf der ganzen fruchtbaren Markung Kronungen, sowie verschiedene Lehensstücke. Allerdings blieb der bisherige Pachtertrag bedeutend vor dem enormen jährlichen Zins von 2050 fl. zurück. Ohnehin waren dem Kloster die auf dem Hofe ruhenden bedeutenden jährlichen Kosten für Baureparaturen, sowie die auf dem Zehnt haftenden bedeutenden Ausgaben erspart. Auch war das Kloster gegen alle

Unterschleife seiner Sackträger oder Hofbeständer gesichert. Trotzdem war ein kleiner Theil der hiesigen Conventualen gegen diese, wenn auch für den ersten Augenblick scheinbar noch so günstige Veräußerung des sicheren Bodenbesitzes. Und wirklich bekam diese Minorität schon in wenigen Jahren Recht. Es wurde nämlich der Erlös von 41,000 fl. an die Wiener Bank angelegt. Allein bei den damaligen zerrütteten Zuständen des Kaiserreiches wurden alsbald die Zinsen an Stiftungen nicht mehr bezahlt. Der wirkliche Bodenbesitz wirb gegenwärtig ungemein mehr ertragen, als dieses Kapital. Vor einem Jahrhundert hatte die Abtei diesen Güterbesitz um den Preis von nur 4000 Reichsthaler und zwei Fuder Wein veräußert. So steigt der Werth der Erdscholle! Drei Hofbauern ernähren sich jetzt von jenem einen Hofe.

Freigiebig erließ der Fürstbischof von Würzburg i. J. 1400 zu besserer Viehzucht den auf dem Hofe zu St. Margaretha ruhenden Zehnt. Der Gültbauer hielt in der Juliuszeit folgenden Viehstand: 16 Ochsen, 5 Kühe, 5 Kalbing, 24 Schwein groß und klein. Derselbe mußte mit seinem Gesinde 16 Stück zahmes Rindvieh in der Sommerweide für das Kloster halten und hüten; auch war er schuldig, das wilde Gestüt, welches vom Kloster auf den Hof geschlagen wurde, desgleichen Rinder, Kälber, Schafe und Schweine unter seiner Dachung zu unterhalten. Auch mußte er außer seinem Gültgetreide noch die Axt für diejenigen tragen, die vom Kloster aus auf den Hof kamen.

Auch auf dem Hof zu Pflochsbach treffen wir hundert Jahre lang die gleiche vorhin bemerkte Getreibgülte. J. J. 1615 erbot sich der Bestandsbauer, noch jährlich 10 fl. dazu zu geben.

Drei Jahre nach dem Bauernkriege wurde der Armenhof zu Waldzell einem gewissen Endres Meylich (jetzt lautet dieser in unserer Gegend häufig vorkommende Familienname „Mehling", früher Mehlich) mit allen Eingehörungen und Freiheiten auf weitere zwölf Jahre zu Lehen gegeben gegen Abgabe von jährlich 36 Mlt. Korn, 13 Mlt. Weizen, 30 Mlt. Haber, 2 Mlt. Erbsen und 1000 Eier zu Ostern. Er versprach ziemlich Atzung (Verköstigung) zu geben und mit den Geistlichen zu reisen, wie es sich begebe. Auch wurde einbedungen, daß der Bestandsbauer eine neue Behausung für den Hof aufbaue und die beträchtlichen bestehenden Nebengebäude und alles Feld in gutem Stand halte. Dafür wurde ihm aber zugesprochen der ganze große und kleine Zehnt in der Markung, jedoch ausgenommen der Zehnt von Schafen, Lämmern, Hühnern, Enten, Gänsen und jungen Schweinen, welche vom Bestandsmann direkt in das Kloster abgeliefert werden mußten; ebenso auch der Zehnt von Wein, welchen wir ganz auffallender Weise in damaliger Zeit hier finden, während man gegenwärtig den Weinbau an diesem hochgelegenen vor den Windströmen ungesicherten Orte fast für unmöglich, jedenfalls aber für ganz unrentabel hält. Auch erhielt der damalige Hofmann die Schäferei, welche bisher das Kloster dort eingeschlagen hatte; er mußte aber dafür jährlich „ins Kloster antworten 2 Mlt. Rees", vielleicht Schaflös.

In der Juliuszeit geschah die Bewirthschaftung durch einen Sackbauern. Die restirende Frucht zu Geld angeschlagen betrug i. J. 1614 dessen Einnahme für das Kloster:

$$
\begin{array}{llll}
135 & \text{fl. für } 45 & \text{Mlt. Korn,} \\
32 & \text{„ „ } 8 & \text{„ Weizen,} \\
9 & \text{„ „ } 6 & \text{„ Haber,} \\
4^{1}/_{4} & \text{„ „ } 1^{3}/_{4} & \text{„ Erbsen,} \\
\hline
180^{1}/_{4} & \text{fl. für } 60 & \text{Mlt. Getreid.}
\end{array}
$$

Dagegen wurden sieben Gulden für Gerste mehr aufgewendet als das Hoffeld ertrug; nach Abzug dieses Mehraufwandes war die eigentliche Einnahme noch 173¹/₄ fl. Die zwei Brüder Georg und Veit Meylich von Zell machten das Anerbieten, den Hof miteinander um 80 Mlt. Gült zu bestehen, wodurch die Reineinnahme auf 244 fl. sich gestellt hätte. Das bischöfliche Ordinariat verfügte, daß der Hof womöglich um 90 Mlt. Gült abgegeben werde. Auch sollte das Kloster einiges Vieh auf diesem Freihof sich halten lassen. Nur einen gewissen Bezirk des Gehölzes sollte der Hofbauer jährlich für seinen Bedarf hauen und das andere Hofgehölz in Heeg halten. Wir treffen schon damals wie auch jetzt den Hofbauern ohne Nachbarrecht an dem Gemeindewald. Unter allen Gemeinden in Bayern hat diese Gemeinde den zweit- oder drittgrößten Waldbesitz, natürlich im Verhältniß zur Einwohnerzahl.

Doch wir müssen auch den klösterlichen Eigenbau inspiciren.

Wir werden hiebei zunächst an den jenseits des Mains gelegenen Ort Erlach geführt. Hier treffen wir unsere Burkardiner zuerst mit der Erlencultur beschäftigt. Anfangs schonte ihre Achse den reichlichen Erlenbestand auf diesem Platze an dem hart in den Mainstrom einhängenden Berge. Sie legten sich unterhalb dieses Baumbestandes ihr „Herrnfeld" und ihre „Pfaffenäcker" an, sowie am Mainufer ihre „Kreuzwiesen"; ebenso auch oberhalb ihren „Baumgarten" am Brunnen, und den „Pfaffenacker" ober dem Zeller Graben beim Milchbrunnen. An diesen beiden Plätzen sowohl oberhalb als unterhalb dieses Erlenbestandes lohnte sich die kluge Mönchskultur, weil da die Berge vom Strome mehr zurücktretend einiges ebenes Land gewähren. Die Beschwerde der Ueberfahrt über die damals viel

stärkeren Fluthen machte jedoch bald zum besseren Betrieb der Landwirthschaft eine kleine Ansiedelung nothwendig. Der Name hiefür
war leicht gegeben. Man nannte von urgrauer heidnischer Vorzeit her den Platz am jenseitigen rechten Mainufer mit dem Jagdschloß von den vielen Rohren, welche am breiten Ufer wuchsen, in
welches das Silberlochsthal vom Spessart aus sich einmündet, ganz
naturgemäß „Rohrlach", d. i. Wasser mit Rohren, „Rohrwasser".
Auf gleiche Weise nahm man den unserer neuen Ansiedelung zu gebenden Namen am jenseitigen Ufer von der bastehenden Baumpflanzung
und nannte also dieselbe „Erlach". Es giebt in der Umgegend noch
zwei Orte, welche einen ähnlichen Namen von diesem Baumbestande
führen; sie heißen Erlenbach. Ein naher Hof schreibt sich Erlenfurt;
eine Waldflur in Neustadt „Erlenberg". Dreizehn Ortschaften, Weiler
und Mühlen in unserem Regierungsbezirke haben ihren Namen von
diesem Wasser-Baum Erle; vom Wasser selbst aber eine fast unzählige
Zahl, nämlich von der ganzen Summe zu 2170 mehr als 900, also
fast die Hälfte. Es gehören hiezu die Namen, die mit lach, ach oder
dem schwächeren ig endigen (aus dem lateinischen latus, aqua) und
natürlich die vielen andern von Flüssen, Brunnen und sonstigen Wässern.

Gegen diese Ableitung des Namens Erlach wird jedoch die Einwendung gemacht: „Ich bin rechtschaffen und ehrlie, denn ich stamm
von „„Erli""". So gut gemeint diese Ableitung aus dem Katechismus
ist, so kann sie doch nicht vorhalten. Allerdings finden wir auch in
dem Taufbuche diesen Namen „Ehrlich", wie der Volksmund jetzt
noch allgemein sich ausdrückt. Allein dieser Eintrag ist erst vor zweihundert Jahren geschehen und zwar nur ein einzigesmal.

Zu einer dritten Ableitung veranlaßt uns eine Urkunde vom
J. 1226. Bei einer gerichtlichen Verhandlung gegen den Klosterschirmvogt Heinrich Fuchs von Grumbach, welche früher schon vor
dem König Philipp zu Würzburg vorgenommen war, unterzeichneten
sich nebst mehreren Aebten und Grafen auch drei Männer Namens
Gottfried, Kunrad und Wortmund von „Herlach". Dieser Ort Herlach
könnte unser Erlach sein und es würde dann der Name soviel bedeuten
als „Herrnwasser", was auch ganz zutreffend wäre.

Unbestritten existirte unser Nebenort urkundlich i. J. 1348. Als
da das Klostergut theils dem Abte und theils dem Convente zuge-

wiesen wurde, erhielt der Abt diesen Ort, der damals „Erlachen"
geschrieben wurde.

Nach einiger Zeit finden wir hier eine ziemlich ausgedehnte Bodencultur
und eine wie es scheint größere Ansiedelung, über welche ein förmlicher
Schultheis gesetzt ist. J. J. 1466 übernahm nämlich der Schultheis Kunz
Göbel zu Erlach den Klosterhof daselbst, nämlich die „Aue oberhalb und
unterhalb des Dorfes Erlach, die da winden an der Ansbach und überzwerg
vom Maine an bis an das Holz", um eine jährliche Abgabe von 10 Mlt.
Korn und 9 Mlt. Haber. Der Pächter sollte dazu noch zwei Fuhren thun
nach Steinfeld und Karbach, sowie auch zwei Tage auf der langen Wiese
(oberhalb des Ortes, die also nicht mit hingegeben wurde) für das Kloster
Futter zusammenführen und jährlich drei Stunden auf dem Krautfelde des
Klosters ackern. Auch wurden ihm noch einige Uferwiesen überlassen, welche
bisher die Insassen German, Fritz Buding, Hans Aschenbruun, Heinz Stock
und Straube innegehabt hatten. Nach einigen Jahren händigte dieser Schultheis
Göbel an den Abt 100 fl. in baarem Gelde aus, um den Hof noch auf
weitere zwölf Jahre zu behalten. Eine förmliche Urkunde wurde hierüber
nicht errichtet und es gab nun zwischen Beiden einen Streit, welcher am Montag
nach Micheli 1479 durch „Theilungsleute" entschieden wurde. Für das
Kloster wurden als Theilungsleute der Amtmann Dietz von Thüngen und die
zwei hiesigen Conventualen Friedrich von Hettersdorf und Eberhard Bayer
bestimmt; als Theilungsleute für die Gegenpartei der Zentgraf Johann
Martin von Rothenfels und der Pfarrer Johann Göbel von da. (Wahrscheinlich ein Bruder oder Anverwandter unseres Schultheisen von Erlach,
also möglicherweise von da abstammend und dann wohl in dem mehrbemerkten
Neustadter Knabenseminar für das geistliche Amt gebildet.) Der Abt Johann
versprach bei seinen Würden und Kunz Göbel durch ein Handgelöbniß, dem
Spruche der Theilungsleute getreu nachzukommen. Die Entscheidung lautete
dahin, Kunz Göbel sollte die Kloster äcker und Wiesen bis zu Peterstag 1480
um die anfänglich festgesetzte Gült- und Geldabgabe besitzen und dann unversehrt dem Kloster wieder zustellen; das Kloster dagegen sollte die rückständige
Gült dem Beständer fallen lassen.

In den letzten Jahrhunderten vollzog das Kloster mit seinen
Leuten selbst den Feldbau. Die Insassen des Ortes hatten an dem
Genusse des Klosters einen ähnlichen Antheil wie die Leute zu Neustadt.
Es wurde ihnen schon früher vom Kloster das Feld an den abhängenden
Bergen als Eigenthum übergeben, ohnedies besaßen sie die große
Wohlthat des Nachbaues im Herrnfeld. Sie hatten nämlich das Recht,

das Brachfeld ganz für sich zu benützen. Wir treffen hier wie sonst Nachbauern an, d. h. Leute, welche nachbauen. Viele der Angesessenen erwarben ihr ehrliches Brod als Bedienstete des Klosters.

Der Zustand der Cultur wird uns i. J. 1688 also bezeichnet. „Es liegen 150 Morgen Wiesen geringst um das Kloster herumb, aber meistentheils jenseits des Mains (auf Erlacher Seite), seindt lauter schlechte wässerichte sumpfige Wiesen, die zum theils gar zu naß, theils gar zu dörr, denen Brachäckern gleich. Tracht auch die Hälfte davon kein Grummet, weilen sie zwischen hohen Waldberg liegen, vnd bei spaten Tagen keine Sone mehr dahin kommt. Sonst wächst lauter sauer vnd ungeschlacht Futter darauf, welches nit einmal zu des Klosters Bauerei erklecklich ist, wie dann ein zeitlicher Prälat jährlich noch Fütterung kaufen muß.“ Wir dürfen jedoch bei dieser das Mitleiden erregenden Schilderung nicht vergessen, daß diese Beschreibung an den Fürstbischof von Würzburg zu dem Zwecke gerichtet ist, um von demselben einen Nachlaß der jährlichen hohen Steuern für das in großen Schulden steckende Kloster zu erlangen.

Doch verlassen wir diese Erlenpflanzung vnd das, was sie von Klosterthätigkeit auf dem Boden uns sehen läßt. Statt dieser Urbäume erblicken wir gegenwärtig einen dichten grünen Schleier verschiebener Obstbäume, welche jetzt die am hohen Ufer angebrachten Wohnungen für 230 katholische fleißige Einwohner überdecken.

Wir müssen zuletzt auch die Bodencultur am eigentlichen Sitze unserer Anstalt überschauen.

Schon die uralten Benennungen in Fluren der hiesigen Markung mit „Kreuzäcker“, „Kreuzwiesen“ weisen auf die klösterliche Thätigkeit hin insbesondere aber das zierlich geformte Zeichen unserer Erlösung, welches über dem Anfangsbuchstaben des hiesigen Ortes auf jedem einzelnen Markungs- und Grenzsteine seitwärts sich vorfindet. Wir dürfen unwidersprechlich behaupten, daß die ersten Klostergeistlichen innerhalb dieser Grenzen ihres Stiftungsgutes mit eigener Hand tüchtig am Broberwerb für sich vnd ihren lieben Nächsten gearbeitet haben. Wie schon in der Stiftungsurkunde angemerkt ist, haben sich zu den ersten Burkardinern auch noch andere Leute gesellt, welche an ihrer Arbeit und natürlich auch an den daraus gewonnenen Früchten Antheil genommen haben. Viele davon haben wohl gleich Anfangs dem eigentlichen Mönchsleben sich vollständig angeschlossen; Viele nicht. In welcher Zeit aber war eine eigentliche für sich bestehende Gemeinde von Weltleuten am hiesigen Orte? Unsere Urkunden schweigen hierüber. In den nach dem Bauernkriege zusammengeschriebenen Rechten des Klosters wird nur bemerkt, daß die Abtei neun Freigüter habe, welche sie nach bestem Wissen und Gewissen verleihe. Diese Güter sollten frei sein von jeder Beschwerung. Wir finden somit um diese Zeit außerdem auch noch andere selbständige Güter auf dem klösterlichen Besitze. Unser altes Lagerbuch, welches das k. Landgericht Rothenfels dem hiesigen Klosterarchiv vor einigen Jahren in drei dicken Foliobänden ab-gegeben hat, macht siebenundzwanzig einzelne Freigüter namhaft, welche schon bei Austheilung der Güterholzschläge i. J. 1469 vorhanden waren.

Wir entnehmen aus diesen Thatsachen, daß das vorsichtige und mildthätige Kloster allerdings, wie wir es auch sonst oftmals bemerken, genau auf seine Rechte und insbesondere die Rechte auf Gottes Erd-boden hielt; wir sehen aber auch, daß diese Anstalt nicht bodenhungrig war, sondern auch noch anderen Menschenkindern Theil an diesem Lebenselemente einräumte.

Nach dem Tode des vorletzten Abtes Benedict wurde der Eigenbau des Klosters zu Neustadt und Erlach abgeschätzt auf:

149	Mlt.	Korn	aus	7000	Bund	Roggen-Garben,
14	„	Waizen	„	705	„	Waizen-	„
82	„	Haber	„	2875	„	Haber-	„
3	„	Gerste	„	90	„	Gersten-	„
31	„	Dinkel	„	1125	„	Dinkel-	„
16	„	Erbsen, Linsen und Wicken aus		900	Büschel,	

295 Mlt. Getreid aus 12700 Garben.

Vor einigen Jahren war das Klosterfeld zu Neustadt verpachtet um jährlich 282 fl., zu Erlach um 1001 fl.; der Wiesenpacht an beiden Orten beträgt beiläufig 2000 fl.; der Pacht der Aecker und Wiesen des ehemaligen Klostergutes mit Einschluß der Pachtsummen für die Klosterfreihöfe zu Hafenlohr, Ausbach und Waldzell gegen 9000 fl. jährlich.

Aber auch einige Schritte in unseren grünen lieben Wald werden uns doch nicht reuen! Schon die Ehrfurcht gegen den königlichen

Gründer wird uns dazu bewegen; begierig werden wir nachsehen, wie seine Klostertochter das große anvertraute Talent des Waldgutes gebraucht hat.

Wir treten in den ausgedehnten Hain mit der Meinung, daß das auf dem ergiebigen Sandboden üppig aufwachsende Holz in damaliger Mönchszeit ziemlich werthlos und daher der Wald gleichsam „vogelfrei" war. Diese unsere Annahme erweist sich aber beim Anblicke der Urkunden als ein großer Aberglaube. Vor Allem begegnet uns ein scharfer „Waldmann oder Flurschütz" und zwar das erstemal i. J. 1348. Der Schultheis hat mit Rath des Abtes benselben zu bestellen und zwar um einen Jahresgehalt oder um die Pfänder, welche er dem Frevler abnimmt. „Das gepfändete Beil soll man lösen mit dreißig Hellern, die Heppe mit fünfzehn Hellern, die Kötze, den Schleier oder das Vortuch (Kopftuch) mit acht Hellern. Findet der Waldmann Jemand mit einem Wagen und Pferden in eines Andern Schlag, so soll er ihn in das Kloster mit dem Geschirr einliefern und da die höchste Buße zu zwölf einhalb Struhpfund bezahlen, wenn er soviel genommen hat, das einer mag in seinen Arm „genehmen"; ist es aber bei drei klein Reislein, soll man ihn gen Rothenfels antworten und zählen für Diebstahl. Wer einen Hester oder fruchtbaren Baum, Holz oder Stein in der Heege abhaut, soll es verbüßen mit dreißig Dehn; der Fremde mit zehn Pfund. Pferde, Kühe, Ochsen, Schweine, Geise, welche einen Schaden angerichtet haben, sollen mit acht Dehn verbüßen; wär' es, daß der Schaden sehr groß wäre, so sollen zwei geschworene Schöffen derüber erkennen." Allerdings sind die letzteren Bestimmungen nur zunächst zum Schutze der Feldfrüchte bestimmt, namentlich noch jene fast ans Lächerliche grenzende Anordnung der alten Rechte: „sie weißen die Gans für einen Räuber; die soll man verbüßen mit einem Dehn".

Diese großen Strafen zeigen uns, mit welcher Sorgfalt die Abtei über ihr geschenktes Waldkleinod Wache hielt. Während die Mönchsanstalt in verschiedener Hinsicht sich als eine milde Mutter erweist, verfährt sie mit bitterer Strenge gegen diejenigen, welche irgendwie die Waldpflanzen beschädigen; wir sehen das strenge Gesetz aufgestellt, daß „wie waiz vnd korn" die Bäume in den ausgetheilten Erbschlägen zu schonen sind. Sie sollen ja nicht an Fremde veräußert werden!

Natürlich finden wir wieder auch den Charakter der Stiftung ausgeprägt durch die großartige freiwillige Abgabe ausgedehnter Erbschläge und die Gewährung sonstiger Bezüge aus dem Wald, so namentlich der früher so einträglichen Eicheln und Bucheln. „Sie weisen auch, daß die Schweine von Neustadt in des Herrn von Rothenfels und Neustadt Wald und Aecker gehen dürfen; davon sollen sie keinen Dehn geben. Bleiben sie aber übernacht außen in dem Wald, sollen sie Dehn geben.“

Eine besondere Zierde der ganzen Bodencultur finden wir in dem sorgfältig betriebenen Gartenbau.

Die allgemeine Bezeichnung unserer ganzen Gegend als „Waldsassen“ mußte offenbar unanwendbar bleiben auf jene Fläche, welche die Missionäre mit den Ihrigen rings um das Kloster bebauten. Dieser Urwald wich den Gartenanlagen. Unser ehemaliges „Waldsassen“ wurde da ein „Gartensassen“. Der Reichthum des nährenden Wassers lohnte diese gottselige Thätigkeit. Schon im ersten Mittelalter finden wir verschiedene Gärten, deren Lage gegenwärtig ganz unbekannt ist; so den Siechengarten, den Frohngarten (Heiligengarten), den Ziegelgarten, vielleicht unten am Main bei der „Ziegelwiese“; die Gärten droben auf dem Berge, wohl die jetzigen Michaelsgärten um das ehemalige königliche Jagdhaus Rorlach auf dem von den Benedictinern neu benannten Michaelsberge. Wir treffen schon in damaliger Zeit eine weite Kette von Gärten um das Kloster und so auch bei der Aufhebung desselben. In der Mitte unsers Münsters war der Kreuzgarten, um denselben herum wieder Gärten nach allen Himmelsgegenden; nur gegen Westen lehnten sich neben den klösterlichen Oekonomiegebäuden die Wohnungen der Ortsangehörigen an. Der klösterliche Bienenfleiß hat an vielen Stellen auf die Kiesel unseres mehrbemerkten aus dem Spessart hervorbringenden wilden Rohrwassers schwarzfetten Boden oft mit wasserhaltigen Unterlagen von Laimen sorgfältig aufgeführt. Wie ein Fürst thronte da inmitten seiner Beeren, Blumen, Früchten von zwerch- und hochstämmigen Bäumen unser Gärtner in dem stattlich zweistöckigen, unterhalb der Michelskirche noch stehenden Gartenhause. „Ein wahres Paradeis, sagten die betagten Leute wehmüthig oft zu mir, war das hiesige Gartenwerk, nach einer Frucht reifte sogleich die andere; da gab es Obst, wenn

auch im ganzen Orte sonst nichts zu treffen war." Die hohen Mauern
schützten die zarte Blüthe; die liebevollen Bewohner die so nützlichen
Vögel, welche ihren Dank nicht schuldig blieben. Noch jetzt besitzt
die hiesige Gemeinde sehr gute und oft recht reichlich rentirende Obstsorten. Das Neustadter Obst ist sprichwörtlich in der Umgegend und
hat schon vielfach zum Ausbau ermuntert. Im nahen Sendelbach
muß noch jetzt jeder neue Nachbar zwölf Obstbäume an die Straße
setzen.

Wie das Kloster durch diese Obstcultur nach fernen Gegenden
wohlthätig wirkte, hievon ein Beispiel. Der vor mehreren Jahren
verstorbene wackere Dechant-Pfarrer Kern von Flabungen war längere
Zeit als Kaplan in Steinfeld angestellt. Auf seinem Filiale Zell und
Ansbach legte er sich eine Obstbaumschule an, die er mit unseren
Neustadter Obstsorten veredelte. Bei seiner Beförderung nach Flabungen nahm er diese Bäumchen mit; die k. Regierung bewilligte ihm
gegen 300 fl., auf daß er diese Stämmchen unentgeltlich zum An-
pflanzen eines guten Obstes abließ. So kamen unsere edlen Sorten
vor die Rhön.

Diese Gottesgabe von den Bäumen wurde sorgsam in die Obst-
kammer gleich neben dem Conventssaale zur ebenen Erde hinter
dicken Mauern aufbewahrt, also nicht, wie es leider in unsern gewöhnlichen Haushaltungen oft geschieht und kaum anders eingerichtet
werden kann, in der geschlossenen und verdorbenen Kellerluft, sondern
vielmehr in freier, nahrhafter und reiner Zimmerluft. Ueber diese
Aufbewahrung des Obstes in Zimmern finden wir schon vor dreihundert Jahren eine genaue Instruktion in einem Briefe unserer bayerischen Prinzessin Marie, der Mutter des verdienstvollen deutschen
Kaisers Ferdinand II. an ihren Vater zu München.

Während gegenwärtig die einträglichen Fruchtbäume größtentheils
auf die Bergabhänge zurückgedrängt sind, damit die schmalen unbe-
schatteten Ebenen an den Mainufern zum Wieswachse verwendet
werden können, treffen wir vor einem halben Jahrtausend diese Fruchtbäume mitten unten im Wiesthale. Wir schließen dies aus der Flur-
benennung „Bangertsbrunnen", andeutend, daß an dem Brunnen
daselbst ein ansehnlicher Garten mit Bäumen angelegt war. Der
einzige noch dagestandene Obstbaum wurde erst vor Kurzem entfernt.

Bienen= und Schweinzucht.

Auch in Neustadt nennt man jetzt noch eine Flur den „Bangert". Wir dürfen sicher annehmen, daß auch hier vor dem Silberlochsthale eine Pflanzung von Obstbäumen bestanden und diesem Platze seinen Namen gegeben hat. Diese Cultur sollte gleichsam der Schlüssel sein zum Eingang ins Silberreich. Ebenso wird auch unsere Flur „Höhger" abzuleiten sein von „Hochgarten", indem dieser damalige Baumgarten (jetzt eine Wiesenfläche) höher liegt, als der seitwärts gelegene Bangert oder Baumgarten. Die Liebe unserer Benedictiner zu den Obstculturen hat sich der Bevölkerung angeerbt. Der Neustädter liebt im hohen Grade den guten Apfelmost und zieht ihn weit eurem Apotheker= Bier vor. Es gilt hier das Sprüchwort: „Obst ist halbes Brod". Bei Obstausstellungen zu Würzburg und Karlstadt sind die vollen Zwetschen unseres Benedictinerspitals ausgezeichnet worden. „Das sind die rechten zum Einmachen", haben besorgte Hausfrauen erklärt. Es wiegt aber auch das Stück netto zwei Loth, während die sonstigen bedeutend leichter im Gewichte sind.

Oberhalb des Gartenhauses war auf dem freien Hügel, in welchen die langgedehnte tiefe Eisgrube künstlich eingebaut ist, das Bienen= haus für 200 Stämme dieser emsigen Gottescreaturen. Ob dieselben zur Zeit der das Honig liefernden Haidenblüthe auch wie jetzt in die Spessartwaldung getragen wurden, konnte ich nicht sicher erforschen. Dieser Industriezweig der Bienenzucht ist gegenwärtig fast auf Null heruntergesunken.

Um die so nützliche Schweinzucht nahm sich das Kloster gleich= falls an; es hatte seinen eigenen Hirten, und legte die Thiere in die Aeckern, d. i. in die Eichelmastung, von welcher unsere alten Urkunden soviel erzählen, während in der neueren Zeit diese Eichelfrüchte so selten einmal recht stark gerathen.

Mit Freude und Behagen erzählten mir die Leute von dem vor= trefflichen Viehstand; das Kloster besaß eine Musterwirthschaft für unsere ganze Gegend. Jenes Wort: „Der Gerechte erbarmt sich auch des Viehes" fand da seine volle Anwendung. Unsere steilen Spessart= berge mußten die Klosterknechte immer mit zwei Paar Ochsen befahren; den andern Tag hatten diese eingespannten Thiere ihre Ruhe, weil wieder andere bereit standen. Weil die Geismilch für viele Naturen ihre heilsame Wirkung hat, so treffen wir in alten Inventarien neben dem gewöhnlichen Viehstand auch i. J. 1562 drei alte und fünf junge Geisen an. Die geräumigen Weideplätze zu Einsiedel und St. Margarethen dienten zur Zucht der Fohlen, auch „wilde Pferde" genannt.

Den Viehstand bildeten i. J. 1727:

    7 Zug- und Reitpferde,

    6 Mastochsen, davon drei zu St. Margarethen,

  26 junge Ochsen im Kloster,

    2 Farren, einer hier, der andere zu St. Margarethen,

  21 Kühe; 19 gehen zum Hirten, 2 bleiben im Stalle;

  11 Rinder zu Einsiedel und St. Margarethen,

    6 dreijährige Stiere daselbst,

  15 diesjährige Kälber im Kloster; zusammen 87 Stück Rindvieh;

  50 Stück Schweine im Kloster;

397 Stück alte Schafe und Hämmel,

110 Stück Hämmel und Lämmer zu Ansbach, Waldzell und Erlach.

J. J. 1562 war der Viehstand: 18 Pferde, 45 Rinder, 48 Schweine und 39 Schafe.

Außerordentliche Noth sprach die Hülfe des Klosters an. Im Herbste 1798 war hier und in Erlach eine Viehseuche. Eine Geis kostete 27 fl. Zuerst wurde das gefallene Vieh neben dem Seegarten, dann in einer Schlucht bei den Tannen am langen Acker begraben. Nur zwei Kühe blieben im ganzen Orte Neustadt übrig. Das Kloster half sich und den Gemeinden. Aus dem Musterhof wurde ein Lehnhof!

Eine Hauptsorge wurde natürlich der Behandlung jener Gottes-gabe zugewendet, „die das Menschenherz erfreut". Mit Klugheit wählte sich das Stift bald nach der Verschenkung jener berühmten Callmuth-Weinberge bei Homburg eine gleichfalls in sehr gutem Rufe stehende Weinlage im nahen Retzbach. Im angrenzenden Orte Zim-mern, auf dessen Sandboden das Kloster einen eigenen geräumigen Weinberg sich anlegte und woselbst dasselbe den Traubenzehnt besaß, wurde vor der Traubenlese von der freigebigen und klugen Anstalt ein eigenes Essen mit Trinken für die Gemeindeverwaltung und Zehner gegeben. Es wurde hiebei berathschlagt, auf welchen Tag die „Wein-laube" d. h. die Erlaubniß zum Einheimsen der Trauben ertheilt werden sollte. Natürlich wurde nach Auflösung des Klosters diese Sitte nicht mehr beobachtet; die Schreiber hätten gewiß für Verabfolgung von derlei Wohlthaten ein Erkleckliches berechnet. Allein die Leute gaben dann darnach auch ihren Zehnt, indem sie die schlechtesten Trauben oben auf die Butte legten; „für den Zehner gut genug". Daß der eingeheimste Wein im Keller gut gebaut und veredelt wurde, versteht sich von selbst. Oftmals wurde der edle Rebensaft verkauft, natürlich nie von euerem Apothekerwein. Beim Ableben des vorletzten Abtes Benedict wurden an Weinen inventirt:

1¹/₂	Fuder	1779er Gewächs,
1¹/₂	„	1781er „
30	„	1783er „
3	„	1784er „
10	„	1787er „
20	„	1788er „
3	„	Mischling,
69	Fuder oder fast 1000 Eimer.	

Die Sorgfalt der Weinbergcultur ist in der alten Urkunde vom J. 1348 ausgesprochen. Als damals die Güter zwischen dem Abt und den Conventualen getheilt wurden, so wurden letztere verpflichtet: „Sie sollen die Weinberge in allen bawen halten mit hepen, mit hauen, vnd dazu in den Morgen järlich zwei fuder Mistes oder vier fuder Erben büngen. Darumb ist gesetzt zur Penn auf die Erbet, die nit geschet, 20 Pfennig." Es war also eine förmliche Geldstrafe darauf gesetzt, wenn ein Weinberg nicht gehörig geschnitten, gehackt oder gebüngt wurde. Ja es wurde im Weiteren sogar festgesetzt, daß das Einkommen eines Geistlichen mit Beschlag belegt werden soll, wenn er die Bodencultur vernachlässigte. Eine gleiche Sorgfalt verlangte der Abt von den Beständern. Als i. J. 1403 fünfzehn Morgen Weinberge an verschiedene zu Wiesenfeld Angesessene gegen jährliche Abgabe des vierten oder dritten Theils vom Ertrage abgegeben wurden, so wurde ausbedungen, daß jeder Morgen jährlich mit zwei Fuder Mist und ein Fuder Erde gedüngt werden müßte. Würden die Weinberge nicht gedüngt und in gutem Bau gehalten, so sollte der Beständer zwanzig Pfennig Straf bezahlen.

12*

Der Verbrauch des Weines wird für b. J. 1673 alſo angegeben:
12 Fuder für den Prälaten, den Convent und die Gäſte; 4 Fuder
für das Geſinde und die Handwerksleute; 8 Eimer auf hohe Feſttage
und für Extra. Ohne die auswärtigen Pfarrer waren es mit dem
Abte 15 Conventualen. Der tägliche Bedarf war alſo zwei drittels
Eimer. Unter dem Abt Placidus gieng täglich über ein Eimer auf,
unter Martin gegen zwei Eimer außer dem gewöhnlichen Bier.

Gegenwärtig wird nur noch in Neuſtadt etwas Wein gebaut;
längſt nicht mehr in Sendelbach und Erlach, ebenſo wenig in Roben-
bach, wo wir i. J. 1364 Weinbau finden. In Pflochsbach kaufte
noch der neue Pfarrer Kraus i. J. 1808 ſeinen ganzen Bedarf vom
dortigen Erträgniß. Dieſe Cultur iſt auch da ſeit mehreren Jahrzehnten verſchwunden. Die Leute brauchen ihr weniges Feld zu noth-
wendigerem Anbau und können nicht wie ein Stift das Eine der ſieben
Jahre abwarten, welches überreichlich auszahlt.

Daß die Fiſchzucht gut gehandhabt wurde, erforderte ſchon die
Ordensregel, wornach Anfangs von den Kloſtergeiſtlichen nur, und
ſpäter bei Milderung der Regel doch immer noch oft Faſtenſpeiſen
genoſſen wurden. Ein jetzt völlig außer Brauch gekommener Betrieb
war die ſorgfältige Unterhaltung und Ausnützung der ſogenannten
Mainfächer. In Form eines Dreieckes, wovon die Spitze in den
Main hinauslief, der Anfang aber von den Ufern ausgieng, wurden
nämlich große Steine aufeinander gelegt und oft noch durch darauf
geſchlagene Balken von Holz abgeſchloſſen. In den Lücken dieſes
Steinwalles fanden die Fiſche gleichſam ihre ruhige Wohnung und
daher vermehrten ſie ſich auch zahlreich. Es wurden aus Weiden gefertigte Fiſchreußen in dieſe Fächer eingelegt und die Fiſche giengen
gern, verlockt durch die darin befindlichen Leckerbiſſen, ein. Das hieſige
Stift beſaß elf derlei Mainfächer nach einer Beſchreibung v. J. 1537
von Heidenfeld an bis unterhalb Lohr. Wir finden den Werth dieſer
Einrichtungen aus den hohen Pachtgeldern. So übernahmen vier
Bürger von Rothenfels um dieſe Zeit auf zwanzig Jahre ein Fach
bei Heidenfeld und Rothenfels gegen eine jährliche Abgabe von drei
Gulden unter der Bedingung, „die Hauptfiſch, als Lachs, Platteis,
Ruppen (Aalruppen), Lampraten u. ſ. w. in's Kloſter zu antworten“.
Die hier bemerkten Lachſe und grünen Platten ſind zwei der wohl-

schmeckendsten Fische; jedoch liefert sie unser Mainstrom nicht mehr; nach Aussage der alten Fischer waren sie zur Zeit ihrer Großältern noch reichlich im Main vorhanden. Seit vielen Jahren sind diese Mainfache, welche der Schifffahrt hinderlich waren, zum Nachtheil der Fischzucht beseitigt; bei flachem Wasserstand sieht man noch Spuren davon. Forellen lieferte die Lohrbach auf der Einsiedel; daselbst waren zwei Seen in der Ausdehnung von sechs Morgen. Es bestand die vortheilhafte Einrichtung, daß die gefräßigen Fische von Zeit zu Zeit in den tiefer gelegenen See eingelassen wurden. Derselbe war zuvor trocken gelegt worden, so daß viele Frösche und sonstige Freßlinge auf dem feuchten Boden sich ansammelten, die nun diesen eingehenden Fischen zur reichlichen Nahrung dienten. Sogar hart an dem Kloster= gebäude war ein weiter See angelegt, in dem jetzigen Seegarten. Derselbe wurde vor einigen Jahrzehnten weiter aufwärts an den Hügel gerückt. Allein weder dieser See noch die umfangreichen zu Einsiedel rentiren einen Ertrag. Früher wurde die Fischzucht in unsern alten Urkunden „Fischweide" genannt; jetzt paßt der Name „Fischmeide". Jetzt viele Kunst im Planen, aber wenig Gunst am Krahnen — beim Abwiegen des Ertrages für Zeit und Ewigkeit!

Ganz kurz müssen wir auch der Gewerbsthätigkeit gedenken. Das kaum eine Stunde weit aus den Spessarbergen fließende Wasser wurde von drei Mühlwerken benützt. Eine stand im Kloster, die andere so= gleich außerhalb desselben, eine dritte außerhalb des Dorfes, die äußere Mühle. Vor einigen Jahrzehnten wurde die Mühle im Kloster niedergerissen. Früher war eine Bäckerei und eigene Bierbrauerei damit verbunden. Unbegreiflich ist's, warum Fürstbischof Julius dem Kloster den Auftrag gab, seine Schifferei abzuschaffen. Das Kloster hatte einen eigenen Platz zum Einladen seines und des sonstigen Holzes auf das Schiff, jetzt noch „Latsch" genannt, in alten Zeiten Labstatt beschrieben. Daß wenigstens eine Zeit lang eine Druckerei im Kloster bestand, wurde bereits erwähnt. Die Ziegelei, die gegen= wärtig mit starkem Umsatz für die hiesige Umgegend betrieben wird, bestand auch in Klosterzeiten. Unser dreifacher Local=Reichthum in Stein, Holz und Wasser, um welchen andere Gegenden uns beneiden, hat die Thätigkeit in Gewerben gefördert. Fabriken mit ihren vielen Uebeln waren, Gott sei Dank, nicht hier!

X.

Publius.

Offenbar wirkt am besten und nachhaltigsten für das allgemeine öffentliche Wohl, wer für die Freiheit wirkt; denn die Freiheit ist von Gott und führt zu Gott, und Gott führt zur Freiheit.

Es ist aber diese Freiheit eine mehrfache; die vorzüglichste jedenfalls die Gewissensfreiheit, oder wie die Schrift sagt, die Freiheit der Kinder Gottes. Sie besteht in der Entlastung des Gewissens vom Druck der Sünde, oder im ungestörten Vollzug der göttlichen Gebote. Nur dem Erforscher der Herzen und Nieren kann's eigentlich allein bekannt sein, wie weit diese Gewissensentlastung durch die Abtei gediehen und der Vollzug seiner heilsamen Anordnungen in's Leben getreten ist. Es giebt jedoch so manche Behelfe, aus welchen auch der gewöhnliche Menschenverstand auf diese wichtigste Bodenentlastung mit einiger Wahrscheinlichkeit schließen kann. Solche Behelfe scheinen um so stärker zu sprechen, wenn sie in unumstößlichen Zahlen und Thatsachen auftreten. Dazu gehören offenbar unsere Taufmatrikel. Geben sie auch nur in einem einzigen Punkte Aufschluß, so ist doch dieser Punkt der öffentlichen Sittlichkeit vom höchsten Belang, die Grundlage eines geordneten Familienlebens, worauf das Kirchen- und Staatsgebäude sich erhebt.

Es gereicht der Abtei zur großen Ehre, daß unter ihrem Bestehen und sittigenden Einflusse die Zahl der unehelichen Geburten in den hiesigen Gemeinden äußerst gering war, wie aus folgender Uebersicht sich ergiebt.

Bemerkenswerth ist die Buße früherer Zeit. Nach dem Steinfelder Matrikelbuche ließ die Tochter des Kaspar Scheiner von Anspach ein uneheliches Kind Namens Georg am 15. Oktober 1619 taufen. Der Vater war Christoph Kerle von Anspach. Dieser hatte eine Woche zuvor öffentliche Kirchenbuße zu leisten. Er mußte nämlich an drei verschiedenen Tagen, nur halb mit Kleidern angezogen, in der einen Hand eine brennende Kerze, in der andern eine Ruthe haltend, vor der Kirchthüre zu Anspach unter dem hl. Meßopfer theils stehen, theils knieen.

Bekanntlich haben die Jesuiten in dem christlichen Musterstaate Paraguai fast lediglich nur mittelst Aufrechthaltung gemessener Kirchen= buße ohne sonstigen kostspieligen oder verderblichen Apparat die öffentliche Ordnung aufrecht erhalten. Natürlich haben sie aber nicht das siebente hl. Sakrament, wie dieß in Bayern geschah, für viele Fälle verboten. —

Auch brauchten auf ihren Culturen die Mädchen nicht auswärts zu dienen, woher jetzt soviel Elend. —

Zeit.	Geboren.	Hievon unehelich geboren.	Kopu= lirte.	Zeit.	Geboren.	Hievon unehelich geboren.	Kopu= lirte.
1570—80	129	—	76	1720—30	202	9	70
1580—90	163	—	78	1730—40	186	5	104
1590—1600	141	—	66	1740—50	229	8	116
1600—10	127	2	90	1750—60	233	6	92
1610—20	124	3	72	1760—70	257	8	118
1620—30	133	1	70	1770—80	249	9	110
1630—40	84	2	60	1780—90	286	12	102
1640—50	73	2	32	1790—1800	268	12	158
1650—60	104	1	44	1800—10	329	26	130
1660—70	94	1	38	1810—20	319	24	122
1670—80	96	1	66	1820—30	353	43	114
1680—90	138	3	64	1830—40	376	43	168
1690—1700	130	4	82	1840—50	398	41	162
1700—10	166	7	76	1850—60	252	53	90
1710—20	195	1	90	1860—70	267	69	194

Die vorstehenden Zahlen beweisen, daß mit dem Eingehen der geistlichen Culturstätte der Sittlichkeit ein großer Schlag versetzt wurde. Hatte die französische Aufklärerei den religiösen Boden gegen frühere Jahrzehnte in einem sehr bedenklichen, immer steigenden Grade gelockert: so war denn doch das Uebel gleichsam noch in Schranken; die Auflösungsperiode verdoppelte dasselbe, bis diese Verdoppelung naturgemäß nach zwei Jahrzehnten sich wieder verdoppelte!

Auf hundert eheliche Geburten kommen für 1850—60: in der Pfarrei Neustadt in unehelichen Geburten 21 (auf 1870—73 nur 10), in Unterfranken 18, Bayern 23, Frankreich 8, Spanien 6.

Unser Bayern behauptet also unter allen cultivirten Völkern der Welt bezüglich dieses Uebels die allerniedrigste Stufe; sogar Rußland geht ihm weit vor. Es werden gegenwärtig in Europa acht Millionen Kinder geboren, wovon nur 563,448 oder sieben Prozent unehelich sind.

Es giebt ferner auch eine gesetzmäßige Freiheit in Handel und Wandel. Schon am 7. Juli 1150 legte das Kloster eine Probe davon ab, daß es zum allgemeinen Wohl auch für diese Freiheit Herz und Kraft hatte. Es nöthigte nämlich den mächtigen Marquard von Grumbach, auf der errichteten Zwingburg Rothenfels nie einen Zoll zu erheben und allen Vorübergehenden und Vorbeifahrenden auf ewige Zeiten einen freien Durchzug zu gewähren. Der mächtige Dynast mußte durch einen Eidschwur dieses geloben. Daher wohl das Weisthum: „Sie weisen auch auf dem bulle (Schiff) alle freiheit, als uf unser lieben frawen Altare". Wie vielem Uebermuth mag das Kloster sonst vorgebeugt haben!

Eine weitere Freiheit ist die des reumüthigen Sünders. Nach dem Willen des Herrn soll das gebeugte Rohr nicht vollends niedergedrückt und der glimmende Docht nicht ausgelöscht werden. Es war schon unter den Merovingern das sogenannte Asylrecht den Verbrechern zugestanden worden. Wenn nämlich ein Uebelthäter in eine Kirche sich flüchtete, so hatte die weltliche Macht kein Recht mehr, diesen weiter zu bestrafen. Karl der Gr. beschränkte diese Freiheit, die leicht zu schlimmen Folgen führen konnte; und es wurde in Verständigung mit der Geistlichkeit verordnet, daß nur der Unbußfertige zur Bestrafung an die weltlichen Gerichte wieder ausgeliefert werden müsse.

Dieses klösterliche Asylrecht kam schon im Jahre 976 einem gewissen Gotzmar zu gut. Derselbe war Stiftscantor in Aschaffenburg. Wegen seines Vetters, der Domizellar daselbst war, gerieth er mit dem zweiten Lehrer der Stiftsschule in Streit. Im Zorn riß er diesem seinen Vetter, der gerade ein Dintenfaß hielt, dasselbe aus der Hand und wollte es seinem Lehrer nachwerfen. Unglücklicherweise war aber dieser Domizellar dazwischen gelaufen, und das Dintenfaß traf nun statt den Lehrer diesen Schüler am Kopfe, welcher hievon getödtet augenblicklich darnieder stürzte. Der Thäter wurde sogleich von den Verwandten, Geistlichen und vielen Laien voll Wuth verfolgt; er flüchtete sich in den Kirchthurm, um dem ersten Zornesausbruche zu entgehen. Er wurde zur Strafe seiner Würde und seines Einkommens entsetzt, geschoren und in das Kloster Neustadt gethan.

In der Mitte des vorigen Jahrhunderts wurde ein armer Taglöhner von Neuhütten in Lohr eingesetzt, weil er an einem heurigen Hasen irre geworden. Die Angehörigen suchten beim Neustadter Prälaten Mittel zu schaffen. Natürlich hat sich derselbe erst volle Gewißheit verschafft, ob der der Gerechtigkeit Verfallene der Gnade würdig sei oder nicht. Es wurde versprochen, ihm zu helfen. Unsere jetzige erst seit dem Gnadenjahre 1848 wieder gewonnene milde Ansicht von der Jagdgerechtigkeit wurde schon vor hundert Jahren thatsächlich vom Kloster geltend gemacht. An einem festgesetzten Tage ritt der Husar von Lohr herunter, um den Sträfling nach Rothenfels abzuliefern. Die Hände des Missethäters waren nach gutem damaligen Brauche an den Schwanz des Husarenpferdes angebunden! Als der Husar an das rothe Thörle südlich von der Kirche seines Weges gekommen war, fielen in Neustadt und Erlach einige Schüsse; die an den Mainufern aufgestellten Kinder schrieen furchtbar zusammen; der Schullehrer rang die Hände, denn eines der Kinder war in's Wasser gestürzt. Während nun der Husar abwärts an den Main schaute, da ersah ein Aufgestellter den günstigen Moment, und hieb den Strick entzwei, der den Missethäter an das Pferd befestigt hatte. Der Husar konnte noch Beide zum geöffneten Thörlein schnell hineinspringen, aber auch dasselbe sogleich gegen ihn zugeschlossen sehen.

Ein im Chor der Abteikirche aufgehängtes Bild stellte dieses Asylrecht vor. Es kniet da, von zwei Klosterdienern eingebracht, ein Bösewicht; seine Schuld läßt ihn nicht vertrauensvoll aufschauen. Der neben ihm stehende Benedictiner-Pater empfängt ihn im Namen des Herrn, der die Schuld hinwegnehmen kann, mit einem Crucifixe in der Hand, gleichsam sprechend: „Bruder, du bist weit heruntergekommen, bekehr' dich zu Christus, sonst bist du verloren". Der zweite nebenstehende Ordenspriester hat wenig Glauben an die Sinnesänderung und entgegnet gleichsam: „Mit Dem ist's zu arg, an Dem ist Hopfen

und Malz verloren, fort mit ihm". Doch der dritte Klostergeistliche
ist froher Hoffnung, hinblickend auf die reichen geistigen und leiblichen
Mittel der im Hintergrunde des Gemäldes ruhenden Abtei; er besprengt den Armen mit Weihwasser und will ihm verkünden, daß er
wenigstens zum Versuche bleiben darf.

Es ist in diesem Gemälde kein Heiliger vorgestellt, und doch war
dasselbe nicht in einer abgelegenen Ecke, sondern in dem Heiligthume
nächst dem Hochaltar aufgestellt. Die Idee selbst ist ja etwas Hei-
liges und wahrhaft Göttliches: „sich allzeit zu erbarmen
und zu verschonen".

Es gibt eine weitere Art von Freiheit, die Freiheit des
Bodens durch Ablösung der darauf liegenden Grund= und Zehnt
lasten. Die Landbevölkerung hat im Glücksjahre 1848 auch diese
Freiheit sich errungen und hieburch den vielen Sünden und schreienden
Rechtswidrigkeiten ein Ende gemacht, welcher einerseits sich den Zehnt=
herrn schuldig machten, die ihre Zehntpflichten gar nicht oder nur nach
den schwersten Prozessen erfüllten [1]); andererseits aber auch von den
Zehntpflichtigen in reichlichem Maße durch Verkürzung oder listige
und gewaltsame Beschädigung der Zehntfrüchte erwidert wurden. Schon
im Mittelalter begegnet uns das Ringen der Abtei für die Befreiung
des Bodens, und zwar gerade mit dem nämlichen erst in unseren
Tagen endlich allgemein angewendeten Mittel, durch Erlegung des
achtzehnfachen Betrages der jährlichen Bodenrente. Diese Ablösung
hat einerseits die Abtei den Pflichtigen zugestanden, andererseits durch
dieses Mittel ihren eigenen beschwerten Boden völlig frei gemacht.

Am Dienstag nach Aegidi 1381 erklärte nämlich der Edelknecht
Gerlach von Karsbach der Abtei, daß sein Vater Albrecht sowie seine
Mutter Alhusa zwei Pfund Heller Gült auf die Mühle zu Karsbach)
zu einem ewigen Seelengeräthe (Seelengottesdienst) in der Klosterkirche
gegeben habe; und daß er und seine Erben ewiglich diese Leistung
gewähren wollten. Dagegen behielt er sich vor, diese Gült, wann er
immer wolle, um sechsunddreißig Pfund Heller abzulösen. In diesem
Falle sollten jedoch die geistlichen Herren von Neustadt diese sechsund=

---

[1]) Regierungs-Blatt für das Königreich Bayern 1819 Nr. 29 S. 554 u. folg.
über Baupflicht der Kirchen und Pfarrhäuser. Wird aber jetzt von den Gerichten die
Tridentinische Verordnung befolgt, die so lange unterdrückt war?!

dreißig Pfund Heller sonst wie zu einem ewigen Seelengeräthe an-
legen, damit ja der Jahrtag seines Vaters und seiner Mutter nach
löblicher Gewohnheit des Stifters alle Jahre ewiglich begangen werde.

Dagegen hat aber auch die Abtei ihren eigenen Grundbesitz frei
gemacht. Der Edelknecht Sigerin zu Rottenbach (Rodenbach) und
seine eheliche Wirthin Riggart hatte von dem hiesigen Stift einen
jährlichen Zins von einem Schilling Heller Gült zu beziehen. Im
Jahre 1361 löste die Abtei diese jährliche Abgabe durch Zahlung von
drei Pfund Heller ab.

Wir begegnen diesem Streben, den Boden frei zu machen, auch
noch auf einem anderen Gebiete, auf dem unbebauten Felde oder dem
Walde.

J. J. 1474 war zwischen dem Abte und der hiesigen Gemeinde
wegen der Güter in den Weiden eine Irrung entstanden, welche jedoch
alsbald gütlich wieder beigelegt wurde. Wahrscheinlich hat das Kloster
zu gründlicher Heilung von dergleichen Mißständen eine Ausscheidung
des klösterlichen und Gemeinde-Waldes vorgenommen. An dem für
Neustadt äußerst denkwürdigen Montag nach Luzi 1481 wurde nämlich
von der Abtei ausgesprochen, daß die Nachgebauern den Heidelberg
ganz für sich besitzen sollten; das Holz unter der Margarethensteige
sowie im Quernberg und Königsgereut sollten sie gemeinschaftlich mit
dem Kloster haben. Später wurde festgesetzt, daß das Kloster blos
den dritten Theil davon inne haben sollte. Durch diesen Vertrag
erhielt die Gemeinde Neustadt den Stock zu dem jetzigen sehr bedeutenden Gemeinde-Vermögen. Ewiger Dank dem damaligen Abte
Johann Mager!

Unrichtig ist die Vorstellung, als ob in früheren Zeiten Wald-
flächen keinen Werth gehabt hätten. Sahen wir doch oben, wie das
Kloster wegen Waldbesitz einen mehrhundertjährigen Prozeß mit dem
Hochstift geführt hat. Besonders aber ist durch die zwischen Abt
Konrad Lieb und der Gemeinde geschehene Bestimmung der gegenseitigen
Rechte dokumentirt, wie hoch man schon vor dreihundert Jahren den
Werth eines Waldes anschlug.

Dürfen wir von der Abtretung des Waldes an die Gemeinde
Neustadt einen Schluß darauf machen, wie die übrigen in dem Stiftungsgute gelegenen, jetzt mit ansehnlichen Waldflächen und Artfeldern

versehenen Gemeinden dazu gekommen sein mögen, so müssen wir wohl
bei dem Mangel aller Urkunden hierüber nur annehmen, daß es auf
ähnliche Weise geschehen ist; daß also auch zum Vortheile dieser zahl=
reichen Bevölkerung das Kloster die Freiheit des Bodens für diejenigen
ausgesprochen hat, die ihn bewohnten und bebauten.

Auch im Namen dieser Gemeinden der mütterlichen Abteiliebe
aller Dank!

Gegen Waldfrevel schützte die klösterliche Milde, welche
schon in den frühesten Zeiten den Wald zu Weiden benützen ließ, oder
zu Eichel= und Buchelmastung, die sogar den Gemeinden jenseits des
Mains gestattet war, und schon zur Zeit von Karl dem Großen geübt,
leider in der neuesten Zeit vielfach geschmälert und den Gemeinden
jenseits des Mains ganz entzogen wurde! Ein abteilicher Förster der
letzten Zeit leitete das Wort Holz her von „holt's"; gewiß ein
Beweis von außerordentlicher Milde. Das Heimtragen und Heim=
führen des abgestandenen Holzes war unverwehrt.

Eine jetzt vier Jahrhunderte zählende Urkunde von Martinstag
1469 legt ein sprechendes Zeugniß von diesem Wirken für öffentliche
Wohlfahrt ab[1]). „Wir Heinrich, Abt des Klosters zu Newenstatt.
Ich Hans von Durne (Walbürn) und wir die ganze Gemein daselbst
bekennen und thun kund allermänniglich für uns und unsere Nachkommen
und Erben, daß wir um eines gemeinen Nutzens willen wegen
Holz darin übereingekommen sind: es soll nämlich ein Berg mit Holz
ausgegeben und einem jeden Nachbarn nach der Anzahl seiner Familie
darin ein Erbschlag beschieden werden und zwar so oft als darnach
Noth geschieht. Es soll aber jeder seinen Erbschlag stehen lassen und
pflegen so wie den des Andern, als waiz und korn." (Wie man
Waizen und Korn pflegt.) Es erhielt damals die Gemeinde den vor
dem Orte liegenden, jetzt cultivirten Hornungsberg, sowie den Mittel=
berg und das zugesicherte Recht, daß sie in der Noth jederzeit von
dem Kloster mit Holz versorgt werden sollte.

Allerdings bemerken wir auch in vielen Fällen, daß die gute
Karolina nicht mit beiden Händen austheilt und ihre Nachfolgerinen
hiezu verbindlich erklärt, sondern daß sie vielmehr an sich hält, ja

---

[1]) Copia 187.

sogar die höchste Kirchenstrafe gegen die verhängt, die ihren Besitz schmälern.

So wurde i. J. 1254 der Ritter Diether, genannt Bulhabern,
von dem Abt excommunizirt, weil er fünf Morgen Weinberge in
der Markung Erlenbach, welche dem Kloster gehörten, trotz des er-
hobenen Widerspruches an sich gerissen hatte. Der Bischof Iring
söhnte diesen Ritter und seine Gemahlin zwar wieder mit der Kirche
aus, jedoch unter der Bedingniß, daß er die bemerkten Weinberge mit
dem Rechte der Vererbung besitzen, aber davon zwei Pfund Pfeffer
jährlich der Abtei am Dreikönigsfeste entrichten müsse. Die Unterlassung
dieser Abgabe solle unvermeidlich der Kirche zu Neustadt diese Weinberge als freies Eigenthum zustellen.

Um das Jahr 1226 verweigerte der Dienstmann Heinrich von
Grumbach der Abtei die erst vor Kurzem versprochenen jährlichen zehn
Dukaten von Lehengütern zu Wiesenfeld. Der Abt ließ sofort ihn
mit seiner ganzen Familie excommuniziren, theils wegen dieser entzogenen Zahlung, theils wegen anderer Beschwerden. Die Sache
wurde dadurch beigelegt, daß der Dienstmann sich bei Verlust seiner
Lehengüter zur Entrichtung seiner Abgaben verpflichtete.

Wenn wir in diesen und vielen andern Fällen kein bereitwilliges
Austheilen der Klostergüter, sondern vielmehr ein zähes Festhalten
derselben bemerken, so können wir dem Kloster nur dafür dankbar sein.
Dasselbe hat hiedurch in den traurigen Zeiten des Raubritter-
thums das öffentliche gemeine Beste am zweckmäßigsten ge-
schützt. Gewiß lag der Abtei weit weniger an der Rente
des genannten Besitzes, als an der öffentlichen Wohlfahrt. Ihr Beispiel wirkte gewiß ermuthigend für Andere und ent-
muthigend gegen sonstige böse Gelüste!!!

In verschiedenster Weise erblicken wir noch sonst diese öffentliche
Rechtsvertheidigung.

Ein gewisser Heinrich Fuchs von Grumbach sprach das Schirm-
vogtrecht über den Hof Wickershusen an. Weil der Abt Bernhard
die von dem Bischof eingeräumte Freiheit dieses Gutes nicht preis-
geben durfte, so wurde in einer gerichtlichen Verhandlung von dem
Schirmvogten selbst das Zeugniß gegeben, daß er auf das Klostergut
selbst keine Ansprüche zu machen, sondern nur den Leuten der Kirche

daselbst das Urtheil zu sprechen habe. Er mußte zugestehen, daß ihm hiebei jedesmal ein **glatter Stab in die Hand gegeben** würde. Durch diesen Gebrauch, den man sonst nirgends findet, sollte wohl die Macht der Kirchenangehörigen ausgedrückt werden, daß nämlich von ihnen die Gewalt ausgehe, ihren Richter auf seinen Sitz einzuführen und zu seiner Amtshandlung zu ermächtigen. Sogar der apostolische Stuhl hatte schon vorher in dieser Rechtsangelegenheit drei Richter aufgestellt. Es wurden nun die unbegründeten Ansprüche zurückgewiesen und der Schirmvogt beauftragt, allen dem Abte zugefügten Schaden wieder gut zu machen. Auf Bitten der Zeugen stand jedoch der Abt und seine Mitbrüder aus gutem Willen gänzlich von dieser Entschädigung ab, jedoch unter der Bedingung, daß Heinrich Fuchs und sein Bruder Conrad nie ein Schirmrecht auf diesen Hof ansprechen oder irgend einen Schaden ausüben dürfe. Breche er diesen Vertrag, so müßten die Lehen zu Erpheshausen (Erbshausen) und Sulzwiesen dem Kloster zurückfallen. Dies geschah i. J. 1226.

Nehmen wir einen Rechtsschutz vom J. 1536. Wir sollten meinen, daß die nach den Uebeln des Bauernkrieges so hart heimgesuchte Abtei zahm gemacht war; allein wir irren uns. Ein Bürger von Rothenfels hatte gegen den Ortsnachbarn Heinrich Fuchs zu Sendelbach eine Geldforderung zu machen. Er brachte dieselbe an den Zentgrafen von Rothenfels. Abt Conrad widersetzte sich, weil nur dem Kloster die niedere Gerichtsbarkeit zustand. Bloß drei Vergehen hatte das Zentgericht zu verhandeln, nämlich Todtschlag, größeren Diebstahl und fließende Wunden. Dem Zentgrafen, der diese Geldforderung vor sein Gericht ziehen wollte, erklärte der Abt, daß der Kläger am geschworenen Gerichtstag und zwar den nächsten Werktag nach Martini vor ihm oder seinem Schultheißen sein Recht fordern oder wenn ihm das nicht gelegen, „will ich das Gericht auf seine Kosten, wann er will, besetzen und Hans Fuchsen zurecht stellen an meinem Gericht zu Sendelbach. Hiemit Gott bevolh."

Gewiß hat sich die Abtei um die öffentliche Wohlfahrt sehr dadurch verdient gemacht, daß sie den dynastischen Uebergriffen möglich wehrte oder dieselben zum allgemeinen Besten zu vereiteln bestrebt war! So hatte der Herr von Rothenfels nach einem Weisthum vom J. 1494 seit alten Zeiten das Recht, einen „nassen Bannwein" in

Neustadt aufzulegen, welchen die Männer von sieben Gütern zu trinken hatten; auf die Kirchweih durfte er ein ganzes Fuder auflegen. In diesem Bannwein war eine große Bedrückung eingemischt. Es durfte nämlich Niemand sonstigen Wein trinken. Im Odenwald bestand bis in unsere neueste Zeit eine ähnliche Bedrückung durch die sogenannten „Bannmühlen". Manche Gemeinden durften nämlich unter großer Strafe nur einem gewissen Müller ihr Getreide zum Mahlen über= geben, und man mußte nun mit Allem vorlieb nehmen, was und wie es dieser wieder in Mehl gab. Der mächtige Abt von Neustadt vereitelte jedoch derlei Bedrückungen. Er nahm sich selbst das Recht, zweimal im Jahre Bannwein zu verabfolgen und übertrug dies Recht an die Besitzer der Freigüter.

Durch Theilnahme an den öffentlichen Landesversammlungen suchte die Abtei ein weiteres Schärflein für das allgemeine Wohl zu opfern. Schon den hl. Burkard und Megingaub sehen wir bei allen Kirchentagen im Frankenreiche; umsonst wurde der Abtei nicht der erste Platz nach Bestimmung des Königs Otto III. i. J. 993 auf Antrag des Fürstbischofs Bereward bei Versammlungen zu Würzburg in den ältesten Zeiten angewiesen; in späteren Jahrhunderten finden wir unsere Aebte in der Mitte der fränkischen Prälaten.

In dem langen Verzeichnisse der Klöster, welche unter dem Abte Wilhelm dem Ehrwürdigen von Hirschau eine engere Verbrüderung abschlossen, steht der Name des Klosters vor allen andern Würzburger Stiften, nämlich Amorbach, Schwarzach und St. Burkard. Der später gebildeten Bursfelder Vereinigung trat die Abtei gleichfalls bei.

Auf dem Landtage 1596 wurde der Abt Martin nebst den Aebten von Ebrach und Schwarzach in den eigens gebildeten engeren Ausschuß gewählt. Ebenso nahm auch dieser Abt zwei Jahre darauf persönlich an dem folgenden Landtage Antheil.

Am 12. Dezember 1618 wurde in der Stephanskirche zu Würz= burg die letzte Benedictinerversammlung feierlich abgehalten, welcher alle Prälaten, Prioren und Aeltesten aus den Benedictiner= klöstern der beiden Diözesen Würzburg und Bamberg beiwohnten, wobei also auch Neustadt vertreten war.

Ueber das täglich zum Himmel aufsteigende schon vom Stifter festgesetzte Gebet für die Wohlfahrt des deutschen Reichs=

vorstandes und dessen Land mag der Unglaube unserer
Zeit denken, was ihm beliebt; leugnen kann er aber nicht,
daß mit Aufhören dieses Gebetes auch das deutsche
heilige Reich zusammenstürzte und mit ihm Vieles aufhörte!

Bezeugt ist dieses gemeinnützige Wirken der Abtei in der ver=
schiedensten Weise. Sind auch die dankbaren, anerkennenden Aeußer=
ungen unseres Volkes aus den früheren Jahrhunderten längst ver=
hallt, so haben wir doch noch die glänzenden Zeugnisse seiner höchsten
Vertreter.

Als nämlich der Kaiser Rudolph in einem Diplome vom 27. April
1611 die Abtei von Neuem in den Reichsschutz aufnahm, erklärte er
die Pflege dieser Bildungsanstalt „als eine gemeinnützige Sache,
fruchtbringend für Zeit und Ewigkeit, aufhelfend dem allgemeinen
Reichsfrieden“. Als lange zuvor Kaiser Karl IV. die Burkarduszelle
in seine Obhut nahm, versicherte er, daß er dies thue „zum Wohle
aller Christgläubigen“. Unter dem 12. April 993 fertigte der
berühmte Reichskanzler Erzbischof Willigis von Mainz im Namen von
Otto III. eine Urkunde aus, in welcher er eine „ewige Belohnung für
den Kaiser selbst, sowie einen Vortheil für das römische Reich“ durch
den Schutz dieses ältesten und wohlverdienten Klosters erwartet.

Wir brauchen uns darum nicht zu verwundern, wenn in den
Klosterdocumenten den Bedrückern des Klosters der Antheil des Ver=
räthers Judas gewünscht wird. Ebensowenig darüber, daß z. B.
i. J. 1365 der Erzbischof von·Mainz sowie der Bischof von Würzburg,
der kleinere und größere fränkische Adel und die Städte Würzburg,
Rottenburg und Schweinfurt aufgefordert werden, diese Abtei getreu
zu beschützen und bei allen ihren Freiheiten und Gnaden zu bewahren;
„hiedurch, versichert der Kaiser Karl IV., werdet Ihr Uns und dem
römischen Reiche einen besonderen Dienst erweisen“; daher auch das
strenge Einschreiten des Kaisers Ferdinand gegen den Fürstbischof von
Würzburg, welcher die Rechte und hiedurch das Wirken einer solchen
gemeinnützigen Anstalt beeinträchtigt hatte. Unser letzter fränkischer
Fürstbischof hat dies gemeinnützige Wirken, wie oben in der Chronik
bereits mitgetheilt wurde, gleichfalls bezeugt und mit innigster Theil=
nahme die Hemmung desselben beklagt mit der Versicherung, daß sich
das Kloster „um die Kirche und den Staat vorzüglich ver=

dient" gemacht habe. Die Mahnung des Weisen in den Sprüch-
wörtern 5 K. 15. und 16. V. wurde von dieser Stiftung treu erfüllt:
„Trinke das Wasser aus deiner Cisterne und den frischen Quell aus
deinem Brunnen; leite auf den Marktplatz deine Wasser, damit man
in den Straßen damit sich labe". Unsere Karolina hat frischen Quell
getrunken aus ihrem eigenen Brunnen; auf den Marktplatz des öffentlichen Lebens hat sie sieben Brunnen geleitet. Wir sahen die vielseitige
Erquickung. Es war für uns selbst, so denke ich, beim Uebersetzen eine
Labung. Die älteste Person in unserer Gemeinde, die 84jährige
Bauers-Wittwe Margaretha Müller äußerte sich während der Druck-
legung dieser Zeilen: „Ge-Neuscht hat da goldene Zeiten im Geistlichen
und Weltlichen gehabt". Das Wirken unserer Magd des Herrn stellt
sich als ein katholisches dar. Sie hatte einen katholischen Taufschein.
Auf den Blättern ihres Dienstbüchleins steht mit großer Frakturschrift:
„katholisches Leben und Lieben in elf Jahrhunderten".
Dieselbe kann mit dem Dichter sprechen:

> Weil ich das Leben liebe,
> D'rum fliehen mich die Geister nicht.

Uebrigens dürfen wir uns diese Wirksamkeit nicht gar zu glänzend
vorstellen und müssen entschieden die colossalen Lobsprüche zurückweisen,
welche gegenwärtig die Runde durch Deutschland machen. Es wird
behauptet[1]): „Im Gegensatz zu andern fränkischen Klöstern darf dem
Kloster Neustadt das Lob nicht vorenthalten werden, daß die Ordnung
und Zucht stets streng darin gehandhabt wurde, so daß bis zur
Säcularisation nie eine bischöfliche oder landesherrliche Commission
zur Aufrechthaltung der Ordnung dahin entsendet werden mußte."
Wie wäre es möglich gewesen, über ein Jahrtausend bei den verschiedensten Stürmen und dem oft ebenso erschlaffenden Eintagsleben
den Flor dieses Priesterhauses ohne höhere Unterstützung der Behörden
aufrecht zu erhalten? Wir haben oftmals Einschreitungen dieser Behörden verzeichnen müssen und wollen noch außerdem verschiedene
Schattenseiten hervorheben.

---

[1]) Bavaria, Unterfranken und Aschaffenburg S. 543. Auch das Reisehandbuch
im Mainthal von Hänle und Sprunner enthält diese unrichtige Angabe.

Der Schatten hebt ja das Licht in seinem Werthe.

Die Gemeinde Neustadt beklagt sich gegenwärtig darüber, daß sie das sogenannte Besthaupt mit Zahlung von 800 fl. ablösen mußte. Erst im vorigen Jahrhundert sei auf vieles Zureden der Klostergeist- lichen, welche die Jasager der Bürgerschaft mit Wein- und Brod- geschenken, sowie mit guten Worten zu gewinnen wußten, diese früher sehr eingeschränkte Abgabe möglich weit ausgedehnt worden. Es ist allerdings glaublich, daß das Kloster in dieser Weise verfahren ist, um den obenerwähnten mehrhundertjährigen Prozeß gegen das Hoch- stift erfolgreich durchführen zu können. Daß die damals zu Gefallen handelnden Nachbarn nicht übel fuhren, solange die Abtei bestand, ist aber auch klar. Wenn dies nachher sich änderte, so trifft das Kloster selbst keine, oder wenigstens nur eine geringere Schuld.

Vor zwei Jahrhunderten war die Gemeide sehr schwierig gegen die Abtei wegen Besitz des Kirchenvermögens. Es bestand nämlich seit sehr langer Zeit eine Wallfahrt zu Ehren der hl. Gertraud auf den hiesigen Michelsberg. Von der Stadt Würzburg wallte jährlich am Pfingst- montag von Pleichach aus eine Prozession hieher. Im vorigen Jahrhun- dert wurde statt derselben wegen vorgekommener Excesse diese Prozession auf den Nikolausberg (Käpelle) geleitet und später ganz unterlassen. Die Andacht der wallfahrenden Gläubigen spendete verschiedene Opfer, so daß die auf dem Michelsberge stehende Kapelle bald mit einem kleinen Geldfonde versehen war; auch Gärten und Wiesen in der Nähe gehörten ihr. Die Abtei beantragte, weil ein Conventual den Gottes- dienst in dieser seit 1615 zur Pfarrkirche bestimmten Kapelle zu be- sorgen hatte, daß der ganze Fond mit den genannten Grundstücken durch die geistliche Regierung dem Stifte incorporirt werden möchte. Noch liegt der deshalb gefertigte Bericht vom 12. Februar 1688 vor. Es ist aber auf demselben das Notabene eingetragen: „Ist aus Besorg der Bauern zu neustatb rebellion nit Eingeben worden". Die Abtei wählte die thatsächliche Besitzergreifung und ließ sich später den Con- sens des Generalvicariates verleihen. So wendete sie damals diese Bauernrebellion ab. Was jedoch in damaliger Zeit unnatürlich und zunächst ungerecht war, brachte nicht der Gemeinde, die ihres eigenen selbstständigen Kirchenfondes verlustig gieng, einen Nachtheil, sondern vielmehr in pekuniärer Hinsicht nur dem Kloster, welches nun ganz

allein die Ehre und aber auch Pflicht hatte, alle Bedürfnisse eines
würdigen Gottesdienstes nur aus seinen eigenen Mitteln zu bestreiten.
Dieses Verhältniß besteht zu Gunsten der hiesigen Gemeinde jetzt noch.

Wo ist jener große Neustadter Humpen ohne Fuß, jenes
Denkmal der Mönchsschwelgerei? Die Leute erzählen allerdings jetzt
noch von diesem genannten übergroßen Trinkgefäße; auch ein Inventar
vom vorigen Jahrhundert verzeichnet dasselbe. Von der vorgeblichen
Trinkübermäßigkeit findet sich jedoch kein Beweis vor. Wie jetzt die
Familienglieder in einfachen Bürgershäusern ohne allen Anstand aus
einem und dem nämlichen Glase trinken, so war es auch wohl bei den
Gästen, die früher mit den hiesigen Conventualen sich vergnügten.
Dies Gefäß für Alle in Gottes freier schöner Natur, z. B. in dem
noch vorhandenen steinernen Rundelle vor dem prächtigen Laubgange
durfte einen ordentlichen Inhalt fassen, und das Fußgestell war daran
entbehrlich, weil es lange genug dauerte, bis Gottes Gabe die Runde
gemacht hatte; auch konnte man es in eine Oeffnung des Steins einstellen.

Daß mancherlei Fehler bei den Einzelnen, ja bei der
Genossenschaft vorkamen, läßt sich leicht denken. Sind doch einige Vor-
stände gleich Anfangs auf der falschen Bahn vorgestellt worden; wie
aber der Hirt, so die Heerde. Den geringsten moralischen Standpunkt
mögen die Conventualen zur Zeit Luther's gehabt haben. Schon ihre
Kleidung statt der uralten weiten schwarzen Gewandung, die wir sonst
vom hl. Burkard an bis zum letzten Abte bemerken, nun aber auf
einmal im Winter „Müllerröcke" und im Sommer „leinene Sippen",
deutet darauf hin. Bischof Julius sah sich verpflichtet, schon i. J. 1588
und wiederholt 1615 die Reformation des Klosters anzuordnen. Seine
in 10 Kapiteln zuletzt gegebene Vorschrift enthält 23 Folioblätter.

Als starke Schattenseite erscheinen auch die oft bedeutenden
Schulden, welche die Conventualen nach der Gütertheilung zwischen
dem Abte und Convent hinterließen. Es mußten die verschiedensten
Anordnungen an den Baumeister wegen Tilgung dieser Schulden gegeben werden. Die Conventualen scheinen damals noch gemeinschaftlichen Tisch gehabt zu haben. Im Uebrigen hauste im Münster jeder
für sich und verlaborirte auch nach seinem Gutdünken. Nicht minder
scheint das ein großer Fehler gewesen zu sein, daß damals jeder in
die Versammlung neu Eintretende fünfzig Pfund Heller einzahlen

mußte. Hievon wurden dreißig Pfund unter die wenigen Geistlichen sogleich ausgetheilt, die doch gelobt hatten: „der Herr ist mein Erbtheil". Nach unserem jetzigen Geldwerthe hatten da die i. J 1348 hier lebenden vier Ordenspriester gegen 800 Gulden unter sich von dem Neuaufgenommenen zu vertheilen. Kein Wunder, wenn wir den Besitz des Privatvermögens, welcher ganz der Ordensregel zuwiderlief, nach wenigen Jahren wieder aufgehoben finden.

In den Ordinariatsakten findet sich ein starker Riffel gegen die jungen hiesigen Geistlichen. Einige von ihnen hatten sich in Bamberg, wie man sagt, einen kleinen Spaß am Ende des vorigen Jahrhunderts erlaubt. Beim Einfahren in die Stadt hatten sie nämlich dem Thormann auf Befragen nach ihrem Stand erklärt, sie seien Italienische Aebte mit einem Tyrolischen Prior. Aus den Quasten der Reisestöcke hatten sie sich die nöthige Auszeichnung gemacht. Kaum waren sie zu den Ihrigen auf dem Michelsberg gekommen, so wurde der bortige Abt durch den Fürstbischof beauftragt, diese Aebte und den Prior zur Hoftafel einzuladen. Der Thormann hatte nämlich schleunig die Ankunft dieser Fremden dem Fürstbischof mitgetheilt. Da konnten die Quasten nicht mehr vorhalten. Es kam ins hiesige Kloster eine strenge Vermahnung wegen dieser Ausgelassenheit.

Leider müssen wir auch einen Fehler, und es wird wahrscheinlich nicht der einzige gewesen sein, gegen die oberste Kirchengewalt verzeichnen. Es war nämlich i. J. 1484 der Weltgeistliche Bertholb Ries, welcher die Vicarie des Nicolaus-Altars zu Retzbach inne hatte, mit Tod abgegangen. Weil zur Wiederbesetzung dieser Stelle die nach dem Lateranensischen Concil festgesetzte Zeit abgelaufen war, so war das Recht zur Einsetzung eines Nachfolgers dem päpstlichen Stuhle anheimgefallen. Deßhalb ernannte am 31. August b. J. von Aschaffenburg aus der päpstliche Nuntius und Bischof Bartholomäus von Maraschis einen gewissen Weltpriester Wiegand Eck auf diese erledigte Stelle, deren Einkommen die Summe von vier Marken Silbers nicht überstieg. Nach einigen Tagen forderte der Nuntius den Bischof von Würzburg auf, diesen ernannten Geistlichen anzuerkennen und in seine Stelle einsetzen zu lassen. Es vergiengen jedoch über diesem Vollzug mehrere Jahre. Wir sehen unterdessen alle möglichen Strafen der Excommunication, Suspension, des Interbiktes und sonstiger Kirchenpönen über den Bemerkten verhängt, ohne daß die sehr weitläufigen[1]) jedoch nicht ganz vollständigen Akten eine persönliche Schuld in sonstiger Hinsicht demselben nachweisen; nur wollte er von seinem guten Rechte nicht abstehen. Der päpstliche Stuhl sprach ihn daher von allen diesen Kirchenstrafen frei und ernannte ihn von Neuem auf diese Vicarie oder Frühmesse. Das hiesige Kloster erhob jedoch wegen Einführung dieses Priesters in die seiner Gewalt unterworfene Kirche zu Retzbach neue Schwierigkeiten; deßhalb ließ die geistliche Regierung den Abt Johann von Neustadt und zwei Conventualen in die Domkirche zu Würzburg kommen, um sie nach päpstlichem Auftrage dahin zu bestimmen, innerhalb sechs Tagen alle Einkünfte der Frühmesse an den ernannten Eck abzugeben. Dieser konnte jedoch auch jetzt wieder nicht in den ruhigen Besitz seiner Stelle gelangen, weßhalb er dieselbe im J. 1491 nach siebenjährigem vergeblichem Versuche niederlegte, worauf ein gewisser Heinrich Schiffer sie erhielt. Wir finden jetzt keineswegs einen kirchlichen Gehorsam und die Anerkennung des Kirchenrechts in dem Vorgehen der hiesigen Abtei; am wenigsten aber eine Dankbarkeit gegen den hl. Stuhl, welcher so oftmals schon das Recht der ringenden Abtei Neustadt gegen sonstige Gewaltthätigkeit in Schutz genommen hatte! Freilich klagt man auch über Mißbräuche bei derlei Vergebungen.

Ziehen wir jedoch im Ganzen alles Böse, welches das hiesige Institut gewirkt hat, ab von dem vielen Guten, welches dasselbe zu Tage gefördert, so müssen wir anerkennen, daß die Summe des Guten weit größer ist, und können nur mit Dankbarkeit und dem Bekenntnisse von der Karolina scheiden, daß sie vier vortreffliche Töchter und drei verdienstvolle Söhne gehabt hat, denen unsere herzliche Hochachtung gebührt.

Das glänzende Zeugniß des Statthalters Christi Urban VIII. paßt wie für das ganze Bisthum, so auch insbesondere für diese Stiftung: „Sie hat sich um die katholische Kirche und das ganze römische Reich bestens verdient gemacht"[2]).

Es sollen noch die Ortschaften verzeichnet werden, welche in den beiden letzten Jahrhunderten Angehörige dem hiesigen Ordensleben

---

[1]) Gottfriediana 9. 90), 271, 263 ꝛc.

[2]) De Ecclesia Catholica atque toto Imperio Romano optime merita Ecclesia Wirceburgensis.

geweiht haben. Die vorgesetzte Ziffer bedeutet die Anzahl der Gottgeweihten. Möchten sie Alle sowie ihre Mitbrüder von den übrigen
Klöstern unsre Fürbitter in der andern Welt sein!

Heimath der letzten 103 Benedictiner:

Zahl.	Geburtsort.	Zahl.	Geburtsort.	Bemerkungen.
3	Bamberg	1	Linden	Es stammten aus:
1	Brückenau	1	Lindenfurt	Würzburg . . . . $^1/_8$;
1	Burghausen	3	Lohr	der nächsten hiesi-
1	Dettelbach	1	Mainz	gen Umgegend
1	Dingolstadt	1	Mellrichstadt	von 5 Stunden $^1/_8$;
1	Ebenhausen	1	Mergentheim	sonstigen Orten der
1	Eichsfeld	2	Münnerstadt	ehemal. Würzb.
1	Eltmann	1	Münster	Diözese . . . . $^3/_8$;
1	Estenfeld	1	Neresheim	andern Ländern . $^1/_8$.
2	Eussenhausen	1	Neunkirchen	Das Tagebuch enthält
1	Fladungen	1	Neustadt a/S.	Näheres über die Lebens-
3	Fuld	1	Reicholsheim	verhältnisse der Einzel-
1	Geisa	3	Retzbach	nen von 1631 an. Abt
2	Gerolzhofen	2	Röttingen	Bernard Krieg hat es
3	Hammelburg	4	Rothenfels	angelegt.
1	Hardheim	1	Sandau	
3	Haßfurt	1	Schwarzach	
1	Heiligenstadt	1	Sommerach	
1	Heuerseu	1	Stadtlauringen	
1	Heustreu	1	Trier	
1	Höpfingen	1	Unterelzbach	
1	Homburg	1	Versbach	
2	Karbach	2	Vollach	
1	Karlstadt	1	Weiersfeld	
1	Kassel	1	Weyer	
1	Kitzingen	1	Wolfsmünster	
3	Königshofen i. Grf.	1	Wülfershausen	
1	Kronungen	20	Würzburg	
1	Lauerstadt	1	Zeilizheim	
3	Leugfurt			
		59 einzelne Orte.		

Solange eine Dankbarkeit für empfangene Wohlthaten und eine Hochschätzung des Wirkens für die höchsten Güter der menschlichen Gesellschaft besteht: wird die Burkarduszelle in der hiesigen Gemeinde, in der Umgegend und wohl auch in weiteren Kreisen stets in Ehren bleiben.

Lassen wir noch die Väter oder Aebte dieser Zelle in Reihe und Glied an uns vorüberwallen und damit von dieser Stiftung, die wir Gott und seinen Heiligen empfehlen, Abschied nehmen.

1. Periode.

1. 725 H. Burkard, später Fürstbischof von Würzburg.
2. 741 H. Megingaud, desgl.
3. 794 Walderich.
4. 796 Anselm.
5. 810 Spatto oder Hatto, später Bischof.
6. 823 Gotzwald, Graf v. Henneberg, sp. F.-B. von Würzburg.
7. 855 Dietrich.
8. o. 870 Hemerad.
9. c. 890 Johann.
10. 900 Dietho, Graf v. Castell, sp. F.-B. von Würzburg.
11. c. 920 Johann.
12. c. 940 Harub, sp. Bischof.
13. o. 960 Werenhard.
14. c. 975 Heinrich Blümel.
15. c. 990 Rabold.

2. Periode.

16. 1000 Bernard.
17. c. 1030 Engelbert.
18. c. 1060 Rutmar.
19. 1090 Adelger.
20. 1101 Siegebold.
21. c. 1110 Richard.
22. 1150 Bereward.

23. 1166 Reginhard, Graf v. Abenberg, Propst zu Würzburg und Verwalter zu Neustadt, F.-B.
24. c. 1184 Hohold.
25. c. 1206 Richard.
26. 1222 Bernard.
27. 1226 Tragebobo.
28. 1245 Conrad v. Gelnhausen.
29. 1266 Heinrich v. Karbach.
30. 1270 Conrad.
31. 1276 Wipert.
32. 1279 Walther.
33. 1295 Trutwin.
34. 1302 Richolf.
35. 1324 Wolfram v. Dünnfeld.
36. 1354 Gotfried Graf v. Rieneck.
37. 1365 Gotfried Ubelin. (Ebenheim.)
38. 1383 Gotfried Graf v. Rieneck.
39. 1388 N. v. Hutten.

3. Periode.

40. 1403 Johann v. Weiler.
41. 1421 Johann v. Gebsattel.
42. 1428 Nikolaus v. Königsfeld.
43. 1438 Propst Conrad Haud von Retzbach, bloß Verwalter.
44. 1444 Martin v. Ottersbach, weltlicher Verwalter.
45. 1449 Johann v. Rottenhausen.

46. 1460 Heinrich Schulteis.
47. 1470 Johann Mager.
48. 1483 Eberhard Beyer ob. Bär.
49. 1489 Johann Molitor v. Külsheim.
50. 1503 Adam Haber von Lohr.
51. 1512 Johann Kreßmann von Wertheim.
52. 1513 Jodokus Steigerwald von Arnstein.
53. 1534 Conrad Lieb v. Amorbach.
54. 1554 Johann Fries.
54. 1556 Heinrich v. Jestetten.
56. 1561 Kilian Knecht v. Retzbach.
57. 1576 Christoph Käs.
58. 1586 Martin Knöbler von Aldorf bei Schw.-Gemünd.
59. 1615 Baltin Minor (Kleiner?) von Rothenfels, bloß Convent. des Klosters und Verwalter.
60. 1619 Georg Chalt von Karbach.
61. 1635 Georg Frid v. Rothenfels.

62. 1636 Johann Eckard aus dem Eichsfeld.

4. Periode.

63. 1648 Balthasar Stumpf von Flabungen.
64. 1652 Jakob Weck von Ebenhausen.
65. 1656 Bernard Höhlein von Haßfurt.
66. 1686 Maurus Dürr von Rothenfels.
67. 1696 Guido Bach von Lohr.
68. 1703 Bernard Krieg von Eußenhausen.
69. 1729 Kilian Kneuer von Mellrichstadt.
70. 1733 Placidus Reich v. Klosterschwarzach.
71. 1764 Benedict Kurz von Münnerstadt.
72. 1788 Johann B. Weigand von Karlstadt.

Zum Schluß ſoll ein Verzeichniß aller Klöſter unſerer Diözeſe folgen mit Angabe der Zeit, wann ſie gegründet, wann und ob ſie aufgelöſt wurden; wie lang ihr Wirken dauerte, und wie ſie nach der bis zum Jahre 1864 berechneten Zeitdauer ihres Wirkens ſich an einander anſchließen.

Ueberſicht.

Nr.	Gründung	Auflöſung	Name.	Alter	Reihenfolge n. d Alter
1	714	1803	Benediktinerabtei zu Amorbach	1089	1
2	722	c. 840	Benediktinerkloſter zu Hammelburg	c. 118	105
3	725	1803	Benediktinerabtei zu Neuſtadt a/M.	1078	2
4	c. 735	1544	Frauenkloſter zu Kitzingen	c. 809	5
5	741	c. 1100	Frauenkloſter Karlsburg	c. 359	55
6	745	1260	Kilianskloſter zu Würzburg	515	33
7	c. 745	c. 765	Frauenkloſter zu Ochſenfurt	c. 20	128
8	c. 750	c. 1100	Benediktinerkloſter zu Homburg	c. 350	56
9	c. 751	1377	Benediktinerpr. a. d. Schloßb. i. Würzbg.	c. 626	21
10	751	1464	Andreaskloſter zu Würzburg	713	12
11	c. 760	788	Frauenkloſter zu Wenkheim	c 28	126
12	c. 770	877	Frauenkloſter Schwarzach	c. 107	111
13	775	1803	Benediktinerkloſter zu Holzkirchen	1028	3
14	c. 800	c. 900	Benediktinerkloſter Baugolfsmünſter	c. 100	112
15	c. 800	c. 900	Benediktinerkloſter Sala	c. 100	112
16	c. 800	c. 900	Benediktinerkloſter zu Brachau	c. 100	112
17	c. 800	c. 900	Frauenkloſter Charoltesbach	c. 100	112
18	c. 800	c. 900	Frauenkloſter zu Zellingen	c. 100	112
19	816	1803	Benediktinerabtei zu Schwarzach	987	4
20	970	1079	Benediktinerkloſter zu Aſchaffenburg	109	110
21	1000	1057	Benediktinerkloſter in Würzburg	57	121
22	1002	1803	Stift Haug zu Würzburg	801	6
23	1043	1803	Benediktinerabtei zu Theres	760	7
24	1050	1283	Benediktinerkloſter zu Schweinfurt	233	72
25	1057	1803	Benediktinerabtei St. Stephan i. Würzb.	746	8
26	1057	1803	Neumünſterſtift in Würzburg	746	8
27	1071	1803	Chorherrnſtift in Kloſterheidenfeld	732	10
28	1079	1803	Peter- u. Alexanderſtift z. Aſchaffenburg	724	11
29	1093	1526	Benediktinerpropſtei auf dem Schönrain	433	42
30	1102	1803	Chorherrnſtift Triefenſtein	701	13
31	1108	1564	Benediktinerabtei zu Aura	456	36
32	1127	1525	Frauenkloſter zu Thulba	398	47

Nr.	Gründung	Aufhebung	N a m e.	Alter	Reihen- folge n. d. Alter
33	1128	1803	Prämonstratenser Abtei zu Oberzell	675	14
34	1129	1803	Johanniterstift zu Würzburg	674	15
35	1130	1803	Frauenkloster zu Unterzell	673	16
36	1130	1555	Frauenkloster auf dem Johannesberg	425	43
37	1138	1307	Prämonstratenserkloster zu Tückelhausen	169	88
38	1138	1350	Frauenkloster zu Tückelhausen	212	80
39	1139	1803	Benediktinerabtei der Schotten i. Würzb.	664	17
40	1143	1592	Frauenkloster zu Wechterswinkel	449	40
41	1147	1803	Afrakloster in Würzburg	656	18
42	1150	1546	Antoniterkloster in Würzburg	396	49
43	1150	1803	Ebrach. Klosterh. z. Wrzb. u. a. Steigerw.	653	19
44	c. 1150	1566	Marxer Frauenkloster in Würzburg	416	44
45	c. 1150	c. 1290	Frauenkloster in Sontheim	c. 140	98
46	c. 1150	1307	Haus der Tempelherrn in Würzburg	c. 157	93
47	1151	1560	Agnes-Frauenkloster in Würzburg	409	45
48	1156	1803	Cisterzienserabtei Bildhausen	647	20
49	1161	1565	Frauenkloster zu Klosterhausen	404	46
50	1180	1307	Haus der Tempelherrn in Miltenberg	o. 127	103
51	1189	1564	Frauenkloster Schönau	375	52
52	c. 1190	1307	Haus der Tempelherrn in Amorbach	c. 117	106
53	c. 1190	1307	Haus der Tempelherrn in Hammelburg	c. 117	106
54	1200	1563	Magdalenenkloster in Würzburg	363	54
55	1212	1803	Karmelitenkloster in Würzburg	591	24
56	1218	1807	Frauenkloster zu Schmerlenbach	589	25
57	1219	1803	Das deutsche Haus zu Würzburg	584	27
58	1226	1596	Benediktinerpropstei Mattenstadt	370	53
59	1230	1803	Dominicanerkloster in Würzburg	573	28
60	1231	1557	Frauenkloster Frauenroben	326	61
61	1231	1803	Frauenkloster Himmelspforten	572	29
62	1232	1619	Frauenkloster Himmelthal	387	51
63	1232	c. 1545	Frauenkloster in Maidbrunn	c. 313	62
64	1233	1577	Frauenkloster Heiligenthal	344	58
65	1235	1632	Frauenkloster auf dem St. Gotthardsberg	397	48
66	1237	1580	Frauenkloster Maria-Burghausen	343	59
66	1237	c. 1676	Frauenkloster zu Heidingsfeld	c. 439	41
68	o. 1240	1809	Das deutsche Haus zu Münnerstadt	c. 569	30
69	1246	—	Franziskanerminoritenkloster in Würzb.	618	22
70	1260	1803	Das hohe Domstift in Würzburg	543	31
71	1261	1305	Frauenkloster zu Michelfeld	44	124
72	1263	—	Augustinerkloster zu Würzburg	601	23
73	1264	1483	Benediktinerpropstei Einsiedel	219	75
73	1264	1644	Beguinenklause Küttenbaum i. Wrzb. u. a.	280	63

Nr.	Erhebung	Auflöfung	Name.	Alter	Reihen-folge n. d. Alter
75	1279	—	Auguftinerklofter in Münnerftadt	585	26
76	c. 1280	1809	Das deutfche Haus in Schweinfurt	c. 523	32
77	1282	1525	Karmelitenklofter auf der Bogelsburg	243	68
78	c. 1300	1464	Benediktinerpropftei zu Aub	c. 164	89
79	1303	c. 1430	Elifabethenzelle bei Rieneck	c. 127	103
80	c. 1320	c. 1500	Begardenkl. i. Rennecken z. Wrzb. u. a. Klauf.	c. 180	86
81	1328	1803	Karthaufe Grünau	475	33
82	1332	1422	Nonnenklaufe auf dem Altenberg u. a.	90	117
83	1336	1803	Benediktinerpropftei zu Retzbach	467	35
84	1348	1803	Karthaufe zu Würzburg	455	37
85	1350	1803	Karthaufe zu Tückelhaufen	453	38
85	1350	1583	St. Ulrichs-Frauenklofter zu Würzburg	233	72
85	c. 1350	c. 1510	Bartholomitenklofter in Würzburg	c. 160	92
85	c. 1350	c. 1500	Bartholomitinenklofter in Würzburg	c. 150	96
89	1352	1803	Karmelitenklofter zu Neuftadt a. S.	451	39
90	1355	1602	Fürfpangerftift zu Würzburg	247	65
91	1367	1560	Karmelitenklofter zu Schweinfurt	193	83
92	1391	1580	Aglaienfchwefterfchaft im Haßgau	189	84
93	c. 1391	1525	Auguftinerklofter zu Königsberg	c. 134	102
94	1409	1803	Karthaufe zu Aftheim	394	50
95	1433	1483	Das deutfche Haus zu Stadtprozelten	50	123
96	1453	1803	Karthaufe Ilmbach	350	56
97	1464	1803	St. Burkardusftift zu Würzburg	339	60
98	c. 1530	1803	Benediktinerpropftei zu Thulba	c. 273	64
199	1564	1773	Jefuitencolleg zu Würzburg	209	81
100	1612	1773	Jefuitencolleg zu Afchaffenburg	161	91
101	1617	1803	Kapuzinerklofter zu Würzburg	186	85
102	1620		Kapuzinerklofter zu Afchaffenburg	244	66
103	1620		Franziskanerklofter zu Dettelbach	244	66
104	1627		Karmelitenklofter zu Würzburg	237	69
105	1629		Franziskanerklofter auf dem Engelsberg	235	70
106	1629		Franziskanerklofter zu Miltenberg	235	70
107	1644		Franziskanerklofter auf dem Kreuzberg	220	74
108	1646		Kapuzinerklofter zu Karlftadt	218	76
109	1646		Kapuzinerklofter zu Königshofen i. Gr.	217	77
110	1648		Kapuzinerklofter zu Lohr	216	78
111	1649		Franziskanerkl. i. d. Altftadt b. Hammelb.	215	79
112	1652	1828	Kapuzinerklofter zu Kitzingen	176	87
113	1654	1710	Bartholomitenvereinig. i. Würzb. u. a.	56	122
114	1657		Franziskanerklofter auf dem Völkersberg	207	82
115	1664	1828	Kapuzinerklofter zu Ochfenfurt	164	89
116	1680	1817	Frauenklofter zu Kitzingen	137	100

Nr.	Gründung	Auflösung	Name.	Alter	Reihen- folge n. d. Alter
117	1684	1820	Franziskanerhospiz zu Marktbreit	136	101
118	1699		Franziskanerminoritenkloster zu Schönau	151	94
119	1714		Ursulinerinenkloster zu Würzburg	154	94
120	1714		Damenstift zu Würzburg	150	96
121	1726		Kapuzinerkloster zu Mariabuchen	138	99
122	1728	1803	Franziskanerhospiz zu Handthal	75	119
123	1732	1806	Franziskanerhospiz zu Friesenhausen	74	120
124	1733	1820	Kapuzinerhospiz zu Leuzendorf	87	118
125	1748		Englisches Fräuleininstitut z. Aschaffenb.	116	108
126	1749		Kapuzinerkloster a. d. Käppele b Würzb.	115	109
127	1821		Das hohe Domstift in Würzburg	43	125
128	1837		Spital d. barmh. Schwestern i. Aschaffenb.	27	127
129	1844		Englische Fräulein zu Damm	20	128
130	1847		Karmelitinenkloster Himmelspforten	17	130
131	1851		Haus d. armen Schulschwest. z. Miltenb.		
132	1851		Arme Schulschwestern zu Obernburg		
133	1854		Arme Schulschwestern zu Schweinheim		
134	1854		Arme Schulschwestern zu Grafenrheinfeld		
135	1854		Arme Schulschwestern zu Ernstkirchen		
136	1855		Haus d. armen Schulschwest. z. Heidingsf.		
137	1855		Arme Schulschwestern zu Neustadt a/S.		
138	1855		Franziskanerinen zu Lohr		
139	1855		Franziskanerinen zu Neustadt a/M.		
140	1855		Verein der hl. Kindheit Jesu zu Zell		
141	1855		Niederbronner Schwestern zu Kissingen		
142	1856		Arme Schulschwestern zu Hörstein		
143	1856		Arme Schulschwestern zu Kleinheubach		
144	1856		Arme Schulschwestern zu Marktheidenfeld		
145	1856		Arme Schulschwestern zu Aschaffenburg		
146	1856		Haus der Niederbronner zu Würzburg		
147	1856		Niederbronner zu Werneck		
148	1856		Franziskanerinen zu Volkach		
149	1857		Arme Schulschwestern zu Ochsenfurt		
150	1857		Arme Schulschwestern zu Mellrichstadt		
151	1857		Arme Schulschwestern zu Wörth		
152	1857		Englische Fräulein zu Großostheim		
153	1857		Niederbronner zu Volkach		
154	1858		Niederbronner zu Dettelbach		
155	1558		Niederbronner zu Lohr		
156	1850		Franziskanerinen zu Dettelbach		
157	1858		Franziskanerinen zu Hammelburg.		
158	1858		Arme Schulschwestern zu Altenbuch.		

u. f. w., wie in der ersten Rubrik.

Nr.	Gründung	Name.
159	1859	Arme Schulschwestern zu Klingenberg.
160	1859	Arme Schulschwestern zu Völkersberg.
161	1859	Franziskanerinen zu Langenprozelten.
162	1860	Franziskanerinen zu Klosterhausen.
163	1860	Arme Schulschwestern zu Haßfurt.
164	1860	Niederbronner zu Arnstein.
165	1860	Niederbronner zu Aschaffenburg.
166	1860	Niederbronner zu Heidingsfeld.
167	1860	Niederbronner zu Kitzingen.
168	1861	Niederbronner zu Karlstadt.
169	1861	Englische Fräulein zu Kissingen.
170	1863	Franziskanerinen zu Wipfeld.
171	1863	Franziskanerinen zu Untereisenheim.
172	1864	Franziskanerinen zu Unterdürrbach.
173	1864	Arme Schulschwestern zu Böttigheim.
174	1865	Niederbronner zu Miltenberg.
175	1865	Franziskanerinen zu Großlangheim.
176	1865	Franziskanerinen zu Rimpar.
177	1865	Niederbronner zu Haßfurt.
178	1865	Niederbronner zu Ochsenfurt.
179	1865	Franziskanerinen zu Aschach.
180	1865	Franziskanerinen zu Margetshöchheim.
181	1866	Franziskanerinen zu Zell a/M.
182	1866	Englische Fräulein zu Würzburg.
183	1866	Verein der hl. Kindheit Jesu zu Würzburg.
184	1867	Redemptoristenkloster zu Fährbrück.
185	1867	Tertiarier zu Würzburg.
186	1867	Niederbronner zu Rothenfels.
187	1867	Arme Schulschwestern zu Straßbessenbach.
188	1867	Arme Schulschwestern zu Waldaschaff.
189	1867	Franziskanerinen zu Karlstadt.
190	1868	Tertiarier zu Karlstadt.
191	1868	Franziskanerinen zu Veitshöchheim.
192	1868	Franziskanerinen zu Bütthard.
193	1869	Niederbronner zu Sulzfeld a/M.
194	1870	Franziskanerinen zu Oberstreu.
195	1871	Franziskanerinen zu Steinach.
196	1871	Franziskanerinen zu Würzburg.
197	1871	Franziskanerinen zu Stockstadt.
198	1871	Franziskanerinen zu Fladungen.
199	1871	Franziskanerinen zu Kleinwallstadt.
200	1871	Niederbronner zu Stadtprozelten.

Im Ganzen begegnen uns:

16	frühere Benediktinerzellen	⎫
11	ſonſtige Klöſter	⎪
6	aufgehobene Stifte	⎬ 63 frühere.
30	frühere Frauenzellen	⎭
9	ſäkulariſirte Benediktinerklöſter	⎫
20	„　　　　ſonſtige Klöſter	⎪
9	„　　　　Stifte	⎬ 43 ſäkulariſirte.
5	„　　　　Frauenklöſter	⎭

Nicht aufgehobene Klöſter 20

Alſo Summe der früheren Klöſter . 126.

Neu gegründete Klöſter:

1	Stift	⎫
3	Männerklöſter	⎪
1	Frauenkl. beſchaulichen Ordens	⎪
2	Frauenklöſter für Beſſerung der	⎬ 74.
	Sträflinge u. Krankenpflege	⎪
19	Frauenklöſter für Krankenpflege	⎪
48	„　　　　„　Unterricht.	⎭

Summe der neuen 74;　　　der beſtehenden Klöſter . 94.

Die Hälfte dieſer Anſtalten iſt bis zur letzten Säkulariſation eingegangen; jedoch von ſelbſt viel weniger, wenn man die mit Gewalt aufgehobenen Templer= und Jeſuitenhäuſer abrechnet. Aus vielen Anſtalten bildeten ſich auch wieder neue Klöſter; ein Beweis von dem zähen Leben einer einmal in den chriſt= lichen Boden eingelegten Ordenspflanzung.

Ein Drittel nach der Zahl, weit mehr aber nach dem Perſonalſtand und Vermögen iſt gewaltſam ſäkulariſirt worden; es war auf alle abgeſehen.

Unſern jetzigen Kloſterſtand bilden ſiebzehn nicht aufgehobene Inſtitute für Männer und drei für Frauen, ſowie vierundſiebenzig neu entſtandene Pflanzungen, alſo im Ganzen 94 Klöſter. Für Männer waren bis zum Be= ginn unſeres Jahrhunderts 88 Inſtitute vorhanden; 71 giengen davon ein, es kamen aber bis jetzt dazu 4; ſomit ganzer Beſtand . . . . 21 ⎫
Für Frauen waren vorhanden 38; es giengen ein 35; kamen ⎬ 94
dazu 70; ſomit ganzer Beſtand . . . . 73 ⎭

Durchſchnittlich bildete ſich bis zur Säkulariſation alle zwölf Jahre ein neues Prieſter= und alle dreißig Jahre ein neues Frauenkloſter.

Die Thätigkeit der einzelnen Jahrhunderte in Bezug auf Gründung, Erhaltung und Niederreißung, ſowie auf die Zahl des klöſterlichen Beſitzſtandes in jeder Zeit ergiebt ſich aus folgender

Ueberſicht.

Zeit.	Gegründete Klöſter.	Eingegangene Klöſter.	Beſtand.
700— 800	13	2	11
800— 900	6	2	15
900—1000	1	5	11
1000—1100	9	2	18
1100—1200	24	2	40
1200—1300	24	3	61
1300—1400	16	8	69
1400—1500	4	6	67
1500—1600	2	26	43
1600—1700	19	4	58
1700—1800	8	3	63
1800—1872	74	43	94
Summe .	200	106	554
Durchſchnitt .	17	9	48